唐代前期政治文化研究

李松濤 著

臺灣學生書局 印行

序一

松濤君將博士論文《唐代前期政治文化研究》修訂爲專著，即將出版。二〇〇五年孟春，我在香港城市大學任教，和松濤夫婦第一次會面。我很高興地看到，松濤是當今能夠沉潛、爲求學而讀書的人。三年來，松濤一直在沉心靜氣地讀書，據我所知，從北京大學求學時代起，松濤就仔細研讀了《資治通鑒》與胡注，在王小甫教授指導下取得博士學位後，松濤繼續系統地閱讀《春秋左氏傳》以及其他儒家經典著作，同時認真修改他的論文。

隋唐史領域中令人一貫關注的課題之一是「安史之亂」。因爲它不僅是李唐一朝的劇變，其後果更直接影響唐代後期歷史的發展方向。松濤此書，將研究的重心直接放在了「安史之亂」這一重大歷史事件本身；並以此爲中心，進一步展開了對唐代前期政治文化特色的討論。無論是研究「安史之亂」的歷史文化背景，還是唐代前期的政治文化特點，可供研究者利用的傳統史料並不是很豐富，更少有前賢的成果可資借鑒。松濤能夠細心爬梳各類史料，特別是新出土的石刻資料，並以陳寅恪先生「種族文化」史觀爲框架，輔以社會科學有關理論方法，而成一家之言，其努力與成績都是值得肯定的。

松濤以文化爲本位，研究唐代前期的政治文化特色，特別是研究權力與知識二者之間的關係。《唐代前期政治文化研究》一書，

清晰表達了「安史之亂」前的唐代社會是中國歷史上文化最多元與
包容的一段時期。相對於外來異質文化的盛行，傳統的儒家文化的
社會地位與影響均處於一個相對低落的時期。安史胡人的叛亂，引
發了世人對叛亂後的社會生活和異質文化的反思。唐代的古文運動
也正是基於這一反思而展開。此後向吸收了異質文化的中國本位文
化的再回歸以及宋代理學的興起，才將中國歷史精神的發展納入新
儒家道德體系的軌道上來。

　　松濤的家世使他有了對中國傳統文化的崇敬與熱愛，也便利了
他對大陸，香港，台灣三地華人世界的政治文化特色都有著獨到與
深刻的省察。像其他歷史學者一樣，松濤表現出了他深厚的人文關
懷精神；與其他具有獨立精神的知識分子一樣，松濤也秉承了對誠
信、包容等這些傳統道德核心價值的堅持，以及對民主、法治、自
由、多元等現代憲政社會的理念一貫追求。

　　古語有云：「容體不足觀，勇氣不足恃，族姓不足道，先祖不
足稱。然而顯聞四方，流聲後胤者，其惟學乎」松濤君勉之。

張　廣　達

二〇〇八年八月十八日

序二

　　松濤的專著《唐代前期政治文化研究》一書即將出版，請序於我。作爲松濤的導師，我很樂意借此機會就其人其書說一說我的意見。

　　松濤一九九九年考入北京大學歷史系研究所，選擇隋唐史作爲他的研究專業，兩年後繼續留在吾門下攻讀博士學位。這本書就是在他的博士論文基礎上修改補充完成的。從北京大學畢業之後，松濤繼續兀兀窮年的潛心讀書，並沒有因爲外部環境的影響而荒廢了學問。松濤對中華儒家文化一直懷有很深的感情，早在碩士生階段就選擇了唐代儒學作爲他的研究方向。在其論文寫作期間，我一直在提醒松濤：我們要完成的是一篇歷史學論文，而非哲學史的著作；要大處著眼，小處著手；虛題實作，言之有據。現在看來，松濤此書達到了我們預期的目標。

　　松濤博士論文答辯的時候，匿名評審的教授給予了較高的評價：「歷史文化的研究是近年來的熱門課題，唐代的多元文化現象及中西文化交流的歷史，長期爲學界所關注，作者能在前任諸多研究的基礎上，將重大的歷史事件『安史之亂』產生的原因與華北社會文化從北朝至唐前期的發展變化聯繫起來研究，是對『安史之亂』這樣一個老問題進行了新角度的探索。可以看出作者研讀以往有關民族文化、地域集團、士族等方面的論著甚有心得，故能在論文中

恰如其分地爲其所用，並在某些關節點上提出自己的見解。該選題
抓住了一個特殊的地區，一個漸進的歷史過程和一場具有重大影響
的戰爭，以唐代社會『胡漢』文化興衰爲脈絡，從新的視角解讀了
若干唐代歷史現象和問題，這其中不乏精彩的論述，給人留下深刻
印象。」

　　北京大學齊東方教授評語說：「以唐前期作爲一個階段，總括
研究當時的社會文化狀況，是一個被史家重視和反復討論的大問
題。該文深入研究了以往的成果和不足，抓住源於北朝以來胡漢矛
盾這一主題，著重討論了皇室文化的性質，『尚胡』的社會風習，
指出在這一背景下李唐社會中各個政治集團和文化勢力的態度
等，在此基礎上又分析了河北北部武裝集團的形成和安史之亂爆發
的原因，多有新意。」、「該文的探討論證借助了一些新的理論，
反映了作者的創新精神，研究這樣宏大的問題又從微觀材料考證入
手，表現出作者功底扎實，勤於思考和嚴謹的學風。」

　　我以爲，這兩段評語客觀道出了對松濤此書的學術評價。

　　作爲導師，我知道進行這一課題的研究，有關史料零碎而分
散，可資借鑒的前賢成果更是寥寥無幾。讀松濤此書，可以看出作
者爬梳史料，用功甚勤。舉凡傳統正史史料、唐代筆記小說、唐人
文學作品、敦煌文獻、出土文物壁畫等幾乎網羅殆盡。對日文和英
文論著的利用與回應，也反映出作者對最新學術信息掌握的全面。
尤其是對新近出版的石刻材料的大量運用，在一定程度上彌補了這
項研究課題中史料與史實不足的缺憾，做到了「取地下之實物與紙
上之逸文互相釋證」。

　　松濤此書，幾點創新之意也頗值得推許於學界。首先，唐代儒

學地位及其與山東士族的關係問題，一直以來是唐代歷史研究中的一段空白。松濤此書能從長時段的歷史演進著眼，抓住「安史之亂」這一具有重大影響的歷史事件本身，並由此闡釋了唐代前期的政治文化特色，對我們理解宋代理學文化的產生背景，甚至「唐宋轉型」這一問題，都裨益良多。

其次，北朝後期以來的政治文化特色，可以說一種胡化的反覆。松濤在其書中明確提出了煬帝「南方化」的政治文化傾向。楊廣的這種文化傾向明顯不同於關隴集團主流，更與後來的唐太宗截然不同。隋末李唐的起兵其實是關隴集團軍事力量的回歸，並且與山東豪傑一起遏制住了隋末以來的政治文化發展新方向。直到高宗武則天時代，以關隴集團為核心的國家政治運作模式才被打破。這種觀點，是當下學術界尚未措意之處。

最後，松濤此書在論述河北地區「胡化」問題時，特別指出了它與長安地區「胡化」特徵的不同，以及二者呈現的區域差別。這是將學界一直模糊的唐代「胡化」概念，分層次與地域進行了一次釐清。

在方法學上，松濤此書采納了陳寅恪先生的「種族文化」史觀，並結合西方社會學中的一些理論模式，對唐代前期的一些歷史現象重新定位。讀其書，可以清楚體會到松濤所強調的「文化認同」之重要。

北朝以來的文化潮流，「華化」的主流之中，一直存在著「胡化」的反覆。中國本土文化在與異族文化的交流過程中，有相互吸收融合，卻也不乏文化間的衝突。然而唐代的社會，可以表現得如此的自由、包容與多元，除了令活在當下的我們羨慕不已外，此中

原因更值得歷史學者深思。

今日中國大陸，一直在努力重建中國文化體系，重建價值觀念。溯本逐源，對中國傳統文化，尤其是儒家道德文化的的尊重，就顯得尤爲重要。誠如陳寅恪先生在〈馮友蘭中國哲學史下冊審查報告〉一文中所講：「其真能於思想上自成系統，有所創建者，必須一方面吸收輸入外來之學說，一方面不忘本來民族之地位。此二種相反而適相成之態度，乃道教之真精神，新儒家之舊途徑，而二千年吾民族與他民族思想接觸史之所昭示者也。」

我了解，松濤是個文化本位主義者，中國傳統文化中的道德觀念，對其影響至爲深刻。而且松濤又出身世家，斯文而守禮，尊卑長幼之序，恪守甚恭。進入師門以來，執弟子禮而不輟。歲時伏臘，必親致家中拜訪，即身不在北京，也一定會信函往來，拜候老師和師母。古人云「求忠臣於孝子之門」。我以爲，治國平天下，還是要先從修身齊家開始。這，也是我們共同期許的一種政治文化特色。是爲序。

王　小　甫

二〇〇八年八月

效法梅花、振興中華
——代序

　　李松濤博士的專著《唐代前期政治文化研究》一書即將出版，希望我能寫序。我的專業本來在哲學，並非歷史，但對唐代盛世，心中一直嚮往，並且深盼中華民族能夠再現同樣盛世，所以很願意略述心得，以就教於各界高明。

　　1978 年，也就是早在三十多年前，我有幸兼任經國先生的總統秘書，他曾親自告訴我，他「平生最喜歡看的書」，就是《貞觀政要》，他並說：「每個晚上都要翻個幾頁」，令我印象非常深刻。

　　本來我心中很驚訝，因爲他用的形容詞，是最高級的「最喜歡」，而且到晚年都還在看，令我很好奇。雖然我從前也看過這本書，但經他這麼一說，就仔細詳盡的再看，果然發現，他說「平生最喜歡看的書」，確實有深刻的道理。

　　在中國歷史上，三代以降，唐代被公認是最恢宏的盛世，尤其在唐代前期，因爲唐太宗的雄才大略，器識宏遠，所以政治上能廣納諫言，文化上能氣象萬千，對於今後「振興中華」大業，很有重大的啓發作用。

　　經國先生生前，就是因爲喜歡《貞觀政要》，並且身體力行，所以任內能創造舉世稱道的「台灣經驗」，並成爲大陸學習的重要

典範；他本人也因此深得民心，至今仍然是台灣人民心目中，最受愛戴的一位總統。

經國先生曾經強調：「貞觀之治」最主要的特色，在「知人善任」，加上「任賢納諫」，形成其政治文化的兩大特色，堪稱中華民族騰飛再創盛世的兩大翅膀。

另外，本書也令我想起，中央大學校長羅家倫在抗戰時候，曾經連續演講 16 次，後來集結成冊，書名叫做《新人生觀》。在這本膾炙人口的名著中，他曾強調「弱是罪惡，強而不暴是美」，令很多人精神一振，影響了很多熱血青年，建立了堅忍自強的人生觀。

羅家倫校長在書中，也曾明確的呼籲大家：「恢復唐以前形體美的標準」，就是因為唐代都以雄壯威武為美，很能象徵開國氣象。他並舉例指出：「唐朝是中國最鼎盛的時期，那英明神武創天下的唐高祖、唐太宗，其體格雄健，不問可知。唐朝的標準美人，是文學上形容最多的楊太真」，同樣是豐滿的健美。

所以他強調：「一個國家在強盛興旺的時期，不但武功發達，就是民族的體格，也是沉雄壯健，堂皇高大，不是鬼鬼祟祟的樣子。」

由此可證，唐代開國的人生與審美觀，最能表現雄健壯進取的精神，所以才能開創三代以後最繁華的盛世。

如今，松濤特別以盛唐時期的政治文化史，做為論文研究主題，並且以此獲得北京大學歷史博士學位，其心志很值得嘉勉，其抱負很值得肯定。

尤其，松濤的祖父李惠堂先生，為中國現代史上很有名的「足球王」。他馳騁球場、所向披靡的雄偉英姿，正足以代表中華盛世的勇猛氣概。李惠堂先生一生提倡「體育興國」，其心意就是要從

體育強身強種，進而振興中華民族。如今松濤從學術上研究唐代盛世，含有「知識興國」的壯志，很有「祖孫傳承」的重大意義，特別令人欣慰。

我二女兒國華，因為也在北大獲歷史學博士，和松濤從 2002 年起是同學，到 2005 年初結婚。因此，這幾年以來，我對松濤的瞭解也越來越全面，可說是先知其人，再讀其書。我所瞭解的松濤，對中國歷史和中國文化，都有一股濃郁的眷戀之情。

我本身是孫中山先生的忠實信徒，因為堅持民族大義，所以反對台獨，一路走來，始終如一，雖然經歷台獨迫害打壓，但從來沒有改變。在我被台獨攻擊最厲害的時候，松濤仍然堅定的與國華結婚，由此可以證明，除了他對國華真愛的堅貞，也代表對於民族大愛的堅定，更令我心中覺得很溫馨。

回顧台獨在執政時，大搞「去中國化」政策，排斥中國傳統文化，使得台灣的年輕一代，變成無根無源的一群；其分化省籍、撕裂族群，更企圖造成社會的仇恨。然而，中華傳統文化精神畢竟沒有斷裂，猶如千年古梅，越冷越開花，凜然的風骨氣節，越在關鍵時刻，越能發揮作用！

松濤也不止一次的和我講到，他相信中國傳統儒家文化的根脈，能夠延續不斷，正是因為一九四九年以後，台灣以艱苦卓絕的梅花精神，大力維護並且發揚，再加上幾代學人苦心造詣的薪火相傳，才使得「衣冠文物」，盡在於此！

松濤與國華在取得博士學位後，曾經幫我推動很多兩岸文教交流工作，所以對此「時窮節乃見」的感受，也特別的深刻。

今後，展望未來，我深切地盼望松濤與國華，能夠如同《易經》

所說「二人同心，其利斷金」，繼續多發揚梅花的精神，並以新生代的正氣、朝氣、與豪氣，勇敢傳承復興中華傳統文化的責任，讓中華傳統文化生命更能生生不息、欣欣向榮、蒸蒸日上！

相信，只要兩岸的年輕人都能有此志氣，眾志成城，必能再次創造輝煌的唐代盛世！

馮　滬　祥

二○○九年五月

「五四運動」九十週年紀念

（附注：本序作者馮滬祥教授為美國波士頓大學哲學博士，歷任東海大學哲學系主任暨研究所長、中央大學文學院長，台大、政大教授；北京大學、清華大學講座，波士頓大學客座教授，哈佛、哥倫比亞大學講學；並曾歷任經國總統秘書、國大代表、立法委員，「兩岸人民服務中心」榮譽主任等職；中英文著作約五十餘本，並曾獲「中山學術著作獎」與英美各國所頒「國際學術金質獎」。）

唐代前期政治文化研究

目　次

第一章　引言

第一節　研究動機與內容

　　學界對唐（618－907）宋（960－1276）歷史演化的研究愈益深入，文化乃至思想史內容亦漸次引人注目。史家陳寅恪先生曾言：「華夏民族之文化，歷數千年之演進，造極於趙宋之世。」[1]依此立論，則隋（581－618）唐文化在中華民族文化演進中的作用和地位如何，顯然還值得認真深入地加以探討。

　　唐玄宗（712－756 在位）天寶十四載（755）十一月，雜種胡人安祿山率領異族同羅、契丹、奚、室韋等蕃漢兵將十五萬反於范陽（幽州，今北京）。這場叛亂持續了近八年的時間，直至唐代宗（763－779 在位）寶應二年（763）三月才被平定。「安史之亂」不僅是唐代社會由盛轉衰的標誌，更是中國歷史的轉捩點：它結束了唐代前期南北朝相承之舊局面，繼而開啓趙宋以後之新局面。其深遠影響表現在政治、社會、經濟、軍事和文化等諸多層面。[2]本書既欲探討唐代前期的政治文化特點，故選擇以「安史

---

[1] 陳寅恪著：〈鄧廣銘宋史職官志考證序〉，載《金明館叢稿二編》（上海：上海古籍出版社，1980），頁 245。

[2] 陳寅恪著：〈論韓愈〉，載《金明館叢稿初編》（上海：上海古籍出版社，1980），頁 296。本書亦以「安史之亂」爲界，將唐代歷史分爲前後兩期。

之亂」爆發的歷史背景爲研究重心，著重對其歷史文化背景加以
討論。希望通過此書之研究，幫助我們更深刻和全面地理解八世
紀中葉以後，中國社會政治文化的發展狀況及變化趨勢，甚至有
益於我們更清晰的理解「唐宋變革說」[1]這一重大歷史論題。

　　本書是在本人博士論文基礎上修改而成。此前，「唐代政治文
化研究」這一論題，一直是唐史研究領域中的一項空白。在博士
論文寫作期間，沒有華人學者的相關成果可資借鑑；西方學者的
一些論著雖然曾經論述了唐代三教文化之影響、唐代社會學術與
政治關係等問題，[2]但卻並沒有正式提出「政治文化」這一概念。

　　二〇〇四年底，本人博士論文即將寫作完成時，才得以拜讀
余英時先生所著：《朱熹的歷史世界：宋代士大夫政治文化的研
究》（台北允晨文化實業股份有限公司，2003，簡體字版 2004 年
由北京：生活‧讀書‧新知三聯書店出版）。同年台北又出版了余
英時先生此書之姊妹作：《宋明理學與政治文化》（簡體字版 2006

---

[1] 關於對日人內藤湖南氏「唐宋變革說」的最新學術討論，參閱張廣達著：
〈內藤湖南的唐宋變革說及其影響〉，載鄧小南 榮新江主編：《唐研究》第
十一卷（北京：北京大學出版社，2005 年 12 月），頁 5−71。張先生此文對
於「唐宋變革說」的來龍去脈，從學理上做了深入的梳理和細緻的分析；並
從學術立場對此假說在中國史研究各方面之影響，予以了中肯的評價。

[2] 如 Stanley Weinstein, *Buddhism Under The Tang*, Cambridge: Cambridge
University Press, 1987. 以及 Timothy Hugh Barrett, *Taoism Under the Tang*,
London: The Wellsweep Press,1996. 分別論述了佛教、道教在唐代的發展以及
宗教與政權的關係。而 Timothy Barrett 的另一著作 *Li Ao: Buddhist, Taoist or
Neo-Confucian?*, Oxford: Oxford University Press, 1992. 則是以個案分析的方
法，研究儒釋道三教思想對唐代士人的影響。

年由廣西師範大學出版社出版）。在《朱熹的歷史世界》一書中余
先生概括其研究的「政治文化」：一是政治思維的方式和政治行動
的風格；二是兼指政治文化兩個互別而又相關的活動領域（頁 28
－32）。余先生研究宋代政治文化的方法和內容無疑也爲後進有志
於研究唐代這一論題的學者提供了學術分析的模式。

　　本書以歷史學的研究方法，探討「安史亂」前唐代政治史、
文化史及其關係。而將書名定爲《唐代前期政治文化研究》，也是
欲突顯本書於當前唐史研究中的價值所在。

　　「安史之亂」爆發的原因，曾經是中外史學界研究的重點。
早在 1930 年代，章嶔便指出叛亂發生的原因有四：一是設置節度
使，二是重用蕃將，三是攻伐兩蕃，四是玄宗寵溺小人；[1]呂思勉
也認爲天寶之際偏重之勢太重，而朝廷內的君臣又缺乏遠見，招
致了此次叛亂。[2]兩位學者均以爲「安史之亂」爆發的主因是邊境
軍事力量的過分強大，是軍事的原因直接導致了這次胡人亂華。
谷霽光〈安史亂前之河北道〉一文則從唐中央政府對河北道的政
策著眼，指出李唐皇室對河北的歧視政策，導致了河北道對唐廷
的長期異化，「安史之亂」爆發於河北，直接或間接都與這一結果
有關；[3]蒲立本（Edwin. G. Pulleyblank）也接受和採用了這一觀
點，並且又從經濟、政治、軍事以及安祿山與李林甫的關係等多

---

[1] 章嶔著：《中華通史》（上海：商務印書館，1934），頁 840－843。
[2] 呂思勉著：《隋唐五代史》（北京：中華書局，1959），頁 210－214。
[3] 谷霽光著：〈安史亂前之河北道〉，《燕京學報》第十九期（1936 年），頁
197－209。

方面，闡述了造成這次叛亂的各種原因。[1]此後學者的論述也多圍繞這幾方面原因的加以探討。如岑仲勉認為叛亂的原因是中央政策失誤、邊兵失調，玄宗過度信任安祿山，統治集團內部又有分歧，再加上當時中國的繁榮，惹起了安祿山的野心，才引發了這場叛亂；[2]胡如雷更認為這是統治階級內部爭奪皇權的鬥爭，對上述軍事、政治、民族矛盾等原因論點提出了異議；[3]李樹桐的〈天寶之亂的本源及其影響〉一文則是從政治與軍事兩大方面討論「安史之亂」的原因；[4]王仲犖認為安祿山與楊國忠的權力鬥爭，促使安祿山舉兵叛唐；[5]王吉林更是明確指出「安史之亂」的原因在於唐玄宗「任相非人」。[6]以上各家的論點，即從軍事、政治和統治階級內部矛盾等方面闡述「安史之亂」爆發的原因，反映了當時學界的主流論調。

此外，吳宗國在〈天寶之亂是由於「置相非其人」嗎？〉一文中認為「安史之亂」與階級矛盾有關，玄宗集團沒能根據形勢的變化採取相應靈活的政策，階級矛盾與統治集團內部矛盾的尖

[1] Edwin Pulleyblank, *The Background of The Rebellion of An Lu-shan*, Oxford: Oxford University Press, 1955.

[2] 岑仲勉著：《隋唐史》（石家莊：河北教育出版社，2000），頁 252－261。

[3] 胡如雷著：〈略論「安史之亂」的性質〉，《光明日報》（北京），1962 年 10 月 10 日，第 4 版。

[4] 李樹桐著：〈天寶之亂的本源及其影響〉，《台灣師大歷史學報》第一期（1973 年 1 月），頁 35－83。

[5] 王仲犖著：《隋唐五代史》（上海：上海人民出版社，1988），頁 157－160。

[6] 王吉林著：《唐代宰相與政治》（台北：文津出版社，1999），頁 175。

銳，最終導致了「安史之亂」；[1]同作者又在《隋唐五代簡史》一書中進一步指明玄宗重用蕃將除了是害怕漢族將領與太子勾結，危及自己的皇位，以及李林甫害怕漢族大將功名日盛入朝爲相，影響自己宰相的權勢外，還有更主要的客觀原因：一是開元（713－741）以來內地缺乏漢族的將材；二是募兵制實施以來，邊疆士兵中胡人的比重加大，故玄宗樂於用蕃將統領胡人。[2]黃新亞則提出「安史之亂」是唐前期各種社會矛盾激化的產物；[3]王素在〈略談安史之亂〉一文中明確指出，「安史之亂」這樣大的歷史事件，其起因是相當複雜的，不是單一的某一種原因便可以解釋清楚。[4]這些學者已經注意到了分析「安史之亂」的爆發原因，不能只側重政治、經濟、軍事等單方面原因，而是要將當時唐代社會做整體考察。

迄今爲止，前引蒲立本的著作仍然是研究「安史之亂」的歷史背景著作中，最爲詳實的一部。其書從多個宏觀層面對「安史亂」前的唐代歷史做了總體考察，對河北道的特殊地位以及安祿山與李林甫的關係等也有精彩的論述。然而他的論點也只是強調了傳統的政治、經濟、軍事因素在具體事件中所起的作用。

陳寅恪先生在《唐代政治史述論稿》一書中說：「（安）祿山

---

[1]吳宗國著：〈天寶之亂是由於「置相非其人」嗎？〉，《內蒙古社會科學》（文史哲版）（1981年第1期），頁8。

[2]吳宗國著：《隋唐五代簡史》（福州：福建人民出版社，1998），頁234。

[3]黃新亞著：〈說玄宗削藩與安史之亂〉，《學術月刊》1985年3月號，頁55－60。

[4]王素著：〈略談安史之亂〉，《文史知識》1987年第9期，頁13－19。

之舉兵與胡漢種族武力問題有關」；「安史叛亂之關鍵實在將領之種族。」[1]清楚指明了「安史之亂」與叛亂者的種族血統有著很大關係。同書進一步闡明：「夫河北之地，東漢、曹魏、西晉時固爲文化甚高區域，雖經胡族之亂，然北魏至隋其地之漢化仍未見甚衰減之相，何以至玄宗朝文治燦爛之世，轉變爲一胡化地域？」[2]這又提醒我們地域與文化也是「安史之亂」爆發的兩個重要原因。[3]榮新江以爲安祿山利用粟特聚落和祆教信仰，組織了這場叛亂。[4]王師小甫〈拜火宗教與突厥興衰——以古代突厥鬥戰神研究爲中心〉一文更是利用最新考古發現，結合原始史料，通過對「祿山」名字含義的精細考證，揭示了當時突厥人與粟特人之間的特殊種族文化關繫，[5]此文爲我們全面深入研究這一重大歷史事件的種族文化背景提供了全新的視角。

　　本書力求在前賢研究的基礎上，從更長歷史時段著眼，對唐代前期各種社會群體間的政治文化關係進行梳理；並通過對安祿

---

[1]陳寅恪著：《唐代政治史述論稿》（上海：上海古籍出版社，1997），上篇，頁32、頁33。

[2]陳寅恪：《唐代政治史述論稿》，頁27－28。

[3]但是也有學者持有不同的看法，認爲叛亂「與中國文化的敵人的大規模滲透或長期的地方分離並無本質的聯繫。」見崔瑞德（Denis C. Twitchett）編、中國社會科學院歷史研究所與西方漢學研究課題組譯：《劍橋中國隋唐史》（北京：中國社會科學出版社，1990），頁480。

[4]榮新江著：〈安祿山的種族與宗教信仰〉，載《中古中國與外來文明》（北京：三聯書店，2001），頁222－237。

[5]王師小甫著：〈拜火宗教與突厥興衰——以古代突厥鬥戰神研究爲中心〉，《歷史研究》2007年第1期，頁24－40（因篇幅限制，原文刊時曾刪去7千字。未刪節的版本見www.xiangyata.net/history）。

山賴以舉事之河北[1]北部地區地域文化背景的深入分析，展現唐代前期這一統一帝國的政治文化特色。

如前所言，在本人博士論文結構與內容基本完成之前，並無緣得見余英時先生《朱熹的歷史世界》與《宋明理學與政治文化》這兩部大作。故論文寫作初衷是以「安史之亂」爆發的歷史文化背景爲研究中心，按照事件歷史發展的脈絡，展開對唐代前期社會集團之間政治與文化關係的討論。茲又將全書結構修改如下：

第一章〈引言〉，闡釋研究動機、內容、方法與理念。

第二章〈北朝後期至隋末唐初的文化潮流〉分兩節，第一節主要對中國歷史自北魏以來的文化傾向作一概述性描述，特別指出隋煬帝楊廣的特殊文化傾向；第二節則重點分析隋末唐初不同社會集團的種族文化特徵。

第三章〈李唐皇室的文化傾向〉亦分兩節，揭示李唐皇室的種族文化特徵，並藉此重新審視唐代前期的一些特殊歷史事實；進而深入檢討唐代前期的胡化現象及其歷史意義。

第四章〈唐代前期的儒學地位〉分四節。第一節討論《五經

---

[1] 本文所論「山東河北」，所指其實同一。〔宋〕司馬光編著、〔元〕胡三省音注、矗崇岐等點校：《資治通鑑》（北京：中華書局，1956）卷一二一宋文帝元嘉七年（430）（九月）乙丑條下胡三省注：「此山東謂太行恒山以東，即河北之地」（頁 3820）大體包括了今中國大陸河北省大部，山東省全部以及河南省北部。大約爲歷史上北齊（550-577）統治的華北地區。又史籍中所見「河朔」一詞，與「山東河北」所指範圍亦略同。本文所用「華北」、「山東」、「河北」、「山東河北」所指均爲上述同一地區，視上下文的需要而交互使用。

正義》頒行與影響。這正是唐史學界一直未曾多予注意的課題。
第二節與第三節重點論述唐前期的「文」「儒」異位的歷史事實；
第四節旨在揭示代表辭章才學的新型文化團體的出現及其意義。
本章目的，是欲把唐代前期儒學的研究放回到長時段的唐代政治
文化社會中，做歷史層面的整體考察，尋求此時儒學地位低落的
深層歷史原因和影響。

　　第五章〈山東士族高門勢力的消長〉。在前章論述的基礎上，
第一節〈山東士族與明經試〉探討儒學學術地位的改變對山東士
族的影響；並利用新近出版之墓誌材料，配合傳統正史史料，補
充說明唐代前期學術與家族之關係。第二節〈傳統山東士族社會
地位的轉變〉，分析關隴勳貴集團與山東士族高門之政治文化矛
盾；並以趙郡李氏、博陵崔氏、清河崔氏、范陽盧氏等氏族的遷
移爲例，說明傳統山東士族勢力之衰減，揭示其地方勢力衰落的
歷史意義。

　　第六章〈河北北部安史武裝集團的形成〉。分兩節論證唐朝在
東北，尤其是在幽州地區軍事防禦政策轉變的影響；嘗試解說玄
宗之世此一地區最終淪爲安祿山、史思明叛亂基地的歷史文化原
因。

　　第七章〈「安史亂」前中央政府與華北社會之關係〉。嘗試借
用西方學者的比較社會學理論，分析代表中央集權——唐帝國—
—的李唐皇室與不同地域集團和功能群體之間的互動及其影響。

　　除正文外，本書亦有附錄：〈安祿山（史思明）年譜〉；附表
一：〈《隋書·儒林傳》與兩《唐書·儒學傳》人物表〉、二：〈「安
史亂」前營州、幽州境內羈縻州表〉、三：〈「安史亂」前幽州境內

所居蕃將表〉、四：〈「安史亂」前幽州（營州附）大事年表〉；以
補充說明和支持各章之內容。

第二節　研究方法與理念

　　筆者以爲，唐代歷史的研究方法，陳寅恪先生建構的中國中
古史的研究理論依然具有重要的指導意義。[1]二十世紀五十年代中
國大陸史學界曾經對陳先生的「種族文化」史觀諸多批評，然而
其只是依據當時的政治需要，加以片面和主觀的評判，而鮮有客
觀中立的學術討論。本書既是要討論唐代前期政治文化的特色暨
「安史之亂」的歷史文化背景，故以爲陳先生所提出的「種族文
化」史觀，依然可作爲研究這段歷史的主要指導方法之一。

---

[1] 關於陳寅恪先生唐史研究之方法，以氏著：《隋唐制度淵源略論稿》（台
北：台灣商務印書館，1994）和《唐代政治史述論稿》二本專著影響最爲深
遠。後來之治唐史者，也多依此二書中所提出的理論。相關討論參閱 Edwin
Pulleyblank, *The Background of The Rebellion of An Lu-shan*, p.2；王永興著：
〈略談陳寅恪先生的治史方法〉，載《陳門問學叢稿》（南昌：江西人民出版
社，1993），頁 11－20；王永興著：《陳寅恪先生史學述論稿》（北京：北京
大學出版社，1998），頁 1－141；胡戟著：〈試述陳寅恪先生對士族等問題的
開拓性研究〉、林悟殊著：〈陳寅恪先生「胡化」、「漢化」說的啓示〉，均收
入中山大學歷史系編：《陳寅恪與二十世紀中國學術》（杭州：浙江人民出版
社，2000），頁 28－41、頁 268－278；唐振常著：《承傳立新：陳寅恪先生
之學》（香港：商務印書館有限公司，2000），頁 22－38；胡戟著：〈陳寅恪
與中國中古史研究〉，《歷史研究》2001 年第 4 期，頁 145－156；汪榮祖
著：《史家陳寅恪傳》（北京：北京大學出版社，2005），頁 97－127。迄今爲
止，中外唐史學界也依然沒有一套足以媲美陳先生舊說的新理論，見林悟
殊：〈陳寅恪先生「胡化」、「漢化」說的啓示〉，頁 28－41。

　　關於李唐皇室的種族問題，學者考證其先世若非趙郡李氏之「破落戶」，便是趙郡李氏之「假冒牌」；而其血統，雖本是華夏一支，然而後乃與胡夷混雜。[1]異言之，李唐皇室並非當時社會的傳統文化高門。唐太宗李世民曾於貞觀（627－649）後期總結他的政績時說：「自古皆貴中華，賤夷、狄，朕獨愛之如一，故其種落皆依朕如父母。」[2]是什麼原因使得李唐皇室有如此開明的民族政策，而心中少了那份中國傳統文化概念中的夷夏之防呢？[3]這背後，種族問題其實是一個不可忽視的關鍵原因：「蓋李唐皇室，起源於北朝胡化之漢人，承異族累葉之政權，於所謂夷夏觀念，本甚薄弱。」[4]如唐世祖李昞妻獨孤氏、高祖李淵妻竇氏和太宗李世民妻長孫氏均為異族，故胡漢雜糅的李唐皇室心中自然不會存有什麼嚴格的華夷之別。轉而言之，對於一個大一統的帝國統治者，如果不是其身上染有胡族血統，恐怕不能如此毫無戒心的對待外來民族和制定寬容的民族政策。種族血統在一定程度上影響了他們在制定民族政策時可以異常地包容外族。[5]因此探討唐代前期李唐皇室的種族以及民族、文化政策制定之間的關係，有助於

---

[1] 陳寅恪：《唐代政治史述論稿》，頁 10－11、頁 13。

[2] 《資治通鑑》卷一九八唐太宗貞觀二十一年（647）五月庚辰條，頁 6247。

[3] 「安史之亂」以後，唐代社會才明顯有了夷夏之防的觀念，參閱傅樂成著：〈唐代夷夏觀念之演變〉，載《漢唐史論集》（台北：聯經出版事業公司，1977），頁 214－218。

[4] 傅樂成：〈唐代夷夏觀念之演變〉，頁 210。

[5] 如重用蕃將。相關研究可參閱章羣著：《唐代蕃將研究》（台北：聯經出版事業公司，1986）、章羣著：《唐代蕃將研究續編》（台北：聯經出版事業公司，1990）；馬馳著：《唐代蕃將》（西安：三秦出版社，1990）。

我們理解爲何盛唐時的文化可以表現出如此強大的包容性和多元性，[1]尤其是唐初文化傾向的根源所在。例如宋儒就指出：「唐源流出於夷狄，故閨門失禮之事，不以爲異。」[2]本書研究結果亦表明，李唐皇室的種族血統不僅影響了其修身齊家的態度，有唐一代許多歷史事件也均可由此而重新得出一種更合理的解釋，如晉陽起兵、太宗之即位以及玄宗、肅宗之得位等等。

陳寅恪先生亦提出了文化決定論的漢化與胡化之說：「總而言之，全部北朝史中凡關於胡漢之問題，實一胡化漢化之問題，而非胡種漢種之問題，當時之所謂胡人漢人，大抵以胡化漢化而不以胡種漢種爲分別，即文化之關係較重而種族之關係較輕，所謂有教無類者是也。」[3]後又云「漢人與胡人之分別，在北朝時代文化較血統尤爲重要。凡漢化之人即目爲漢人，胡化之人即目爲胡人，其血統如何，在所不論。」、「此爲北朝漢人、胡人之分別，不論其血統，只視其所受之教化爲漢抑爲胡而定之確證，誠可謂『有教無類』矣。」[4]陳先生儘管只以北朝史實爲例，然讀其書知先生治唐史亦以文化論一以貫之。我們以爲討論唐代的漢化與非漢化問題，關鍵是看唐帝國內各社會群體對中原傳統儒家文化的認同與否，所謂「在心不在身」，亦即「文化之關係較重而種族之

---

[1] Arthur F. Wright & Dennis Twitchett eds., *Perspectives on the Tang*, New Haven and New York: Yale University Press,1973, p.1.

[2] 〔宋〕黎靖德編、王星賢點校：《朱子語類》（北京：中華書局，1994）卷一三六〈歷代〉三，頁 3245。

[3] 陳寅恪：《隋唐制度淵源略論稿》，頁 74。

[4] 陳寅恪：《唐代政治史述論稿》，頁 16 頁、頁 17。

關係較輕」。

　　本書所論唐代前期之「文化」概念，內容包含了中國傳統儒家文化與外來文化這兩層意義，是一廣義概念。至於「胡化」，其深層意義是指不奉行中原傳統儒家禮法文化之思想與行爲（有時也以「非漢化」「非本土化」等詞語借指之，而用「漢化」、「華化」或「本土文化」與之相比照）；表面意義則是指中原地區，特別是當時長安、洛陽一帶生活習俗等物質層面受到外來文化的影響。此種的外來文化，有當時從北方遊牧民族和西域等地傳來的，也有自魏晉南北朝以來各民族遺留的社會風俗，更因地域的差異而有不同的表現形式。

　　張廣達先生曾經指出：「唐代中原地區的典章制度既是前此數百年的建制的條貫和折衷（例如中央設置的三省六部機構），也是東晉南北朝以來多種民族互相衝突、互相融合而留下的某些制度的延續和發展（例如均田制、府兵制）；但是，人們唯獨從中探索不到外來的禮儀、政刑和典章制度的移植，而且唐代的官制、兵制、刑法、田制、賦役制等等都淵源於先前王朝，並沒有因爲在唐代受到外來的影響而相應發生任何重大的改變。至於宗教、藝術（例如音樂、舞蹈、雜技、繪畫、雕塑）、實用器物（例如金銀器、服飾）等方面，人們可以看到，通過西域傳來的印度、中亞、西亞文明和通過南海傳來的南亞文明，對唐代的影響是既深且遠的。」[1]典章制度是中國傳統文化的深層表現，是體；藝術器

---

[1] 張廣達著：〈唐代的中外文化彙聚和晚清的中西文化衝突〉，《中國社會科學》1986 年第 3 期，頁 38。

物則是表層的表現，是用。這也是中國本土文化與外來異質文化相互交流的直接反映。本書以爲，唐代前期正是外來文化高漲而本土文化相對低落的涵化趨同期。

儒學從漢武帝（140 B.C.—87 B.C. 在位）時代起成爲中原王朝的官方正統文化，歷代王朝欲維持其統治的合法性便不得不承認儒家學說的正統地位，儒學因而得以成爲中華文化的主流。[1]傳統儒學，狹義之概念可指儒家經典的文義研究，亦既文字與義疏之學；而廣義之儒學，可泛指儒家思想之學，此涉及政治、經濟、軍事、社會等諸多方面，諸如制度、法律、禮樂等均可歸入廣義儒學之範圍。[2]李唐皇室既自認是入主中原的正統王朝之一，因之其統治根本，如官制、兵制、刑法、田制、賦役制等典章制度亦沿襲傳統儒家政治文化而來，亦即張廣達先生所指「探索不到外來的禮儀、政刑和典章制度的移植」。

然而代表中原正統文化的儒家學說在「安史亂」前並沒有受到自認正統的李唐皇室的特別重視，社會上更加缺少「安史亂」

---

[1] 關於儒家思想，特別是《春秋》學對漢代政治演變影響的最新研究，參閱陳蘇鎮著：《漢代政治與〈春秋〉學》（北京：中國廣播電視出版社，2001）；祝總斌著：〈有關《史記》崇儒的幾個問題〉，北京大學歷史系網站，2003 年 12 月 28 日。

[2] 陳寅恪著：〈馮友蘭中國哲學史下冊審查報告〉，載《金明館叢稿二編》，頁250－251。

後韓愈所強調的「傳道」之師。[1]與此形成強烈對比的是，受到當時統治者的政治文化政策以及釋道二教[2]勢力之影響，儒家文化與傳統文化士族的社會地位和影響力都有所減弱。李唐皇室只是樂於利用儒家學說來宣揚和確立自己的正統地位，對於儒家文化中真正強調的禮法教化功能[3]未曾多有著力。因此儒學所強調的禮樂教化、整齊人倫等功能，也因爲受到這些因素的影響而未能如常發揮作用。

　　中華傳統文化中還有「儒」、「俠」之對立，後又有「文士」與「武士」之分途發展。[4]漢武帝獨尊儒術以後，文士或說是信奉儒家學說的士人便擔負起了傳承中國傳統文化的任務。「禮法」傳統更成爲中國儒家文化中的主要特色。學者研究指出早自漢代開

---

[1]〔唐〕韓愈著、馬其昶校注、馬茂元整理：《韓昌黎文集校注》（上海：上海古籍出版社，1986），頁 42。至於對「傳道」的解釋，可參閱陳寅恪：〈論韓愈〉，頁 285－297；余英時著：《士與中國文化》（上海：上海人民出版社，1987），頁 477－479。

[2]本書既以歷史背景爲研究主要對象，故對儒釋道三教本身之發展並不擬深入探討。又儒學爲中國學術主流，並非宗教。然自魏晉以還，常與佛道二家互相爭論，彼此互補短長，故史籍中多以「三教」稱之；雖名實不符，然一來已成習稱，二來行文方便，亦沿用此語。還有學者以爲中國之宗教有制度型（Institutional Religion）和擴散型（Diffused Religion）兩種，前者之重要影響在政治方面，後者之影響主要在社會習俗方面，見 C.K.Yang, *Religion in Chinese Society: A Study of Contemporary Social Functions of Religion and Some of Their Historical Facts,* Berkeley: University of California Press, 1967, pp.294-96. 此說有助於我們理解唐代三教的社會影響力。

[3]關於儒家禮法教化功能的論述，參閱余英時：《士與中國文化》，頁 88、頁135。

[4]余英時：《士與中國文化》，頁 22 注①。

始，所謂的「循吏」便負有養民與教民的雙重責任，尤其是在教
化人倫方面。[1]自魏晉南北朝以來，則是地方上的世家大族在禮法
與儒家經典的繼承和傳播上扮演了極其重要的角色。[2]到了唐代前
期，傳統文化高門更是「不專用其先代之高官厚祿爲其唯一之表
徵，而實以家學及禮法等標異於其他諸姓」；其「門風之優美，不
同於凡庶，而優美之門風實基於學業之因襲。故士族家世相傳之
學業乃與當時之政治社會有極重要之影響。」[3]本書所論唐代士
族，即依此義。

　　從對本土文化的傳承這一層面來衡量，唐代山東士族尤具陳
先生所指文化士族的特性：他們是中原傳統儒家文化最有力的繼
承者，對儒家文化中的家學禮法不遺餘力地施行與保存。從這一
意義上來說，傳統山東士族才是唐代前期中華本土文化的真正代
表。依此推論，唐代社會教化的任務，也本應由士族與政府共同
承擔，並且由前者發揮主導力量，正如漢代的「循吏」一樣。但
是本書研究發現，出身關隴軍事貴族集團的李唐皇室，利用各種
手段來壓抑和削弱山東士族在政治文化領域，尤其是文化上的影

---

[1] 參閱余英時著：〈漢代循吏與文化傳播〉，載《中國思想傳統的現代詮釋》
（台北：聯經出版事業公司，1987），頁 167－258；閻步克著：《士大夫政治
演生史稿》（北京：北京大學出版社，1996）第三章〈封建士大夫的政治文
化傳統——「禮」〉，頁 73－124。

[2] 參閱陳寅恪：《隋唐制度淵源略論稿》二〈禮儀〉章；陳寅恪著：〈述東晉
王導之功業〉，載《金明館叢稿初編》，頁 48－68；錢穆著：〈略論魏晉南北
朝學術文化與當時門第之關係〉，載《中國學術思想史論叢》（台北：東大圖
書公司，1977）（三），頁 134－199。

[3] 陳寅恪：《唐代政治史述論稿》，頁 69、頁 71。

響力。在李唐皇室的歧視與壓抑政策之下,「安史亂」前傳統山東士族在地方上的政治文化實力已經相當薄弱。

至於唐代社會受到外來文化,特別是來自中亞與西亞文化的巨大影響這一課題,前輩學者已經從不同角度和層面進行了探討,[1]成果豐碩,此不一一贅述。本書研究發現,「安史亂」前唐代社會的「胡化」問題因地域的不同,「胡化」也有完全不同的表現。唐帝國中央的典章制度乃沿襲傳統儒家政治文化而來,外來文化對長安一帶的顯著影響在藝術、器物等外在層面。然而在河

---

[1] 代表性著作有 Berthold Laufer, *Sino-Iranica: Chinese Contributions to the History of Civilization in Ancient Iran: with special reference to the history of cultivated plants and products*, New York: Kraus Reprint Corp., 1967;中譯本見林筠因譯:《中國伊朗編——中國對古代伊朗文明史的貢獻》(北京:商務印書館,1964);Prabodh Chandra Bagchi, *India and China; a Thousand Years of Cultural Relations*, Bombay: Hind Kitabs, 1950;藤田豐八著、楊鍊譯:《西域研究》(台北:台灣商務印書館,1971);桑原騭藏著、何建民譯:《隋唐時代西域人華化考》(台北:新文豐出版公司,1979);向達著:《唐代長安與西域文明》(北京:三聯書店,1979),夏鼐著:《中國文明的起源》(北京:北京文物出版社,1985);張廣達 王小甫著:《天涯若比鄰——中外文化交流史略》(香港:香港中華書局,1988);張廣達著:《西域史地叢稿初編》(上海:上海古籍出版社,1995);E.H. Schafer, *The Golden Peaches of Samarkand: a study of Tang exotics*, Cambridge: Cambridge University Press, 1963;中譯本見吳玉貴譯:《唐代的外來文明》(北京:中國社會科學出版社,1995);蔡鴻生著:《唐代九姓胡與突厥文化》(北京:中華書局,1998),並參閱榮新江書評:〈蔡鴻生《唐代九姓胡與突厥文化》〉,《唐研究》第五卷,1998 年,頁 518–522;榮新江:《中古中國與外來文明》。至於對中西文化交流史的研究綜述,可參閱胡戟等主編:《二十世紀唐研究》(北京:中國社會科學出版社,2002)第九章〈中亞、西亞、南亞、南海、歐洲、非洲關係〉。

北邊境一帶的「胡化」則並非簡單地表現爲上述物質形態層面。大量的內附蕃人居住在這一地區內，唐代政府施行的羈縻統治又使得他們得以保留原來的社會組織與種族群體構成，以及自身的種族文化特點。所以這一地區並不是一般意義上的所說「胡化」，即漢人受到或接受外來文化的影響。而是這些內附蕃人在保留了他們自身鮮明的種族文化特徵之後，又進而影響了河北一帶的社會民風。長安、河北雖然都可稱爲「胡化」，但其層次與結果卻是頗爲不同的。

及至玄宗之世，中央與河北地區又出現了「崇文教」與「尙攻戰」兩種不同的政治文化取向；[1]原本中央胡漢文武混合之關隴集團已經蛻變爲「奉長安文化爲中心、恃東南財賦以存立」之新的政治集團。[2]自武后以來，科舉制度逐步完善，吸引了地方上的士族子弟競赴中央做官，重文輕武之風氣逐日漸成熟。[3]《資治通鑑》卷二一六唐玄宗天寶八載（749）云：「時承平日久，議者多謂中國兵可銷，於是民間挾兵器者有禁；子弟爲武官，父兄擯不齒。猛將精兵，皆聚於西北邊，中國無武備矣。」清楚說明了開天盛世時的文化取向。而在河北北部邊境地區，內附蕃族部落依然保持其雄武獷悍之風。蕃兵蕃將長久任職於此，一個獨立的胡人武裝集團也因而得以形成。河北——尤其是北部地區——尙武善戰，中原地區反而偃武從文，從盛唐時期開始這二地域之間的

---

[1] 陳寅恪：《唐代政治史述論稿》，頁 25。

[2] 陳寅恪：《唐代政治史述論稿》，頁 20。

[3] 毛漢光著：〈唐代大士族的進士第〉，載《中國中古社會史論》（上海：世紀出版集團、上海書店出版社，2002），頁 334–364。

矛盾似乎又在重演北魏（386－534）末年洛陽與六鎮之間的政治文化衝突，統一的中原帝國似乎又面臨著一次統治危機。

故此，地域文化的研究也引起學者的頗多注意：「在李唐最盛之時即玄宗之世，東漢、魏晉、北朝文化最高之河朔地域，其胡化亦已開始」；「中國河朔之地不獨當東突厥復興強盛之時遭其侵軼蹂躪，即在其殘敗衰微之後亦仍吸收其逃亡離散之諸胡部落，故民族受其影響，風俗爲之轉變，遂與往日之河朔迥然不同，而成爲一混雜之胡化區域矣。夫此區域之民族既已脫離漢化，而又包括東北及西北之諸胡種，唐代中央政府若欲羈縻統治而求一武力與權術兼具之人才，爲此複雜胡族方隅之主將，則柘羯與突厥合種之安祿山者，實爲適應當時環境之唯一上選也。」[1]可見，研究「安史之亂」的歷史文化背景，我們尚須要留意地域文化之影響，嘗試解答「安史之亂」何以爆發於東北幽州，而非西北或其他地區這一問題。[2]本書即嘗試透過剖析地域文化背景以及統治階層社會群體互動關係等因素，重新審視「安史之亂」爆發的歷史文化背景，揭示唐代前期政治文化的特色，以彌補學界在這一研

---

[1] 陳寅恪：《唐代政治史述論稿》，頁 43、頁 47。

[2] 已經有學者指出，河北和西北邊鎮不同，西北邊鎮雖也多胡兵蕃將，但兵士或爲當地及附近地區人，如安西、河西諸軍，其中且包括大量少數民族人，或爲內地強募而去，如隴右。民族凝聚力遠不如河朔地區。其次西北距離關中路途遙遠，且爲戈壁地帶，幾百里沒有人煙。大規模行軍，後勤無法保證，發動叛亂的可能性不大。而安祿山控制的地區既是當時經濟最發達的地區，又貼近關中、中原。出其河北轄境，渡過黃河，很快就可到達洛陽。最後是安祿山本人在主觀上也在積極進行著準備。只待時機成熟，便會舉兵南下。見吳宗國：《隋唐五代簡史》，頁 234－235。

究領域的不足。

　　總合而言，「安史亂」前中國傳統的儒家文化就是處在這樣一種社會環境和文化政策影響下：本土文化正受到外來思想和學說的強力挑戰；以儒學爲主體的中國本位文化正處於一個新的融合和形成期。「安史之亂」的爆發正是這一特定歷史時期內不同文化之間矛盾衝突的反映。這一重大歷史事件的發生，刺激和觸動了此後唐人對「胡化」問題的反思以及韓愈領導的以「尊王攘夷」爲主要目標的「古文運動」之展開，並最終形成趙宋之世的華夏民族新文化。

第二章　北朝後期至隋末唐初的文化潮流

第一節　北朝後期以來的政治與文化衝突

　　北魏（386－534）自建立帝國起，種族與文化二問題便是統治者必須面對和解決的問題。[1] 雖然北魏歷代皇帝均努力推行漢化政策，[2] 但在這股漢化潮流中也一直存在著反漢化的傾向。

一

　　太和十七年（493）定都洛陽以後，孝文帝實行了一系列的漢化改革，如革衣服之制、改遷居洛陽之鮮卑人的籍貫、代人南遷者死葬洛陽、禁鮮卑語而改說漢話、改鮮卑姓、與漢人通婚、定

---

[1] 萬繩楠整理：《陳寅恪魏晉南北朝講演錄》（合肥：黃山書社，1987）云：「北朝之所以不能一舉吞併南朝，主要在於內部民族與文化問題沒有解決。」（頁 229）

[2] 陳寅恪：《唐代政治史述論稿》，頁 13－14；並參閱唐長孺著：〈拓跋國家的建立及其封建化〉、〈拓跋族的漢化過程〉，均載《魏晉南北朝史論叢（外一種）》（石家莊：河北教育出版社，2000），頁 185－238、頁 587－612。

姓族等，[1]其目的都是使鮮卑貴族向漢人士族轉化。這些政策中又以定姓族和與漢族通婚二事影響最巨。《魏書》卷一一三〈官氏志〉載太和十九年詔書：

> 代人諸胄，先無姓族，雖功賢之胤，混然未分。故官達者位極公卿，其功衰之親，仍居猥任。比欲制定姓族，事多未就，且宜甄擢，隨時漸銓。其穆、陸、賀、劉、樓、于、嵇、尉八姓，皆太祖已降，勳著當世，位盡王公，灼然可知者，且下司州、吏部，勿充猥官，一同四姓。自此以外，應班士流者，尋續別敕。……凡此定姓族者，皆具列由來，直擬姓族以呈聞，朕當決姓族之首末。其此諸狀，皆須問宗族，列疑明同，然後勾其舊籍，審其官宦，有實則奏，不得輕信其言，虛長僥僞。……令司空公穆亮、領軍將軍元儼、中護軍廣陽王嘉、尚書陸琇等詳定北人姓，務令平均。隨所了者，三月一列簿帳，送門下以聞。

《資治通鑑》卷一四〇齊明帝建武三年（496）：「魏主雅重門族，以范陽盧敏、清河崔宗伯、滎陽鄭羲、太原王瓊四姓，衣冠所推，咸納其女以充後宮。隴西李沖以才識見任，當朝貴重，所結姻縭，莫非清望；帝亦以其女爲夫人。……時趙郡諸李，人物尤

---

[1] 參〔北齊〕魏收撰：《魏書》（北京：中華書局點校本，1975）（本書引「廿四史」均爲此本）卷七下〈高祖本紀〉下。

多，各盛家風，故世之言高華者，以五姓爲首。」可知孝文帝詔
書所謂「一同四姓」，就是說此後鮮卑穆、陸、賀、劉、樓、于、
嵇、尉等八姓之社會地位與山東盧崔鄭王四姓[1]一樣；所謂「應班
士流者」就是說八姓和山東士族一樣享有政治上的特權。「選舉與
婚姻由既問姓族，又問人倫（既問家世，又問個人）轉到只問姓
族，不問個人」，[2]這樣孝文帝就避免了崔浩欲「齊整人倫，分明
姓族」所引發的胡漢矛盾，[3]且特意淡化了其中文化的因素，轉而
只以先世官爵爲主。如此不但可以調和中央統治階級中的胡漢矛
盾問題，留居洛陽的鮮卑貴族之社會文化地位也隨之得以提昇。

　　至於如何在原本習慣了講鮮卑語的軍事貴族中間推行中原傳
統儒家文化，孝文帝也頗費了一番苦心。《隋書》卷三二〈經籍
志〉一〈經部‧孝經〉下載：「國語孝經一卷」，論曰：「魏氏遷
洛，未達華語，孝文帝命侯伏侯可悉陵，以夷言譯孝經之旨，教
於國人，謂之國語孝經。」可見，祇有使鮮卑貴族接受並認同了
中原傳統文化，孝文帝的改革纔能成功，代北的軍事貴族纔能逐
步向中原文化士族轉變。誠如學者所指出那樣：「孝文帝出自胡
族，其政策是借提高胡族的文化來提高胡族之社會地位，所以他

---

[1] 此處四姓之說依胡三省的解釋，見《資治通鑑》卷一四〇齊明帝建武三年
（496）春正月「魏主下詔」條胡注，頁4394。

[2]《陳寅恪魏晉南北朝講演錄》，頁266。

[3] 陳寅恪著：〈崔浩與寇謙之〉，載《金明館從稿初編》，頁107－140；《陳寅
恪魏晉南北朝講演錄》第十五篇〈北朝前期的漢化〉，頁240－253；周一良
著：〈北朝的民族問題與民族政策〉，載《魏晉南北朝史論集》（北京：北京
大學出版社，1997），頁127－134。

的政策是要與漢人中的士族取合作態度。」[1]這與此後唐太宗壓抑
山東士族，樹立新門閥的意圖是頗有不同的。

　　孝文帝在中央洛陽的漢化改革雖然成功了，但在北魏北方邊
境上卻形成了一股反中央漢化之運動，北魏也因六鎮的叛亂而
亡。「及魏孝文帝遷都洛陽，其漢化程度更爲增高，至宣武、孝明
之世，則已達頂點，而逐漸腐化矣。然同時邊塞六鎮之鮮卑及胡
化之漢族，則仍保留其本來之胡化，而不爲洛都漢化之所浸染。
故中央政權所在之洛陽其漢化愈深，則邊塞六鎮胡化民族對於漢
化之反動亦愈甚，卒釀成六鎮之叛亂，爾朱部落乘機而起。至武
泰元年（西元 528 年）四月十三日河陰之大屠殺，遂爲胡人及胡
化民族反對漢化之公開表示。」[2]由此可見六鎮叛亂的主因，還是
胡化與漢化、中央與地方[3]的矛盾。《魏書》卷十八〈廣陽王深
（本作淵，唐人避諱改）傳〉：

　　　　（元淵）上書曰：「邊豎構逆，以成紛梗，其所由來，非
　　　　一朝也。昔皇始（396－397）以移防爲重，盛簡親賢，擁
　　　　麾作鎮，配以高門子弟，以死防遏，不但不廢仕宦，至乃

---

[1] 汪籛著：〈唐太宗樹立新門閥的意圖〉，載唐長孺 吳宗國等編：《汪籛隋唐
史論稿》（北京：中國社會科學出版社，1981），頁 162。

[2] 陳寅恪：《唐代政治史述論稿》，頁 13－14。

[3] 如日人谷川道雄就以爲除了胡化漢化之間的矛盾，六鎮的叛亂還暴露出了
地域力量與王朝權力之間的對立。見谷川道雄著：〈北魏末的內亂與城民〉，
載劉俊文主編：《日本學者研究中國史論著選譯》（北京：中華書局，1993）
第四卷〈六朝隋唐〉，頁 134－171。

偏得復除。當時人物，忻慕爲之。及太和（477－499）在
曆，僕射李沖當官任事，涼州土人，悉免廝役，豐沛舊
門，仍防邊戍。自非得罪當世，莫肯與之爲伍。征鎮驅
使，但爲虞候白直，一生推遷，不過軍主。然其往世房分
留居京者得上品通官，在鎮者便爲清途所隔。或投彼有
北，以禦魑魅，多復逃胡鄉。乃峻邊兵之格，鎮人浮游在
外，皆聽流兵捉之。於是少年不得從師，長者不得遊宦，
獨爲匪人，言者流涕。自定鼎伊洛，邊任益輕，唯底滯凡
才，出爲鎮將，轉相模習，專事聚斂。或有諸方姦吏，犯
罪配邊，爲之指蹤，過弄官府，政以賄立，莫能自改。」

元淵道出了六鎮鮮卑軍人在北魏末年社會地位之轉變實情。

《北齊書》卷二三〈魏蘭根傳〉亦說：「緣邊諸鎮，控攝長
遠。昔時初置，地廣人稀，或徵發中原強宗子弟，或國之肺腑，
寄以爪牙。中年以來，有司乖實，號曰府戶，役同廝養，官婚班
齒，致失清流。而本宗舊類，各各榮顯，顧瞻彼此，理當憤
怨。」魏、元二人所論內容完全一致。「官婚班齒，致失清流」與
「在鎮者便爲清途所隔」同爲一事；至於「本宗舊類，各各榮
顯」，則顯然是在抱怨「其往世房分留居京者得上品通官」，自己
卻失去了以前的地位和特權。據此，知留居北鎮的鮮卑軍人，未
能受惠於洛陽的漢化政策，其政治地位不但沒有得到提昇，反而
比以前更降低了，於是便引起了北鎮軍人對中央漢化政策的不
滿。繼而想藉叛亂恢復其原本的鮮卑貴族地位。北朝後期的社會
亦因此而出現了一股「胡化」之逆流。

二

六鎮的起兵雖然最終失敗，而高歡、宇文泰卻憑藉此六鎮之兵將，東西分據。因此北齊（550－577）、北周（557－581）這兩個政權的基礎可以說都是鮮卑人或鮮卑化的漢人勢力，胡漢之間的矛盾也依然存在。[1]尤其是北齊一朝，統治階層中鮮卑與漢人之間的衝突更是尖銳，唯北齊「並無調和漢人與鮮卑之方策，故東魏北齊四十餘年（534－577）之中，其政治上常發生鮮卑與漢人之衝突，力量分散。齊爲周滅，此其一因。」[2]王師小甫更進一步指出了北齊滅亡的主要原因在於統治者內部漢化、反漢化的鬥爭。[3]是爲的論。

北齊高氏即使不是出身塞外鮮卑，也是高度鮮卑化的漢人，是鮮卑文化的代表。[4]然而北齊所統治的地區又是經濟文化發達，傳統士族和豪強集中的河北地區，士族的文化水準要遠遠高於鮮卑高氏，也遠較宇文氏割據的關隴地區爲高。[5]面對這種情況，高

---

[1]繆鉞著：〈東魏北齊政治上漢人與鮮卑之衝突〉，載《讀史存稿》（北京：三聯書店，1982），頁 78。

[2]繆鉞：〈東魏北齊政治上漢人與鮮卑之衝突〉，頁 78。

[3]王師小甫著：〈試論北齊之亡〉，《學術集林》（上海：上海遠東出版社，1999），卷十六，頁 120。

[4]王師小甫：〈試論北齊之亡〉注⑨，頁 151－152。

[5]陳寅恪：《隋唐制度淵源略論稿》，頁 98。

歡卻採取了大鮮卑主義的「北鎮本位」政策[1]來統治山東地區，因此「強大的鮮卑貴族勢力和強大的漢人士族豪強之間的矛盾鬥爭」構成了高氏集團統治下政治鬥爭的主線。」[2]早在東魏初期，高敖曹之死就清楚說明了當時鮮卑與漢人之間的深刻矛盾。《北齊書》卷二一〈高昂傳〉載：「於時，鮮卑共輕中華朝士，唯憚服於昂。高祖每申令三軍，常鮮卑語，昂若在列，則爲華言。」五三八年邙山之役，敖曹兵敗，「單騎走投河陽南城。守將北豫州刺史高永樂，歡之從祖兄子也，與敖曹有怨，閉門不受。……追者斬其首去。高歡聞之，如喪肝膽，杖高永樂二百。」[3]高歡不能將高永樂依法刑之，推其原因，恐怕是擔心一旦深究此事，容易再度激化鮮卑貴族對漢人朝士的怨懟之情；二來當也是充滿了對鮮卑故人的偏袒之心。故當時史臣論贊曰：「以（高）昂之膽力，氣冠萬物，韓陵之下，風飛電擊。然則齊氏元功，一門而已。但以非潁川元從，異豐沛故人，腹心之寄，有所未允。露其啓疏，假手天誅，枉濫之極，莫過於此。」

　　終北齊一朝，統治階層中胡漢之間的政治衝突不斷，前輩學

---

[1] 王師小甫指出：「北鎮本位政策」即「以北鎮軍人爲基礎，以晉陽爲據點，控制和利用士族豪強，實行大鮮卑主義的統治。」見〈試論北齊之亡〉，頁127。

[2] 王師小甫：〈試論北齊之亡〉，頁132。

[3] 《資治通鑑》卷一五八梁武帝大同四年（538）「東魏侯景」條，頁4895。

者於此論述頗詳，[1]此不贅言。值得注意的是，北齊後期的三個皇帝高演、高湛和高緯在位期間（560－576），不僅朝政爲鮮卑貴族壟斷、大鮮卑主義泛濫；而且在這個時期內，鮮卑化的北齊統治者又寵任來自西域的胡人，沉溺於西域的歌舞、遊戲與玩物中。[2]這些來自西域的異族文化，自北齊至唐代前期，對社會風俗均有很大的影響。《北史》卷九二〈恩幸傳〉：

> 亦有西域醜胡，龜茲雜伎，封王開府，接武比肩。非直獨守幸臣，且復多幹朝政。……和士開字彥通，清都臨漳人也。其先西域商胡，本姓素和氏。……武成好握槊，士開善此戲，由是遂有斯舉。加以傾巧便僻，又能彈胡琵琶，因致親寵。……士開稟性庸鄙，不窺書傳，發言吐論，唯以諂媚自資。自河清（562－564）、天統（565－569）以後，威權轉盛，富商大賈，朝夕填門，……朝士不知廉恥者，多相附會。（韓鳳）與高阿那肱、穆提婆共處衡軸，號曰三貴，損國害政，日月滋甚。壽陽陷沒，鳳與穆提婆聞告敗，握槊不輟曰：「他家物，從他去。」後帝使於黎陽臨

---

[1] 《陳寅恪魏晉南北朝講演錄》，頁 292－300；周一良：〈北朝的民族問題與民族政策〉，頁 134－140；繆鉞：〈東魏北齊政治上漢人與鮮卑之衝突〉，頁 85－92；王師小甫：〈試論北齊之亡〉，頁 133－148。對此問題，學界也有不同的意見，如黃永年以爲不能將此時的政治衝突簡單的理解爲漢人與鮮卑人之間的矛盾，見黃永年著：〈論北齊的政治鬥爭〉，載《文史探微——黃永年自選集》（北京：中華書局，2000），頁 32。然推究史料我們不難發現，北齊一朝政治矛盾從根本上反映的是不同文化傾向之間的衝突。

[2] 《陳寅恪魏晉南北朝講演錄》，頁 297。

河築城戍，曰：「急時且守此作龜茲國子，更可憐人生如寄，唯當行樂，何因愁爲！」君臣應和若此。……尤嫉人士，……崔季舒等冤酷，皆鳳所爲也。……朝士詣事，莫敢仰視，動致呵叱，輒詈云：「狗漢大不可耐，唯須殺卻！」若見武職，雖廝養末品，亦容下之。

和士開之先本西域商胡，其家「富商大賈，朝夕塡門」，依當時北齊社會情形推測，這其中當也有不少西域胡商。[1]至於高度鮮卑化的韓鳳，不僅善於西域「握槊」之戲、欲做「龜茲國子」，且心中更是對朝廷中漢人士子極端仇視，這顯然與北齊初期的情形是一以貫之的。總而言之，終北齊一期，朝廷中胡漢矛盾一直十分複雜與嚴重。

三

周武帝建德六年（577），宇文周滅高齊，統一了北方。四年之後楊堅代周，建立了隋朝。楊堅也是西北的軍事貴族，楊隋的統治基礎依然還是原來的關隴貴族集團，故隋代初期政府上層核心成員也多出自這一集團，或與這一集團有著深厚的關係。[2]但是楊堅自執政初期起，便努力調和原來北周、北齊兩地的文化差異和種族矛盾，以求鞏固他的新帝國統治。誠如陳寅恪先生指出的

---

[1] 王師小甫：〈試論北齊之亡〉，頁 143–145。
[2] 《劍橋中國隋唐史》，頁 84–85。

那樣:「隋文帝雖受周禪,其禮制多不上襲北周,而轉仿北齊或更采江左蕭梁之舊典,與其政權之授受,王業之繼承,迥然別爲一事,而與後來李唐之繼楊隋不同。」[1]如《隋書》卷二八〈百官志〉下載:「高祖既受命,改周之六官,其所制名,多依前代之法。」所謂「多依前代之法」即是指隋代官志乃模仿北齊制度,而北齊此項制度又是魏孝文帝以來漢化改革之成果。[2]無論隋代制度源自何處,隋文帝之目的,就是要像北魏孝文帝那樣,努力爭取北方王朝在中原的正統地位。

開皇九年(589)隋滅陳(557－589),結束了南北朝的分裂局面,中國一統。此時楊隋政權要小心處理的問題就是如何根據南、北區域政治文化的差異,[3]而實行合理的大一統政策。開皇十

---

[1]陳寅恪:《隋唐制度淵源略論稿》,頁53－54。

[2]陳寅恪:《隋唐制度淵源略論稿》,頁90。近來有學者對陳先生「隋唐制度不採北周」的觀點做了修正與補充,見閻步克著:〈北魏北齊的冕服章:經學背景與制度源流〉,《中國史研究》2007年第3期,頁41－57。

[3]關於隋代及唐前期山東、江左、關隴三大地域之政治文化特徵的論述,參閱陳寅恪:《隋唐制度淵源略論稿》,頁1－2;李浩著:《唐代三大地域文學士族研究》(北京:中華書局,2002),頁29－58。當時南北學風不同,時人如魏徵便從儒學、文學兩個方面指出:「南北所治,章句好尚,互有不同。江左《周易》則王輔嗣,《尚書》則孔安國,《左傳》則杜元凱。河、洛《左傳》則服子慎,《尚書》、《周易》則鄭康成。《詩》則並主於毛公,《禮》則同遵於鄭氏。大抵南人約簡,得其英華,北學深蕪,窮其枝葉。」「江左宮商發越,貴於清綺,河朔詞義貞剛,重乎氣質。氣質則理勝其詞,清綺則文過其意,理深者便於時用,文華者宜於詠歌,此其南北詞人得失之大較也」。見〔唐〕魏徵等撰:《隋書》卷七五〈儒林傳·序〉,頁1705－1706、同書卷七六〈文學傳·序〉,頁1730。

年十一月，原來南陳的一些地方因不滿隋在江南的施政，爆發了叛亂：

> 江表自東晉已來，刑法疏緩，世族陵駕寒門；平陳之後，牧民者盡更變之。蘇威復作《五教》，使民無長幼悉誦之，士民嗟怨。民間復訛言隋欲徙之入關，遠近驚駭。於是婺州汪文進、越州高智慧、蘇州沈玄憺皆舉兵反，自稱天子，署置百官。樂安蔡道人、蔣山李稜、饒州吳世華、溫州沈孝徹、泉州王國慶、杭州楊寶英、交州李春等皆自稱大都督，攻陷州縣。陳之故境，大抵皆反。大者有眾數萬，小者數千，共相影響。執縣令，或抽其腸，或臠其肉食之，曰：「更能使儂誦《五教》邪！」詔以楊素爲行軍總管以討之。[1]

叛亂平定後，文帝以晉王楊廣爲揚州總管，鎮江都（今揚州），[2] 直到開皇二十年十一月他被立爲太子後才正式返回長安。[3] 楊廣在南方任職十年，其任務是複雜而艱巨的：他既要緩和南人對隋政權的怨恨和懷疑，在軍事佔領後推行合理的行政；又要嘗試打破

---

[1] 《資治通鑑》卷一七七隋文帝開皇十年（590）十一月「江表自東晉已來」條，頁 5529－5530。

[2] 《資治通鑑》卷一七七隋文帝開皇十年（590）「以并州總管」條，頁 5532。

[3] 《資治通鑑》卷一七九隋文帝開皇二十年（600）「初上使太子勇」條，頁 5585。

阻礙北方和南陳之間的許多政治文化隔閡。[1]事實證明楊廣在江南
的統治是有效的，終文帝一朝，南方沒有再發生激烈的反隋叛
亂。仁壽四年（604）七月，隋文帝崩，楊廣即位。同年八月漢王
楊諒即在山東地區起兵反抗煬帝，[2]楊廣在平定楊諒之亂後，便下
詔修建東京：「今者漢王諒悖逆，毒被山東，遂使州縣或淪非所。
此由關河懸遠，兵不赴急，加以并州移戶復在河南。周遷殷人，
意在於此。況復南服遐遠，東夏殷大，因機順動，今也其時。羣
司百辟，僉諧厥議。但成周墟堵，弗堪葺宇。今可於伊、洛營建
東京，便即設官分職，以爲民極也。」[3]在洛陽建立另外一個政治
和軍事中心，有利於煬帝更好地統治山東和江南地區，尤其是對
有著潛在反抗情緒的北齊舊地。

　　筆者以爲，此舉也顯露出了煬帝特別的施政傾向：即他並不

---

[1] 關於楊廣在江南時進行的文化活動，參閱《劍橋中國隋唐史》，頁 116－
117；藍吉富著：《隋代佛教史述論》（台北：台灣商務印書館，1998），頁 27
－29。有學者認爲楊廣在南方成功統治的原因在於：一他個人的文化修養，
二他對南方文化的接受程度；三他出身江南名門的妻子——後梁（502－
557）蕭氏的輔助。見 Arthur F. Wright, "Sui Yang-Ti: Personality and
Stereotype", in Arthur F. Wright ed., *The Confucian Persuasion*, Stanford: Stanford
University Press, 1960, pp.49-54。

[2] 《資治通鑑》卷一八〇隋文帝仁壽四年（604）九月「漢王諒有寵於高祖」
條，頁 5605－5614。

[3] 《隋書》卷三〈煬帝本紀〉上，頁 61。

會單純地依賴以長安爲中心的關隴地區爲統治重心。[1]更有學者指出：煬帝大業（605－618）初年，下詔復興儒學和建立進士科，其目的一來是要限制原來關隴軍事貴族的權利；二來就是要提高南方與山東文化士族的權利。[2]煬帝的這些政策，明顯是要提拔新興的社會群體，其政治文化性質又都有別於關隴軍事集團。總而言之，隋文帝與煬帝父子都是試圖通過實行不同的政治、文化政策，以求達到調和地區差異和擴大統治基礎的目的。

---

[1]據史料所見，隋煬帝即位初期，便已經很少住在長安城內：仁壽四年（604）十一月至大業元年（605）七月在洛陽；大業元年（605）八月至大業二年三月留在江都；大業二年四月至大業三年二月煬帝在新修好的東京，直至次年三月煬帝返回長安；但煬帝只在長安停留了短短一個月，便又開始了長達五個月的北邊巡狩；於大業三年九月又返回了東京（以上具參《隋書》卷三〈煬帝本紀〉上）。特別是在大業五年，煬帝正式改東京爲東都，次年六月，又「制江都太守秩同京尹」（《資治通鑑》卷一八一隋煬帝大業六年（611）夏六月條，頁 5652）由此可見煬帝對洛陽與江都的重視。至於煬帝屢下江都的原因，史書中還有這樣的一個解釋：「開皇初，太原童謠云：『法律存，道德在，白旗天子出東海。』常亦云：『白衣天子』。故隋主恒服白衣，每向江都，擬於東海。」見〔唐〕溫大雅著：《大唐創業起居注》（上海：商務印書館，1936，叢書集成初編本）卷一，頁 8。錄此以備一說。

[2]Arthur F. Wright, "Sui Yang-Ti: Personality and Stereotype", p.56. 關於楊廣與江南士人的關係，參閱何德章著：〈江淮地域與隋煬帝的政治生命〉，《武漢大學學報》（哲社版）1994 年第 1 期，頁 88－95；王永平著：〈隋代江南士人的浮沉〉，《歷史研究》1995 年第 1 期，頁 42－54；袁剛著：〈晉王楊廣和天台智者大師〉《中國史研究》1997 年第 2 期，頁 81－94。

四

與唐太宗李世民不同，楊廣是一個更傾慕南方文化[1]的關隴貴族。隋朝統治政策的基調也從煬帝開始發生了根本轉變，因爲煬帝在位期間，表現出了他與關隴集團核心人物不同的政治文化傾向。首先，從對待異族的態度來看，楊廣始終對胡人有著一份猜忌之心，這與同樣來自關隴軍事集團的李唐皇室絕不相同。《貞觀政要》卷六載唐太宗語：「隋煬帝性好猜防，專信邪道，大忌胡人，乃至謂胡床爲交床，胡瓜爲黃瓜，築長城以避胡。終被宇文化及使令狐行達殺之……且君天下者，惟須正身修德而已，此外虛事，不足在懷。」[2]此段史料，雖有史臣矯飾之意，卻也真實道出了煬帝與其他胡化關隴貴族的不同之處。

其次，煬帝對關隴貴族集團也是逐漸疏遠。大業五年「（正月）戊子，上自東都還京師。……（二月）庚子，制魏、周官不

---

[1] 本文所論「南方化」或「南方文化」，除了泛指「漢化」而言外，尤其強調的是南方文學及其風氣的影響（見《隋書》卷七六〈文學傳・序〉，頁1730）。與學界所論「南朝化」略有不同。陳寅恪先生於《隋唐制度淵源略論稿》一書中首先提出唐代中央財政制度「南朝化」，此後唐長孺將「南朝化」視爲隋唐歷史演進中帶有普遍性的傾向，並系統論述而成一家之言，見唐長孺著：《魏晉南北朝隋唐史三論》（武漢：武漢大學出版社，1993）。關於對陳寅恪、唐長孺等諸位先生「南朝化」觀點的評論，參閱牟發松著：〈從南北朝到隋唐——唐代的南朝化傾向再論〉，《南京曉莊學院學報》2007年第4期，頁17~24。本書以爲此時的統一帝國是否走向了「南朝化」，值得商榷。誠如田餘慶所說：「此時歷史的主流在北而不在南」，見田餘慶著：《東晉門閥政治》（北京：北京大學出版社，2000），頁362。

[2] 〔唐〕吳兢編著：《貞觀政要》（上海：上海古籍出版社，1999），頁196。

得爲蔭。」[1]次年二月詔以「近世茅土妄假，名實相乖。自今唯有功勳乃得賜封，仍令子孫承襲。於是舊賜五等爵，非有功者皆除之。」[2]煬帝的這兩道詔書，已經開始威脅到源自西魏、北周的關隴軍事貴族集團的世襲權利。大業八年，煬帝又進一步明確規定了對勳官的任命與選拔要求：

> 軍國異容，文武殊用，匡危拯難，則霸德攸興，化人成俗，則王道斯貴。時方撥亂，屠販可以登朝，世屬隆平，經術然後升仕。豐都爰肇，儒服無預於周行；建武之朝，功臣不參於吏職。自三方未一，四海交爭，不遑文教，唯尚武功。設官分職，罕以才授；班朝治人，乃由勳敍，莫非拔足行陣，出自勇夫，數學之道，既所不習，政事之方，故亦無取。是非暗於在己，威福專於下吏，貪冒貨賄，不知紀極，蠹政害民，實由於此。自今已後，諸授勳官者，並不得回授文武職事，庶遵彼更張，取類於調瑟，求諸名製，不傷於美錦。若吏部輒擬用者，御史即宜糾彈。[3]

由此份詔書，我們可以清楚看到煬帝當時的政策取向。大業十一年九月，突厥雁門圍解，煬帝到了太原，蘇威諫曰：「今盜賊不

---

[1] 《隋書》卷三〈煬帝本紀〉上，頁72。

[2] 《資治通鑑》卷一八一隋煬帝大業六年（610）二月乙卯條，頁6550。

[3] 《隋書》卷四〈煬帝本紀〉下，頁83。

息，士馬疲弊，願陛下亟還西京，深根固本，為社稷計。」[1]蘇威深知保有關隴地區才是維護這一尚武尚功之統治集團的根本大計。

然而，煬帝卻偏偏顯露出了他自身不同於這個集團的文化傾向：他沒有返回長安，而是選擇留在了江都。他的這一決定，影響深遠。當其駐蹕江都之時，朝廷中南人與關隴集團已是仇怨久著。及至宇文化及謀逆時所殺之隋臣，其中外廷之將相大臣如來護兒、虞世基、裴蘊、袁充、許善心等人皆是江南人士，只有隨其殺逆並結黨北上之徒，才多為關中從駕之士卒。[2]也正是在此時，同樣出身自關隴集團的李淵父子，卻憑藉此集團人士，迅速佔據了關中、巴蜀地區；並在取得了關中世族的支持後，代隋而立。

如果我們以此反觀隋朝的敗亡，不難看出：正是由於煬帝不斷疏遠關隴軍事貴族，大力提拔江南士人，尤其是其激進的「南方化」傾向，引起了勢力依然強大的關隴集團中胡化尚武人士的不滿。從文化性質來講，這與北魏末年六鎮之亂是如出一轍的。這種自北朝以來便存在的地域和文化的差異，以及由此而引致的地域政治集團之間的政治與文化矛盾，也是引發隋末大動亂的一個不可忽視的原因。

---

[1] 《資治通鑑》卷一八二隋煬帝大業十一年（615）秋八月乙丑條，頁 5699。
[2] 汪籛著：〈宇文化及之殺煬帝及其失敗〉，載《汪籛隋唐史論稿》，頁 279–288。

第二節　隋末河北群盜之文化特徵

隋煬帝大業末年，群盜[1]並起，逐鹿中原。中國大陸史學界多是從農民戰爭的角度出發，肯定其作用。[2]而本節之目的，乃是重點分析隋末河北群盜的種族文化性質，梳理隋末唐初各社會群體間的政治文化關係，嘗試從地域群體與文化衝突層面重新解讀此次大動亂的歷史文化背景。

一

大業七年，已有群盜起於今河北、山東一帶，隋末大動亂首

---

[1] 隋末叛軍，按起事地域劃分，可分爲關隴地區、山東河北地區、江淮地區等三個大的區域，見岑仲勉：《隋唐史》，頁 76－80。本節集中討論山東河北地區之叛軍，爲行文方便，統稱其爲河北群盜。

[2] 如呂思勉：《隋唐五代史》、王仲犖：《隋唐五代史》、吳宗國：《隋唐五代簡史》等。另專門之論述有漆俠著：《隋末農民起義》（上海：華東人民出版社，1954），對此書的批評參閱天津師大歷史系中國古代中世紀史教研室著：〈關於隋末農民起義的幾個問題〉，《歷史教學》1960 年第 2 期；鄭英德著：〈李密──傑出的農民起義領袖〉，《歷史教學》1980 年第 12 期；汪籛著：〈關於隋末農民大起義的發源地問題〉，載《汪籛隋唐史論稿》，頁 4－12。史料專集見王永興編：《隋末農民戰爭史料彙編》（北京：中華書局，1980）。也有日人從集團性質著眼，進一步分析了隋末叛軍所代表的階級利益，如布目潮渢著：〈楊玄感的叛亂〉、〈李密的叛亂〉，均載《隋唐史研究》（京都：京都大學東洋史研究會，1968）；氣賀澤保規著：〈竇建德集團和河北〉，《東洋史研究》31，4（1973）。

先爆發於這一帶當然是與隋煬帝遠征高句麗有關。[1]然而，這只是重大歷史事件表面的原因，所起的不過是導火線的作用。此時的河北群盜，並沒有對楊隋政權構成直接的威脅。只有到了大業九年，楊玄感的起兵才真正對楊隋政權敲響了警鐘。

楊玄感為楊素之子，是關隴集團內的核心人物，累世勳貴，在朝中勢力頗大。此次叛亂更有不少出身關隴集團的人士參與其中。《隋書》卷四七〈韋世康傳〉：「韋世康，京兆杜陵人也，世為關右著姓。……次子福嗣，仕至內史舍人，後以罪黜。楊玄感之作亂也，以兵逼東都，福嗣從衛玄戰於城北，軍敗，為玄感所擒。令作文檄，辭甚不遜。尋背玄感還東都，帝銜之不已，車裂於高陽。」同書卷五二〈韓擒虎傳〉：「韓擒（虎），字子通，河南東垣人也，後家新安。父雄，以武烈知名，仕周，官至大將軍、洛虞等八州刺史。擒（虎）少慷慨，以膽略見稱，容貌魁岸，有雄傑之表。……（子）世諤倜儻驍捷，有父風。楊玄感之作亂也，引世諤為將，每戰先登。」除了楊素之子楊玄感外，叛軍首領李密也是代表人物之一。密祖上為北周八柱國之一，父仕隋，爵蒲山郡公；密襲爵，然因得罪煬帝不令入衛。從楊玄感反，後竟為瓦崗軍首領。[2]因此有學者以為：隋文帝時代，隋朝透過官制及禮制的改革，已開始逐漸削減功臣集團在政治上的特權；隋煬帝依靠以楊素為首的武將集團奪儲成功，登位之後，提拔江南士

---

[1] 汪籛：〈關於隋末農民大起義的發源地問題〉，頁4-9。
[2] 參《隋書》卷七○〈李密傳〉（〔後晉〕劉昫等撰：《舊唐書》卷五三、〔宋〕歐陽修 宋祁撰：《新唐書》卷八四所載略同）。

人掌管朝政，關隴武將集團子弟的政治地位不斷下降，政治特權被削減，關隴功臣子弟對隋煬帝已失去了信心。[1]這段分析也為我們提示了隋末不同社會群體之間的微妙關係。

　　南北統一以後，統治集團內部不可避免的出現了代表不同地域集團，不同政治文化特色之間的矛盾。而正當大業末年河北群盜並起，神州板蕩之時，煬帝卻離開了關隴集團之根據地——長安，屢下江都，向世人顯示出了其愈來愈明顯的，不同於關隴集團的政治文化傾向。煬帝三幸江都，其客觀上雖然有穩定南方的作用，然究其主觀意願，恐怕還有早就產生的對江南文化的仰慕。這種傾向並非只是到了李密圍東都、李淵取西京之後才有，以至於定下久居江淮之意。筆者以為，隋煬帝傾慕南方文化，除了其本身的個人好惡之外，另外一個重要因素，就是其祖孫三代都與南方政權有著深厚的淵源，[2]家世背景無疑也對楊廣有著深刻

---

[1] 張偉國著：《關隴武將與周隋政權》（廣州：中山大學出版社，1993），頁168。

[2] 茲以楊忠事跡為主，略考相關史事如下：〔唐〕令狐德棻等撰：《周書》卷十九〈楊忠傳〉（〔唐〕李延壽撰：《北史》卷十一〈隋本紀上〉同）：「（忠）年十八，客遊泰山。會梁兵攻郡，陷之，遂被執至江左。在梁五年，從北海王顥入洛，除直閤將軍。」（頁314－315）楊忠生於西元507年，此時當梁武帝普通五年，北魏孝明帝正光五年（524）。此為楊忠第一次陷於南境。楊忠在梁五年，528年魏尒朱榮入洛陽，魏有河陰之禍。魏北海王元顥閒尒朱之亂，遂奔梁。同年，梁武帝以元顥為魏王，「遣東宮直閤將軍陳慶之將兵送之還北」。（《通鑑》卷一五二梁武帝大通二年，「帝以魏北海王元顥為魏王」條，頁4753），楊忠遂得以隨元顥共返北魏。至西元534年，魏分東西，楊忠又隨獨孤信討東魏荊州刺史辛纂於穰城，「居半歲，以東魏之逼，與信奔梁。」（《周書》卷十九〈楊忠傳〉，頁315）而《資治通鑑》載此事較

的影響。

　　除此之外，五八一年平陳以後，楊廣自己曾十年駐守江都，親自安撫江南。《劍橋中國隋唐史》以爲楊廣在江都的文化政策，成功說服南人相信：楊隋政權並非夷狄，而是珍視同一文化遺產的人。楊廣的成功因素，除了其個人的文化休養，他出身名門的

爲詳瞻：「(獨孤)信令都督武川楊忠爲前驅，忠叱門者曰：『大軍已至，城中有應，爾等求生，何不避走！』門者皆散。忠帥衆入城，斬纂以徇，城中懾服。信分兵定三荊。居半歲，東魏高敖曹、侯景將兵奄至城下，信兵少不敵，與楊忠皆來奔。」(卷一五六梁武帝大通六年「魏賀拔勝」條，頁4859)這是楊忠的第二次寓居梁境。居梁期間，武帝禮遇賀拔勝等北魏降將甚厚。至西魏文帝大統三年(537)：「獨孤信求還北，上許之。信父母皆在山東，上問信所適，信曰：『事君者不敢顧私親而懷貳心。』上以爲義，禮送甚厚。信與楊忠皆至長安，上書謝罪。魏以信有定三荊之功，遷驃騎大將軍，加侍中、開府儀同三司，餘官爵如故。丞相泰愛楊忠之勇，留置帳下。」(見《資治通鑑》卷一五七梁武帝大同三年「獨孤信求還北」條，頁4879。)楊忠至此正式效力於宇文泰帳下。四年後(541)，楊堅出生(據《隋書》卷一〈高祖本紀〉)。恐正是因爲楊忠此前守穰城，久留江南之故，五四九年十一月宇文泰欲經略江漢，遂使「開府儀同三司楊忠都督三荊等十五州諸軍事，鎮穰城。」(《資治通鑑》卷一六二梁武帝太清三年「岳陽王詧」條，頁5031)。十二月，楊忠攻拔梁郡，執其太守恆和(《資治通鑑》卷一六二梁武帝太清三年「魏楊忠」條，頁5033)。次年正月，楊忠再進圍安陸，擒梁帥柳仲禮及其弟子禮，並盡俘其衆。梁之「馬岫以安陸，別將王叔孫以竟陵，皆降於忠。於是漢東之地盡入於魏。」(《資治通鑑》卷一六三梁簡文帝大寶元年「魏楊忠」條，頁5035)。可見西魏淹有江漢之地，楊忠多有力焉。554年西魏立後梁主蕭詧，楊忠亦預其功(參《資治通鑑》卷一六五中的相關記載)。此後楊堅子襲父爵，以隋篡周，亦頗得後梁的支持(參《資治通鑑》卷一七四陳宣帝太建十二年(580)「梁世宗」條，頁5423－5424)，故此楊堅待遇後梁主亦恩禮甚厚。開皇二年，隋文帝又爲晉王楊廣納蕭巋之女爲妃，楊廣與這位出身南方皇族的妻子也是甚爲恩愛。

皇后蕭氏，也輔益良多。楊廣還非常善於利用道釋二教的力量，
例如他與天台宗的智者大師往來密切；[1]在江都建造道觀，並請南
方學識淵博的道長主持；又召請曾爲陳朝效勞的著名儒家學者來
江都，在他主持下講課和寫作，其中一人在楊廣的贊助下彙編了
一百二十卷關於禮儀方面的巨著，顯然這不僅是進一步緩和南方
精英反隋情緒的巧妙行動，而且也是很合他本人心意的事。所以
學者以爲這也是楊廣轉向南方文化的表現之一。[2]楊廣久居江南，
故難免深染其風。篡位之前，楊廣集團的一個成員便曾直言不諱
地說：「若所謀事果，自可爲皇太子。如其不諧，亦須據淮海，復
梁、陳之舊。」[3]煬帝之勢力基礎，是在江南。此語更是道出楊廣
一直以來便有之私心。

　　前文已述，大業十一年九月煬帝抵達太原後，蘇威曾勸煬帝
立即返回長安。然煬帝何以捨棄關中與河北之重地，而偏偏要御
駕親征江南一隅呢？筆者以爲，此中原因很可能是鑑於楊玄感與
李渾、李敏事件，使得煬帝徹底失去了對關隴集團的信心，轉而
倚重南方士人集團。史書載：「楊玄感之反也，帝引（蘇）威帳
中，懼見於色，謂威曰：『此小兒聰明，得不爲患乎？』威曰：
『夫識是非，審成敗者，乃所謂聰明。玄感粗疏，非聰明者，必
無所慮。但恐寖成亂階耳。』威見勞役不息，百姓思亂，微以此

---

[1] 參池田魯參著：《國清百錄の研究》（東京：大藏出版株式會社，1982）第
一編，頁 2-126。

[2]《劍橋中國隋唐史》，頁 116-117。

[3]《隋書》卷六一〈郭衍傳〉，頁 1470。

諷帝，帝竟不寤。」[1]這與此前煬帝對待普通山東群盜的態度完全不同。

楊玄感是來自關隴集團內部軍事貴族，有強大的號召力，足以威脅到楊隋的政權。蔡王楊智積深明此理，他與蘇威一樣，知道保有關隴地區才是維護這一集團統治基礎的根本大計。《隋書》卷四四〈蔡王智積傳〉載：「及楊玄感作亂，自東都引軍而西，智積謂官屬曰：『玄感聞大軍將至，欲西圖關中。若成其計，則根本固矣。當以計縻之，使不得進。不出一旬，自可擒耳。』及玄感軍至城下，智積登陴詈辱之，玄感怒甚，留攻之。城門為賊所燒，智積乃更益火，賊不得入。數日，宇文述等援軍至，合擊破之。」

恰在此時，社會上又出現了楊氏將滅，李氏將興的讖語，[2]史

---

[1] 《隋書》卷四一〈蘇威傳〉，頁 1188。

[2] 《隋書》卷二二〈五行志〉上：「大業中，童謠曰：『桃李子，鴻鵠繞陽山，宛轉花林裏。莫浪語，誰道許。』其後李密坐楊玄感之逆，為吏所拘，在路逃叛。潛結群盜，自陽城山而來，襲破洛口倉，後復屯兵苑內。莫浪語，密也。宇文化及自號許國，尋亦破滅。誰道許者，蓋驚疑之辭也。」（頁 639）；《大唐創業起居注》卷一：「帝（李淵）自以姓名著於圖錄，太原王者所在，慮被猜忌，因而禍及，頗有所晦。時皇太子在河東，獨有秦王侍側耳，謂王曰：『隋曆將盡，吾家繼膺符命，不早起兵者，顧爾兄弟未集耳。今遭羑里之厄，爾昆季須會盟津之師，不得同受拏戮，家破身亡，為英雄所笑。』……又有《桃李子歌》曰：『桃李子，莫浪語，黃鵠繞山飛，宛轉花園裏。』案李為國姓，桃當作陶，若言陶唐也。配李而言，故云桃花園，宛轉屬旌幡。汾晉老幼，謳歌在耳，忽睹靈驗，不勝歡躍。帝每顧旌幡，笑而言曰：『花園可爾，不知黃鵠如何？吾當一舉千里，以符冥讖。』自爾已後，義兵日有千餘集焉。二旬之間，眾得數萬。」（頁三至頁九）

書載：煬帝即位，「（李）渾累官至右驍衛大將軍，改封郕公，帝以其門族強盛，忌之。會有方士安伽陀言『李氏當爲天子』，勸帝盡誅海內凡李姓者。」[1]於是煬帝對關隴集團內部之諸李，深加防範。

　　此時關隴集團諸李中，李渾累世勳貴，[2]族人李敏更是尙周宣帝樂平公主之女，二人均爲此集團的核心人物。[3]宇文述心知煬帝深戒楊玄感之亂，於是也借此譖之：「（大業）十年，帝復征遼東，遣敏於黎陽督運。」[4]「（宇文）述入獄中，召出敏妻宇文氏謂之曰：『夫人，帝甥也，何患無賢夫！李敏、金才（李渾字），名當妖讖，國家殺之，無可救也。夫人當自求全，若相用語，身當不坐。』敏妻曰：『不知所出，惟尊長教之。』述曰：『可言李家謀反，金才嘗告敏云：「汝應圖籙，當爲天子。今主上好兵，勞擾百姓，此亦天亡隋時也，正當共汝取之。若復渡遼，吾與汝必爲大將，每軍二萬餘兵，固以五萬人矣。又發諸房子姪，內外親婭，並募從征。吾家子弟，決爲主帥，分領兵馬，散在諸軍，伺候間隙，首尾相應。吾與汝前發，襲取禦營，子弟響起，各殺軍將。一日之間，天下足定矣。」』述口自傳授，令敏妻寫表，封云上密。」[5]楊玄感之亂後，煬帝第三次征高句麗，命李敏於黎陽督

---

[1]《資治通鑑》卷一八二隋煬帝大業十一年（615）三月「初高祖夢洪水沒都城」條，頁 5695。

[2]參閱《隋書》卷三七〈李穆附子渾傳〉。

[3]《隋書》卷三七〈李穆附崇子敏傳〉，頁 1124。

[4]《隋書》卷三七〈李穆附崇子敏傳〉，頁 1124。

[5]《隋書》卷三七〈李穆附崇子敏傳〉，頁 1121。

運糧草。敏既身處山東嫌疑之地,又名應圖籙,故宇文述得以進讒言而誣殺之。此時煬帝對關隴集團內的貴族顯然是不信任的。李渾、李敏二人之被誅,正是因爲其家爲關隴貴族集團中的鼎盛高門,又名應圖讖。

汪籛曾研究宇文化及殺煬帝之經過及其北上失敗的原因,以爲導致煬帝被殺的「江都事變」,反映了南、北文化矛盾的官僚衝突,[1]這對我們研究隋末唐初各集團之間的政治文化特色,頗多啓發。茲撮述如下,並借此展開我們的討論。

首先,當時煬帝正親信南士,築宮丹陽。而其部下驍果卻多關中人,羈旅已久,見煬帝無西歸意,才謀欲叛變。關中將卒上下同心,共爲歸計,煬帝亦因以而被殺。

其次,煬帝巡幸江都,雖然最初的意圖只是爲鎮壓南方的反抗,後來卻產生了久居江淮想法,這從他採用裴矩的建議,檢括江都境內寡婦民女婚配隨從士兵可以得知;而且當時就是否過江撤退到江左,右驍衛將軍趙才與內史侍郎虞世基、秘書監袁充產生過激烈爭論。趙才是張掖酒泉人,而虞氏爲江左會稽著姓,袁氏爲過江僑姓第一流高門。所以煬帝駐蹕江都之時,朝廷之中南人與北人嫌怨久著由是可知。

最後,策劃組織殺隋煬帝的叛黨,其目標在於率衆西歸,他們大多是西北人,而且這些人的家族產業也都在關隴一帶。

宇文化及作亂時所殺的隋朝大臣,能夠查證者可分爲兩類,一類爲煬帝所寵信昵愛的近侍親戚,另一類爲外廷將相大臣,即

---

[1]汪籛:〈宇文化及之殺煬帝及其失敗〉,頁 279-288。

來護兒、虞世基、裴蘊、袁充、許善心等人，這些官僚都是南方人。而且宇文化及殺隋煬帝後結黨北上，脅迫許多南方驍果隨行，顯然，這些南人是很不情願的。值得我們注意的是，煬帝時代南北朝臣一直都有矛盾，江都事變殺隋煬帝時，南人將相又多遭殺害。在這種情況下南人將領必然人人自危。故《隋書》卷五九〈越王侗傳〉侗下李密書中就說：宇文化及「擁此人徒，皆有離德，京都侍衛，西憶鄉家，江左淳民，南思邦邑。」所以宇文化及渡黃河與李密相持於黎陽而兵敗，就是因爲渡河北走是急欲西歸的士卒們所極不樂意的。

武德元年（618）七月唐高祖下詔：「其隋代公卿以下，爰及民庶，身往江都，家口在此，不預義軍者，所有田宅，並勿追收。若困窮糧食交絕，其錄名簿，速加賑贍。」[1]此時正值李密軍大破宇文化及、薛舉大破唐軍之時。高祖此詔用意，就是要招徠宇文化及之將士，並團結關中之人情。[2]所以我們說李淵父子才是在維護關隴軍事貴族集團的利益。從文化衝突的角度看來，李唐取代蛻變的楊隋（主要是隋煬帝）如同爲關隴集團清理門戶，難怪《劍橋中國隋唐史》的編者將周、隋、唐三代更替比作統治集團內部的宮廷政變，[3]而非改朝換代。

綜上所論可見，隋末動亂與當年魏孝文帝遷洛引起的六鎮暴動在文化衝突方面頗有相似之處。六鎮暴動是對孝文遷洛急劇漢

---

[1]〔宋〕宋敏求編：《唐大詔令集》（北京：商務印書館，1959）卷一一四〈隋代公卿不預義軍者田宅並勿追收詔〉，頁598。

[2]汪籛：〈宇文化及之殺煬帝及其失敗〉，頁288。

[3]《劍橋中國隋唐史》，頁4。

化的反動，而隋末動亂則是對煬帝激進南方化的反動。

二

隋末唐初的重要政治力量除了關隴集團和南方士人之外，還有一個被學者稱之爲「山東豪傑」的特殊集團，這也是一股完全不同於山東傳統文化士族的社會力量。《舊唐書》卷五三〈李密傳〉略云：

> 李密，本遼東襄平人。魏司徒弼曾孫，後周賜弼姓徒何氏。祖曜，周太保、魏國公；父寬，隋上柱國、蒲山公，皆知名當代。徙爲京兆長安人。密以父蔭爲左親侍。玄感敗，密乃亡去。會東郡賊帥翟讓聚黨萬餘人，密往歸之。或有知密是玄感亡將，潛勸讓害之，讓囚密於營外。密因王伯當以策干讓曰：「當今主昏於上，人怨於下，銳兵盡於遼東，和親絕於突厥，方乃巡遊揚、越，委棄京都，此亦劉、項奮起之會。以足下之雄才大略，士馬精勇，席捲二京，誅滅暴虐，則隋氏之不足亡也。」讓深加敬慕，遂釋之。遣說諸小賊，所至皆降。密又說讓曰：「今兵眾既多，糧無所出，若曠日持久，則人馬困弊，大敵一臨，死亡無日矣！未若直取滎陽，休兵館穀，待士勇馬肥，然後與人爭利。」讓以爲然。自是破金堤關，掠滎陽諸縣城堡，多下之。大業十三年春，密與（翟）讓領精兵千人出陽城北，逾方山，自羅口襲興洛倉，破之。開倉恣人所取，老

弱繦負，道路不絕，衆至數十萬。隋越王侗遣虎賁郎將劉
長恭率步騎二萬五千討密，密一戰破之，長恭僅以身免。
讓於是推密爲主，號爲魏公。二月，於鞏南設壇場，即
位，稱元年，其文書行下稱行軍元帥魏公府。以房彥藻爲
左長史，邴元真爲右長史，楊得方爲左司馬，鄭德韜爲右
司馬。拜翟讓爲司徒，封東郡公。單雄信爲左武候大將
軍，徐世勣爲右武候大將軍，祖君彥爲記室，其餘封拜各
有差。

李密是關隴集團貴族後裔，淪落江湖後他所賴以舉事的卻是翟
讓、徐世勣這一股山東豪傑——這就是隋末動亂的主力之一瓦崗
軍。《舊唐書》卷六七〈李勣傳〉略云：

李勣，曹州離狐人也。隋末徙居滑州之衛南。本姓徐氏，
名世勣，永徽中，以犯太宗諱，單名勣焉。家多僮僕，積
粟數千鍾，與其父蓋皆好惠施，拯濟貧乏，不問親疏。大
業末，韋城人翟讓聚衆爲盜，勣往從之，時年十七。武德
二年，（李）密爲王世充所破，擁衆歸朝。其舊境東至於
海，南至於江，西至汝州，北至魏郡，勣並據之。詔授黎
陽總管、上柱國，萊國公。尋加右武候大將軍，改封曹國
公，賜姓李氏。（武德）四年，從太宗伐王世充於東都，累
戰大捷。又從太宗平竇建德，降王世充，振旅而還。論功
行賞，太宗爲上將，勣爲下將，與太宗俱服金甲，乘戎
輅，告捷於太廟。勣前後戰勝所得金帛，皆散之於將士。

初得黎陽倉，就倉者數十萬人。魏徵、高季輔、杜正倫、
郭孝恪皆遊其所，一見於眾人中，即加禮敬，引之臥內，
談謔忘倦。

瓦崗軍眾人中翟讓頗有丁零胡姓之嫌，[1]李勣更是有胡種之形貌。
《大唐新語》[2]卷八〈聰敏類〉：「賈嘉隱年七歲，以神童召見。時
太尉長孫無忌、司空李勣於朝堂立語，李戲之曰：『吾所倚者何
樹？』嘉隱對曰：『松樹。』李曰：『此槐也，何忽言松？』嘉隱
曰：『以公配木，則爲松樹。』無忌連問之曰：『吾所倚者何
樹？』嘉隱曰：『槐樹。』無忌曰：『汝不能復矯對耶？』嘉隱應
聲曰：『何須矯對，但取其以鬼配木耳。』勣曰：『此小兒作獠
面，何得如此聰明？』隱又應聲曰：『胡面尚爲宰相，獠面何廢聰
明！』勣狀貌胡也。」可見此集團中多胡族胡種之人。貌類胡人
之李勣更是唐初山東豪傑之領袖人物，影響力極大。[3]張亮、尉遲

---

[1]姚薇元著：《北朝胡姓考》（北京：科學出版社，1958），頁 310－312。

[2]〔唐〕劉肅撰、許德楠 李鼎霞點校：《大唐新語》（北京：中華書局，
1984）

[3]陳寅恪先生說：「徐世勣（小說中的徐茂公）者，翟讓死後，實代爲此系統
之領袖，李密不過以資望見推，而居最高之地位耳。密既降唐，其土地人眾
均爲世勣所有，世勣當王世充、竇建德與唐高祖鼎峙競爭之際，蓋有舉足輕
重之勢，其絕鄭（王世充所建，傳稱「其先西域商胡」），夏（竇建德，鮮卑
化匈奴即東部鮮卑紇豆陵氏，其部下劉黑闥當出自匈奴屠各氏）而歸李唐，
亦隋唐間政權轉移之大關鍵也。李唐破滅王、竇，凱旋告廟，太宗爲上將，
世勣爲下將，蓋當時中國武力集團最重要者，爲關隴六鎮及山東豪傑兩系
統，而太宗與世勣二人即可視爲其代表人也。」見〈論隋末唐初所謂「山東
豪傑」〉，頁 226。

敬德、張公謹、常何等武將均來自這一集團。[1]由所引《舊唐書·
李勣傳》還可知魏徵、高季輔、杜正倫、郭孝恪、戴胄等唐初重
臣也皆與這一集團有著密切之關係。太宗之得天下，頗得此集團
中人大力扶持。所以學者明白指出：「唐太宗之實力在能取得洛
陽，撫用此系統人物，而獲其輔助之效也。」[2]

　　隋末唐初「山東豪傑」中還有一竇建德、劉黑闥集團。《新唐
書》卷八五〈竇建德傳〉：「竇建德，貝州漳南人。世爲農，自言
漢景帝太后父安成侯充之苗裔。材力絕人，少重然許，喜俠
節。……初，他盜得隋官及士人必殺之，唯建德恩遇甚備，引故
饒陽長宋正本爲客，尊任之，參決軍議。隋郡縣吏多以地歸之，
勢益張，兵至十餘萬。……建德性約素，不喜食肉，飯脫粟加蔬
具，妻曹（氏）未嘗衣紈綺。……（武德四年）建德被重創，竄
牛口谷。車騎將軍白士讓、楊武威獲之，傳而西，斬長安市，年
四十九。」同書卷八六〈劉黑闥傳〉略云：

　　　劉黑闥，貝州漳南人。與竇建德少相友。武德四年，建德
　　敗，還匿漳南，杜門不出。會高祖召建德故將范願、董康
　　買、曹湛、高雅賢，將用之。願等疑畏，謀曰：「王世充舉
　　洛陽降，驍將楊公卿、單雄信之徒皆夷滅。今召吾等，若
　　西入關，必無全。且夏王於唐固有德，往禽淮安王、同安
　　公主，皆厚遣還之。今唐得夏王，即加害。我不以餘生爲

---

[1] 陳寅恪：〈論隋末唐初所謂「山東豪傑」〉，頁221－222。
[2] 陳寅恪：〈論隋末唐初所謂「山東豪傑」〉，頁225。

王得仇，無以見天下義士。」於是謀反。（黑闥）乃設壇漳
南，祭建德，告以舉兵意。自稱大將軍。陷歷亭，殺守將
王行敏。饒陽賊崔元遜攻陷深州，殺刺史裴晞應之。兗州
賊徐圓朗亦相連和。遂取瀛州，攻定州，殘之。乃移檄
趙、魏，建德將吏往往殺令、尉附賊。（武德）五年，黑闥
陷相州，號漢東王，建元天造。（三月）與王師大戰，衆
潰，水暴至，賊衆不得還，斬首萬餘級，溺死數千，黑闥
與范願等以殘騎奔突厥。山東平，秦王還。黑闥藉突厥兵
復入寇，攻定州。舊將曹湛、董康買先逃鮮虞，聚兵應
之。帝以淮陽王道玄爲河北總管，與原國公史萬寶討賊，
戰下博，敗績，道玄死於陣，萬寶輕騎逸，繇是河北復叛
歸賊。黑闥仍都洺州。

竇建德自言出自漢代外戚之竇氏，實爲鮮卑化匈奴紇豆陵氏所
改，乃是胡種；劉黑闥之劉氏爲胡人所改漢姓之最普遍者，「黑
闥」之名與北周宇文黑獺之「黑獺」同是一胡語，其不獨出自胡
種，胡化程度更有過於竇建德。[1]從種姓來源以及種族性質來看，
隋末之山東豪傑確是「同一大類，而小有區分也。」[2]

　　由此看來，隋末表面的政治動亂，實際卻引發了有著深刻歷
史根源的文化衝突。正因爲如此，有著胡化色彩的關隴集團才與
源自胡族寒門後裔的山東豪傑結成了統一戰線，聯手以武力推翻

---

[1]陳寅恪：〈論隋末唐初所謂「山東豪傑」〉，頁218－219。
[2]陳寅恪：〈論隋末唐初所謂「山東豪傑」〉，頁229。

了楊隋政權，共同遏止了隋煬帝引領的有著南方化色彩的政治文
化傾向。而且，由於關隴集團與山東豪傑集團在隋末唐初政治中
的重要作用，因此也造成了山東傳統士族及其所代表之文化的衰
落。關於這一歷史現象，我們將在本書第四章中予以詳細討論。

三

　　除了關隴集團和山東豪傑，隋末河北群盜中還有一些人明顯
帶有胡族胡化色彩，如據有洛陽、擁立越王侗的王世充，則明是
胡種無疑。《舊唐書》卷五四〈王世充傳〉：

> 王世充字行滿，本姓支，西域胡人也。寓居新豐。祖支頹
> 耨早死。父收隨母嫁霸城王氏，因冒姓焉，仕至汴州長
> 史。世充頗涉經史，尤好兵法及龜策、推步之術。……
> （大業）十年，齊郡賊帥孟讓自長白山寇掠諸郡，至盱
> 眙，有眾十餘萬。世充以兵拒之，保都梁山，為五柵，相
> 持不戰，乃唱言兵走，羸師示弱。……（後）大破之，讓
> 以數十騎遁去，斬首萬餘級，俘虜十餘萬人。煬帝以世充
> 有將帥才略，復遣領兵討諸小盜，所嚮盡平。……十二
> 年，遷江都通守。時厭次人格謙為盜數年，兵十餘萬在豆
> 子航中，為太僕卿楊義臣所殺，世充帥師擊其餘眾，破
> 之。又擊盧明月於南陽，虜獲數萬。後還江都，煬帝大
> 悅，自執杯酒以賜之。及李密攻陷洛口倉，進逼東都，煬
> 帝特詔世充大發兵，於洛口拒密，前後百餘戰，未有勝

負。

王世充之據洛陽，所倚仗也多有山東之衆，如單雄信。《舊唐書》
本傳載：「單雄信者，曹州人也。翟讓與之友善。少驍健，尤能馬
上用槍，密軍號爲『飛將』。密偃師失利，遂降於王世充，署爲大
將軍。太宗圍逼東都，雄信出軍拒戰，援槍而至，幾及太宗，徐
世勣呵止之，曰：『此秦王也』雄信惶懼，遂退，太宗由是獲免。
東都平，斬於洛陽。」此輩中人，也均是能征善戰之徒。

　至於劉武周、高開道等群盜，則又都與突厥關係密切。《舊唐
書》卷五五〈劉武周傳〉：「劉武周，河間景城人。父匡，徙家馬
邑。……武周自稱太守，遣使附於突厥。隋雁門郡丞陳孝意、虎
賁將王智辯合兵討之，圍其桑乾鎮。會突厥大至，與武周共擊智
辯，隋師敗績。孝意奔還雁門，部人殺之，以城降於武周。於是
襲破樓煩郡，進取汾陽宮，獲隋宮人以賂突厥，始畢可汗以馬報
之，兵威益振。及攻陷定襄，復歸於馬邑。突厥立武周爲定楊可
汗，遺以狼頭纛。因僭稱皇帝，以妻沮氏爲皇后，建元爲天
興。」同書同卷〈高開道傳〉：

　　高開道，滄州陽信人也。少以煮鹽自給，有勇力，走及奔
　　馬。隋大業末，河間人格謙擁兵於豆子䴚，開道往從之，
　　署爲將軍。……（武德）三年，復稱燕王，建元，署置百
　　官。羅藝在幽州，爲竇建德所圍，告急於開道，乃率二千
　　騎援之。建德懼其驍銳，於是引去。開道因藝遣使來降，
　　詔封北平郡王，賜姓李氏，授蔚州總管。時幽州大饑，開

道許給之粟，藝遣老弱就食，開道皆厚遇之。藝甚悅，不以爲虞，乃發兵三千人、車數百乘、驢馬千餘匹，請粟於開道。悉留之，北連突厥，告絕於藝，復稱燕國。是歲，劉黑闥入寇山東，開道與之連和，引兵攻易州，不克而退。又遣其將謝稜詐降於藝，請兵援接，藝出兵應之，將至懷戎，稜襲破藝兵。開道又引突厥頻來爲寇，恆、定、幽、易等州皆罹其患。

涿郡、太原二地，以民族遷徙之故，多染有武勇之胡風，尤其是劉武周所據之馬邑、定襄、雁門諸郡，更是胡化至深之地，故其部將也多有胡人，至於劉武周之姓氏以及其妻沮氏，恐也非中原漢人之姓氏。[1]

其實，隋末群盜，不僅僅是劉武周，包括李淵父子在內，均曾向突厥北面稱臣。[2]《隋書》卷八四〈北狄·突厥傳〉載：「隋末亂離，中國人歸之者無數，遂大強盛，勢陵中夏。迎蕭皇后，置於定襄。薛舉、竇建德、王世充、劉武周、梁師都、李軌、高開道之徒，雖僭尊號，皆北面稱臣，受其可汗之號。使者往來，相望於道也。」誠然此時北方之突厥，實力最爲強大，群盜均欲賴以爲援。然其與突厥關係密切，恐怕也是因爲他們當中多是胡族胡種，與同爲異族的突厥較易親近的緣故。

---

[1] 汪籛著：〈唐初之騎兵——唐室之掃蕩北方群雄與精騎之運用〉，載《汪籛隋唐史論稿》，頁 249－252。

[2] 陳寅恪著：〈論唐高祖稱臣於突厥事〉，載《寒柳堂集》（北京：三聯書店，2001），頁 108－121。

四

綜合本節所論可見，無論是徐世勣率領之山東豪傑；或是廣受河北士眾擁戴之竇建德、劉黑闥；又或是佔據洛陽之王世充；騷擾雁門、涿郡一帶的劉武周、高開道；以至於李淵、李世民領導之關隴故舊，無一不是染有胡化色彩之社會集團。從種族矛盾與文化衝突觀點來看，隋末動亂之性質與北魏孝文帝遷洛而引起的六鎮暴亂頗有相似之處：傾慕南方文化的隋煬帝，被此時依然帶有胡化傾向之關隴集團與山東豪傑聯手推翻。

李唐皇室重建統一帝國，為自抬身價以及穩固帶有胡化色彩的關隴集團以及「山東豪傑」之聯合統治，便從仕宦、學術、婚姻等諸方面向代表中華正統文化的山東士族高門發動猛烈進攻，唐初政治文化的發展趨勢由此可想而知。

第三章　李唐皇室的文化傾向

第一節　「關隴集團」與李唐皇室之出身

　　前章已論，六鎮叛亂結束後，中國北方分裂成北齊、北周兩個政權。鮮卑化的北齊統治者面對自北魏孝文帝以來便存在的種族文化問題，沒能解決好統治階層中的這一矛盾。相反盤踞關隴一隅、源出於匈奴的宇文周[1]政權則從文、武兩方面較好地解決了胡漢融合這一歷史問題。

　　北周宇文政權實行「關中本位政策」。[2]此中原因，一方面北

---

[1]周一良著：〈論宇文周之種族〉，載《魏晉南北朝史論集》，頁239－255。

[2]見陳寅恪：《隋唐制度淵源略論稿》三〈職官〉章、六〈兵制〉章。此後陳先生又在其《唐代政治史述論稿》中闡明：「宇文泰率領少數西遷之胡人及胡化漢族割據關隴一隅之地，欲與財富兵強之山東高氏及神州正朔所在之江左蕭氏共成一鼎峙之局，而其物質及精神二者力量之憑藉，具遠不如其東南二敵，故必別覓一途徑，融合其所割據關隴區域內之鮮卑六鎮民族，及其他胡漢土著之人爲一不可分離之集團，匪獨物質上應處同一利害之環境，即精神上亦必具同出一淵源之信仰，同受一文化之薰習，始能內安反側，外禦強敵。而精神文化方面尤爲融合複雜民族之要道。在此以前，秦苻堅、魏孝文皆知此意者，但秦魏具欲以魏晉以來之漢化籠罩全部複雜之民族，故不得不亟于南侵，非取得神州文化正統所在之江東而代之不可，其事既不能成，僅余一宇文泰之新途徑而已。此新途徑即就其割據之土依附古昔，稱爲漢化發源之地（魏孝文之遷都洛陽，意亦如此，惟不及宇文泰之徹底，故仍不忘南

周要同北齊作戰，而關中兵力不足，故宇文泰政權就模仿鮮卑部落制，編漢人爲兵，創立了府兵制度。[1]此外，宇文泰又通過更改府兵將、士的郡望與姓氏以及實行府兵將領的豪族化[2]，使他所統領的山東人與關內人混而爲一，使漢人豪族與鮮卑軍人混而爲一。宇文泰試圖胡化關中的漢卒，藉此提高兵士的戰鬥力，這是武的一面。在文的方面，關隴集團在精神上也需要一種獨立的、

侵也），不復以山東江左爲漢化之中心也（中略）。此宇文泰之新途徑今姑假名之爲『關中本位政策』，即凡屬於兵制之府兵制及屬於官制周官皆是其事。」（頁 14—15）

[1] 北周鮮卑與漢人之間的矛盾，沒有北齊社會表現的那樣激烈與明顯。筆者以爲其中一個重要的原因，是當初尒朱天光、賀拔岳等率領入關的六鎮遺民遠比高歡所倚仗的六鎮降戶爲少。茲略舉證如下：《魏書》卷七五〈尒朱天光傳〉：「建義元年（528）夏，万俟醜奴僭大號，朝廷憂之。乃除天光使持節、都督雍岐二州諸軍事、驃騎大將軍、雍州刺史，率大都督、武衛將軍賀拔岳，大都督侯莫陳悅等以討醜奴。天光初行，唯配軍士千人，詔發京城已西路次民馬以給之。……至雍（州），又稅民馬，合得萬餘匹。以軍人寡少，停留未進。（尒朱）榮遣責之，杖天光一百，榮復遣軍士二千人以赴。天光令賀拔岳率千騎先驅，至岐州界長城西與醜奴行台尉遲菩薩相遇，遂破擒之，獲騎士三千，步卒萬餘。」（頁 1673—1674）。《資治通鑑》卷一五四梁武帝中大通二年（530）記此事略同。由這段史料可以看出，尒朱天光率領入關的山東軍士前後才數千而已，故以兵少而不敢再進。直至敗尉遲菩薩，才又「獲騎士三千，步卒萬餘」。所以《周書》卷十四〈賀拔勝附岳傳〉史臣曰：「岳以二千之羸兵，抗三秦之勍敵，奮其智勇，克翦凶渠，雜種畏威，遐方慕義，斯亦一時之盛也」（頁 226）此後宇文泰割據關隴，所倚仗的兵力也應該以原本關中的兵力爲主。《周書》卷一〈文帝本紀上〉亦云：「況此軍士多是關西之人，皆戀鄉邑，不願東下。」（頁 6）宇文泰後來廣募關隴豪右以充軍旅，也正是要解決兵源不足的問題。

[2] 《陳寅恪魏晉南北朝講演錄》，頁 311—315。

自成系統的文化政策，以維繫關隴地區胡漢諸族的人心，使之成爲一家，此即「關隴文化本位政策」：「要言之，即陽傅《周禮》經典制度之文，陰適關隴胡漢現狀之實。」[1]即借繼承周禮以自樹正統、凝聚人心。[2]這正是北周宇文政權政治文化政策上的一種整合與互化。

　　對於陳寅恪先生提出的「關隴集團」與「關中本位政策」等概念，中外學者都有不同的看法，其中一種觀點以爲唐初的宰相中依然有不少山東士族，並非均是關隴集團人士。[3]筆者以爲關隴集團爲一胡漢雜糅的武裝集團，是唐初政權的基礎；而山東士族則是當時社會上的傳統力量，以禮法文化自居，亦是唯一可與關隴集團抗衡之社會勢力。李唐建國初期，關隴集團不得不援引文化水平較高的山東士族，以求穩定和擴大統治基礎；同時李唐皇室爲了自擡身價，才在文化政策上壓抑傳統山東士族。此爲截然不同之二事，不能混爲一談。

　　楊隋、李唐皇室同宇文周一樣，均出自這胡漢雜糅的北方鮮

---

[1]《陳寅恪魏晉南北朝講演錄》，頁 317。

[2]有學者以爲東西兩魏胡人武裝集團均吸引了南北漢人加入其中，見谷川道雄著、李濟滄譯：《隋唐帝國形成史論》（上海：上海古籍出版社，2004），頁 286。

[3]對此問題的反駁，見汪榮祖：《史家陳寅恪傳》，頁 114－115。此外如黃永年還以爲唐初將相文武已然分途，故文武合一將入相的關隴集團在唐初已經不復存在，見黃永年著：〈從楊隋中樞政權看關隴集團的開始解體〉、〈關隴集團到唐初是否繼續存在〉，均載《黃永年自選集》，頁 154－168、頁 169－182。對此觀點也有學者撰文作了反駁，參閱李浩：《唐代三大地域文學士族研究》，頁 238－239。茲不贅論。

卑系軍事貴族集團。[1]這個集團的成員多是胡漢混血之人且互相聯姻，如獨孤信長女爲北周明帝宇文毓皇后；四女嫁與唐世祖李昞，生唐高祖李淵；七女嫁隋文帝楊堅，生隋煬帝楊廣；[2]而楊堅長女後又爲北周宣帝皇后[3]。宇文泰創立這一集團的目的，就是要與「財富兵強之山東高氏及神州正朔所在之江左蕭氏共成一鼎峙之局」。關隴集團與傳統的中原漢族世家顯然不同，他們的文化更傾向於接受胡化尚武的風氣，即「他們的成員不但是混血兒，其生活方式也深受遊牧部落風俗的影響；甚至到了唐代以後很久，他們之中的很多人仍既講漢語，又講突厥語；他們基本上是軍人集團而不是文人精英，過一種艱苦而多活動的室外生活。」[4]

李唐皇室不僅出自關隴集團，文化傾向相似，其本身亦染有外族之血統。學者考證「李唐先世本爲漢族，或爲趙郡李氏徙居柏仁之『破落戶』，或爲鄰邑廣阿庶姓李氏之『假冒牌』，既非華盛之宗門，故漸染胡俗，名不雅馴。……欲通解李唐一代三百年之全史，其氏族問題實爲最重要之關鍵。」[5]此後又進一步指出

---

[1] 參〔清〕趙翼著、王樹民校證：《廿二史劄記校證》（北京：中華書局，1984）卷十五「周隋唐皆出自武川」條，頁319。

[2] 楊廣是此集團的異化者，他有著完全不同的文化傾向，見本書第二章第一節的論述。

[3] 陳寅恪：〈記唐代之李武韋楊婚姻集團〉，載《金明館叢稿初編》，頁237-263。

[4] 《劍橋中國隋唐史》第一章〈導言〉，頁4。

[5] 陳寅恪著：〈李唐氏族之推測後記〉，載《金明館叢稿二編》，頁303。

1：「頗疑李唐先世本爲趙郡李氏柏仁一支之子孫，或者雖不與趙郡李氏之居柏仁者同族，但以同姓一姓同居一地之故，遂因緣攀附，自托於趙郡之高門，衡以南北朝庶姓冒稱士族之慣例，殊爲可能之事。總而言之，據可信之材料，依常識之判斷，李唐先世若非趙郡李氏之『破落戶』，即是趙郡李氏之『假冒牌』。……然則李唐血統其初本是華夏，其與胡夷混雜，乃一較晚之事實也。」[2]近來更有學者以爲鮮卑語中的「達闍」即漢語的「虎」，故所謂「拓拔達闍，唐言李氏」中的李氏即是李淵之父李虎。[3]無論李唐君主出自隴西還是趙郡，其身上——尤其是唐代前期的君主——染有胡族血統，[4]確爲不爭之事實。

關隴集團胡漢雜糅，尚武尚功的文化性質，在唐初的幾位帝王身上也表現的最爲突出，從這一點來看李唐皇室可以說是關隴集團的最後一個代表。因此陳寅恪先生提出的「關中本位政策」

---

[1]據蔣天樞著：《陳寅恪先生編年事輯》（上海：上海古籍出版社，1997 年增訂本）記：〈李唐氏族之推測後記〉一文發表於一九三三年，而《唐代政治史述論稿》一書則寫於一九四一年至一九四二年之際（頁196－199），此時陳先生關於李唐皇室氏族之論證已有所增訂。並參閱陳寅恪著：〈三論李唐氏族問題〉，載《金明館叢稿二編》，頁304－309。

[2]陳寅恪：《唐代政治史述論稿》上篇，頁10－11、頁13。

[3]卓鴻澤著：〈塞族源流及李唐氏族問題與老子之瓜葛——漢文佛教文獻所見中北亞胡族族姓疑案〉，《史語所集刊》第七十八本第一分（2007.3），頁183－224，特別是頁203－213。有關鮮卑語意與語境的研究，還可參閱羅新著：〈論拓拔鮮卑之得名〉，《歷史研究》，2006 年 6 期，頁24－40。

[4]關於李淵、李世民、李治諸帝的母系血統，參〔宋〕王溥撰：《唐會要》（北京：中華書局影印本，1991）卷一〈帝號〉上；《唐代政治史述論稿》上篇，頁13。

也依然可以作爲分析唐初歷史事件的理論基礎之一。以往學者研
究唐代前期的「胡化」問題，多是從外部原因著眼，強調外來文
化的作用，而很少從李唐皇室本身的種族血統與文化傾向兩方面
綜合論述唐代前期社會尚胡的歷史原因。

　　李唐氏族問題，也曾引起學界的不少討論，[1]在此只引岑仲勉
說以展開討論。岑氏以爲：「如果李唐出自趙郡，則趙郡之李，方
攀附不暇，庶姓更不敢小覷，何以皇族反不及趙郡之可貴？而太
宗有我與山東崔盧李鄭舊既無嫌之語？……唐室如真出自趙郡，
又何愛於隴西，而堅持不改？」[2]岑氏在此只是以推理代替史實來
發難，不足一辯。然而筆者依然不厭其煩的再次引述，是因爲從
岑氏此段文字，恰恰說明他忽視了一個極爲重要的歷史事實：即
自南北朝以迄唐初之社會風尚，是以禮法家學爲門第之標準，而
絕非政治軍事地位。山東士族不攀附李唐皇室，隴西皇族不及趙
郡李氏可貴，正是當時社會風尚之真實反映。李唐皇室並非當時
中原之文化高門，自知門第不高，故欲抬高身價，唯有壓抑傳統
山東士族之社會地位。朱熹說：「唐源流出於夷狄，故閨門失禮之
事，不以爲異。」[3]在宋儒看來李唐皇室的血統種族，在一定程度
上決定了其修身齊家的文化態度。我們也以爲正是統治者身上的
夷狄血統和源自關隴集團內部固有的文化傾向，使得他們能以更
加寬容和開放的心態，大量吸收和接受外來的宗教與文化。唐代

---

[1] 對不同觀點，汪榮祖已一一辯駁，見《史家陳寅恪傳》，頁 106－11，此不
贅述。
[2] 岑仲勉：《隋唐史》，頁 92。
[3] 《朱子語類》卷一三六〈歷代〉三，頁 3245。

胡風之盛行便與此有很大關係。以種族血統與文化傾向的視角，我們更可以重新考索唐代前期李唐皇室的胡化行爲及其影響。

一、晉陽起兵與玄武門之變

隋煬帝大業十三年（617）六月，李淵於晉陽（今山西太原）起兵。關於李唐晉陽起兵的主謀是李淵而非其子李世民這一問題，史家已有定論。[1]唐太宗繼位後，貞觀史臣在撰寫《高祖實錄》與《太宗實錄》時，有意篡改史實，將李世民描繪爲太原起義的主謀之人，而貶低高祖在此事中的真正作用。其目的正如學者指出的那樣「唐太宗的皇位不是由合法繼承得來，而是通過殺兄逼父取得的。這種行動不合封建法統和封建倫理，在封建統治者看來，也不能貽示子孫，垂爲法戒。……（修改國史）目的在於把太宗說成李唐王業的真正奠基人，使他的皇位獲得近似漢高祖自爲皇帝而尊其父爲太上皇那樣的合法性。」[2]可見唐太宗在奪得皇位以後，令史臣修改國史實錄，爲不合法的繼位尋找藉口，是因爲貞觀君臣心中也清楚知道他們的行爲是違背中原儒家禮法的。《舊唐書》卷五七〈裴寂傳〉：

---

[1] 參閱羅香林著：〈大唐創業起居注考證〉，載《唐代文化史研究》（上海：上海書店，1992，影印商務印書館 1946 年版），頁 15-46；李樹桐著：〈李唐太原起義考實〉，《大陸雜誌》6：10、6：11（1953 年）；汪籛著：〈唐太宗〉，載《汪籛隋唐史論稿》，頁 70-117；汪籛著：〈李淵晉陽起兵密謀史事考釋〉，載《漢唐史論稿》（北京：北京大學出版社，1992），頁 227-246。

[2] 汪籛：〈唐太宗〉，頁 75-76。

　　（裴）寂又以晉陽宮人私侍高祖，高祖從寂飲，酒酣，寂
　　白狀曰：「二郎密纘兵馬，欲舉義旗，正爲寂以宮人奉公，
　　恐事發及誅，急爲此耳。今天下大亂，城門之外，皆是盜
　　賊。若守小節，旦夕死亡；若舉義兵，必得天位。衆情已
　　協，公意如何？」高祖曰：「我兒誠有此計，既已定矣，可
　　從之。」

　　此段修改過的史料，是爲擡高唐太宗李世民在晉陽起兵中的歷史
地位，並有意貶低高祖之作用。[1]然而從中我們卻可得出這樣一個
推論：李淵既與裴寂親昵，則不會不知以「宮人奉公」之意，且
如果事先知道所幸之人爲晉陽宮女，則是明知死罪而故意爲之，
此乃無君之臣；李世民若是爲己意而以宮女私侍其父，陷李淵於
必死，則是無父之子。經過修改的史料，依然反映出貞觀君臣心
中就是少了一份君君臣臣、父父子子的傳統儒家禮法大義。

　　宋儒於此卻最爲看重，曰：「匹夫欲自立於鄉党，尤不可不自
重也，況欲圖王業、舉大事而可以不正啓之乎？太宗陷父於罪，
而脅之以起兵；高祖昵裴寂之邪，受其宮女而不辭。又稱臣於突
厥，依以爲助，何以示後世矣。夫創業之君，其子孫則而像之，
如影響之應形聲，尤不可不慎舉矣。是以唐世人主無正家之法，
戎狄多猾夏之亂，蓋高祖以此始也。」[2]范祖禹雖然未曾辨析史料

---

[1] 對此段史料之考證，參閱汪籛：〈李淵晉陽起兵密謀史事考釋〉，頁 237–
238。

[2] 〔宋〕范祖禹撰、呂祖謙音注：《唐鑑》（上海：商務印書館，1936，叢書
集成初編本）卷一〈高祖〉上，頁 1。

之真偽便輕下議論，然由此段文字卻可知，宋代史臣已經看出了
「唐世人主無正家之法，戎狄多猾夏之亂」，正是由其先祖非禮失
正所肇始。

　　唐高祖李淵太原起兵之初，還一度稱臣於突厥。[1]《大唐創業
起居注》卷一：

> （李淵）即立自手疏與突厥書，曰：「……我今大舉義兵，
> 欲寧天下，遠迎主上。還共突厥和親，更似開皇之時，豈
> 非好事？且今日陛下雖失可汗之意，可汗寧忘高祖之恩
> 也。若能從我，不侵百姓，征伐所得，子女玉帛，皆可汗
> 有之。必以路遠，不能深入，見與和通，坐受寶玩，不勞
> 兵馬，亦任可汗。一二便宜，任量取中。」

考李淵起兵晉陽之際，正是突厥最爲強大之時，北方群盜如劉武
周、梁師都等均受其節制。李淵統兵更深受遊牧部落民族之影
響。如大業十二年突厥侵邊，隋煬帝命李淵率太原兵馬擊之，
「（李淵）乃簡使能騎射者二千餘人，飲食居止，一同突厥。隨逐
水草，遠置斥堠。每逢突厥候騎，旁若無人，馳騁射獵，以曜威
武。帝尤善射，每見走獸飛禽，發無不中。嘗卒與突厥相遇，驍
銳者爲別隊，皆令持滿，以伺其便。突厥每見帝兵，咸謂以其所
爲，疑其部落。有引帝而戰者，常不敢當，辟易而去。」[2]唐高祖

---

[1] 陳寅恪：〈論唐高祖稱臣於突厥事〉，頁 108－121。
[2] 《大唐創業起居注》卷一，頁 2。

既是出身關隴之胡化集團，故其依然保留了尚武善戰的遊牧民族特性；又數與突厥交兵，故其起義兵之初有意引突厥為援，也就容易為人所理解了。至於高祖與突厥和親之目的，還有「本慮兵行以後，突厥南侵，屈節連和，以安居者」[1]之考慮。然無論高祖之本意如何，誠如前引《劍橋中國隋唐史》所講，出身關隴集團的李淵父子，胡漢雜糅，心理上自然不會對異族有強烈的抗拒感。

與父親相比，李世民和突厥的關係更為密切。據學者考證，稱臣突厥的主謀便是李世民並由其黨劉文靜執行於外。[2]《大唐創業起居注》卷一記載：

> （大業十三年）夏五月癸亥夜，帝遣長孫順德、趙文恪等率興國寺所集兵五百人，總取秦王部分，伏於晉陽宮城東門之左以自備。……突厥之報帝書也，謂使人曰：「唐公若從我語，即宜急報，我遣大達官往取進止。」官僚等以帝辭色懍然，莫敢容諫。興國寺兵知帝未從突厥所請，往往偶語曰：「公若更不從突厥，我亦不能從公。」裴寂、劉文靜等知此議，以狀啓聞。

由此段史料可以清楚看到，正是太宗、劉文靜與突厥通謀且脅迫

---

[1]《大唐創業起居注》卷一，頁7；汪籛著：〈唐室之克定關中〉，載《汪籛隋唐史論稿》，頁209－225。

[2]陳寅恪：〈論唐高祖稱臣於突厥事〉，頁112－117。

高祖臣於突厥而起兵叛隋。太宗也正因爲與突厥的親密關係，更被視爲挾突厥以自大之人。《舊唐書》卷一九四上〈突厥傳〉上：

> （武德）七年（624）八月，頡利、突利二可汗舉國入寇，道自原州，連營南上，太宗受詔北討，齊王元吉隷焉。（中略）太宗又前，令騎告突利曰：「爾往與我盟，急難相救；爾今將兵來，何無香火之情也？亦宜早出，一決勝負。」突利亦不對。太宗前，將渡溝水，頡利見太宗輕出，又聞香火之言，乃陰猜突利。因遣使曰：「王不須渡，我無惡意，更欲共王自斷當耳。」於是稍引却，各斂軍而退。太宗因縱反間於突利，突利悅而歸心焉，遂不欲戰。其叔姪內離，頡利欲戰不可，因遣突利及夾畢特勤阿史那思摩奉見請和，許之。突利因自托於太宗，願結爲兄弟。

後來太子李建成也曾對高祖說：「秦王欲外禦寇，沮遷都議，以久其兵，而謀篡奪。」[1]是知太宗不僅身染胡族血統，更是有意與突厥親近，結下「香火之情」。故論者以爲「太宗與突利結香火之盟，……故突厥可視太宗爲其一部落之人，是太宗雖爲中國人，亦同時爲突厥人矣！」[2]家風所及，李世民之嫡長子承乾，更是明

[1]《新唐書》卷七九〈高祖諸子·隱太子建成傳〉，頁 3542。
[2] 陳寅恪：〈論唐高祖稱臣於突厥事〉，頁 120。

確表現出了對突厥文化的喜好。[1]

武德九年六月四日，太宗發動玄武門之變，與其手下大將射殺親生兄弟，繼而逼父遜位，實有唐一代最大之倫常慘劇。[2]這在傳統的文化士人眼中，實有違君臣父子忠孝友悌之義。貞觀君臣也自知此舉不符合歷代君主宣揚和重視的倫理綱常，故極力修改史實爲太宗辯護。《舊唐書》卷六四〈隱太子建成傳〉：

> 建成乃私召四方驍勇，並募長安惡少年二千餘人，畜爲宮甲，分屯左、右長林門，號爲長林兵。及高祖幸仁智宮，留建成居守，建成先令慶州總管楊文幹募健兒送京師，欲以爲變。又遣郎將爾朱煥、校尉橋公山齎甲以賜文幹，令起兵共相應接。公山、煥等行至豳鄉，懼罪馳告其事。高祖诧以他事，手詔追建成詣行在所。既至，高祖大怒，建成叩頭謝罪，奮身自投於地，幾至於絕。其夜，置之幕中，令殿中監陳萬福防禦，而文幹遂舉兵反。高祖馳使召太宗以謀之，太宗曰：「文幹小豎，狂悖起兵，州府官司已應擒剿。縱其假息時刻，但須遣一將耳。」高祖曰：「文幹

---

[1] 《新唐書》卷八十〈太宗諸子傳〉載：「（承乾）使戶奴數十百人習音聲，學胡人椎髻，剪綵爲舞衣，尋橦跳劍，鼓鞞聲通晝夜不絕。造大銅爐、六熟鼎，招亡奴盜取人牛馬，親視烹燖，召所幸廝養共食之。又好突厥言及所服，選貌類胡者，被以羊裘，辮髮，五人建一落，張氈舍，造五狼頭纛，分戟爲陣，繫幡旗，設穹廬自居，使諸部斂羊以烹，抽佩刀割肉相啗。承乾身作可汗死。使衆號哭剺面，奔馬環臨之。」（頁 3564－3565）

[2] 對此段史實的辯析，參閱汪篯：〈唐太宗〉，頁 90－93。

事連建成，恐應之者衆，汝宜自行，還，立汝爲太子。吾
不能效隋文帝誅殺骨肉，廢建成封作蜀王，地既僻小易
制。若不能事汝，亦易取耳。」太宗既行，元吉及四妃更
爲建成內請，封倫又外爲遊說，高祖意便頓改，遂寢不
行，復令建成還京居守。惟責以兄弟不能相容，歸罪於中
允王珪、左衛率韋挺及天策兵曹杜淹等，並流之嶲州。

太子建成不僅被描繪成庸碌無爲之人，更是被貞觀史臣誣爲私募
宮甲，欲以兵變威脅其父之叛臣，如此爲太宗殺兄弑弟尋找藉
口。故朱子評此事曰：「太宗誅建成，比周公誅管蔡，只消以公私
斷之。周公全是以周家天下爲心，太宗則假公義以濟私欲者
也。」[1]確是一語中的。

　　太宗殺兄奪位，破壞了中原正統王朝立子立嫡的宗法制度。
因爲嫡庶尊卑有別，自周代以來就是華夏正統政權奉行不二之宗
法制度。[2]相反，只有所謂夷狄之人才不分嫡庶，以少者爲尊。如
《隋書》卷八四〈北狄·突厥傳〉云：「其俗畜牧爲事，隨逐水
草，不恆厥處。穹廬氈帳，被髮左衽，食肉飲酪，身衣裘褐，賤
老貴壯。」史思明也是「諸子無嫡庶分，以少者爲尊。」[3]自詡中
原正統王朝繼承者的李唐皇室，卻與突厥及雜種胡人一樣，不能

[1] 《朱子語類》卷一百三十六〈歷代〉三，頁 3245–3246。

[2] 王國維著：〈殷周制度論〉，載《觀堂集林》（北京：中華書局，1959）第二
冊卷十：「周人制度之大異於商者，一曰立子立嫡之制。由是而生宗法及喪
服之制，並由是而有封建子弟之制，君天子臣諸侯之制。」（頁 453）

[3] 《新唐書》卷二二五上〈逆臣上·史思明傳〉，頁 6432。

謹守立嫡以長的儒家禮法大節。影響所及，唐朝臣子心中也多有
類似之觀念。如貞觀十五年（641）褚遂良便曾上表云：

> 臣聞主祭祀之冑，必資於嫡長；扶文武之材，無限於正
> 庶。故知求賢之務，有異於承家。前王制禮，緣情斯極。
> 永嘉以來，王塗不競。在於河北，風俗頓乖。以嫡待庶而
> 若奴，妻遇妾而如婢，廢情虧禮，轉相因習。構怨於室，
> 取笑於朝。莫能自悛，死而無悔。降及隋代，斯流遂遠。
> 獨孤后罕睢鳩之德，同牝雞之晨。普禁庶子，不得入侍。
> 自始及末，怨曠未弭。聖朝御治，深革前弊。人以才進，
> 不論嫡正，自茲二紀，多士如林。[1]

褚遂良所言「聖朝御治，深革前弊。人以才進，不論嫡正」，應是
當時之實情。

高祖、太宗君臣，進位取人不論嫡正，遂爲後世子孫援爲口
實，而有效法之心。玄宗之得太子位，正以其誅滅韋氏，戴立睿
宗之大功；而肅宗的分兵北走，自取帝位，更是明以平定「安史
之亂」爲托辭。[2]司馬溫公曰：「立嫡以長，禮之正也。……事非

---

[1] 〔清〕董誥等編：《全唐文》（北京：中華書局影印本，1983）卷一四九
〈請千牛不簡嫡庶表〉，頁 1504，上欄。

[2] 關於中、睿、玄、肅、代諸帝得位經過，參閱陳寅恪：《唐代政治史述論
稿》中篇〈政治革命及黨派分野〉，此不贅述。朱熹亦曰：「唐世內禪者三，
如肅宗分明不是；只如睿宗之於玄宗，亦只爲其誅韋氏有功了，事亦不得已
爾。」（《朱子語類》卷一百三十六〈歷代〉三，頁 3246）

獲已，猶爲愈也。既而爲群下所迫，遂至蹀血禁門，推刃同氣，貽譏千古，惜哉！夫創業垂統之君，子孫之所儀刑也，彼中、明（玄）、肅、代之傳繼，得非有所指擬以爲口實乎！」[1]信哉斯言。

　　儒家禮法中之父子大義，在唐代前期的幾代帝王心中，遠不如宋人所強調的那樣重要。綜合前論，我們可以清楚看到，李唐皇室之文化底蘊依然存有北朝以來胡族文化的因素，與中原傳統之文化士族，大不相同。

二、太宗朝確立之民族政策

　　李唐皇室身上的胡化性格，不僅反映在其修身齊家的態度上，更進而影響了唐初治國政策，尤其是民族政策的制定。[2]貞觀四年（630）太宗平定突厥之後「四夷君長詣闕請上爲天可汗，上曰：『我爲大唐天子，又下行可汗事乎？』群臣及四夷皆稱萬歲。是後以璽書賜西北君長，皆稱天可汗。」[3]「可汗」之稱，本是夷

---

[1]《資治通鑑》卷一九一唐高祖武德九年（626）六月丁巳條「臣光曰」，頁6012－6013。

[2]對太宗民族政策的評價，參閱傅樂成：〈唐宋夷夏觀念之演變〉；胡如雷著：〈唐太宗民族政策的局限性〉，《歷史研究》1984 年第 2 期；熊德基著：〈從唐太宗的民族政策試論歷史人物的局限性〉，《中國史研究》1985 年第 3 期；李鴻賓著：《唐朝中央集權與民族關係——以北方區域爲線索》（北京：民族出版社，2003）第二章第二節〈唐太宗處理民族問題的觀念與政策〉。

[3]《資治通鑑》卷一九三唐太宗貞觀四年（630）三月戊辰條，頁6073。

狄君長之號：「可汗者，尤古之單于。」[1]李世民以中國正統王朝之主而採用夷狄君長稱號，也意識到此中不當之處，故才問「我爲大唐天子，又下行可汗事乎？」然其最終還是接受了這一稱號，朝中大臣更沒有多少人極力反對。

此後在安置突厥降戶的問題上，大臣之間的意見有了一些分歧，有人明確提出了夷狄之辨的主張。《資治通鑑》卷一九三載此事甚詳，[2]茲不贅引。朝臣當中以顏師古、李百藥和竇靜等三人意見最具代表性，他們均以爲突厥常懷常覆之性，出於邊疆安全的考慮，不應讓其入居黃河以南之境，唯使其守衛邊境可也。魏徵更深刻指出了安置突厥於中原之地，會有夷狄亂華的隱憂，給事中杜楚客亦表達了與魏徵相同的看法：「北狄人面獸心，難以德懷，易以威服。今令其部落散處河南，逼近中華，久必爲患。至如雁門之役，雖是突厥背恩，自由隋主無道，中國以之喪亂，豈得云興復亡國以致此禍？夷不亂華，前哲明訓，存亡繼絕，列聖通規。臣恐事不師古，難以長久。」[3]以唐太宗之明鑑，不會不清楚魏徵與杜楚客之用心。然史載「太宗嘉其言，方務懷柔，未之從也」以爲：「夷狄亦人耳，其情與中夏不殊。人主患德澤不加，

---

[1]《舊唐書》卷一九四上〈突厥傳〉上，頁 5153；羅香林著：〈唐代天可汗制度考〉，《新亞學報》第一卷第一期（1955 年 9 月）；羅新著：〈可汗號研究〉，《中國社會科學》2005 年第 2 期，頁 177－188。

[2]《資治通鑑》卷一九三唐太宗貞觀四年（630）三月「突厥頡利可汗至長安」條，頁 6075－6078。

[3]《貞觀政要》卷九〈安邊〉，頁 275。

不必猜忌異類。」[1]「自古皆貴中華，賤夷、狄，朕獨愛之如一，故其種落皆依朕如父母。」[2]因此最後仍然「處突厥降衆，東自幽州（今北京），西至靈州（寧夏靈武）。」傳統儒家文化主張華、夷有別，太宗卻能愛之如一，胡、漢之間於太宗自然是貴賤無殊了。如果我們再從唐初統治者的種族出身來考察此時的民族政策，便可以更合理地解釋太宗「華夷一家」觀念的主觀根源，即本書一再強調的種族血統與文化傾向問題。

太宗爲優待入居唐朝的「化外」之人，還明確規定了他們享有治外法權。《唐律疏議》卷六〈名例〉「化外人相犯」條載：「諸化外人，同類自相犯者，各依本俗法；異類相犯者，以法律論。《疏》議曰：『化外人』，謂蕃夷之國，別立君長者，各有風俗，制法不同。其有同類自相犯者，須問本國之制，依其俗法斷之。異類相犯者，若高麗之與百濟相犯之類，皆以國家法律，論定刑名。」學者以爲此律之創制，當在修訂唐《貞觀律》時，非沿襲前代之制，而且在唐代是確實施行過的。[3]由此我們不難再次窺見唐太宗的政策傾向。

至於對「化外人」所信仰之宗教，李唐皇室更是採取了包容的態度。太宗朝大臣傅奕曰：「佛乃胡中桀黠，誑耀彼土。中國邪僻之人，取莊、老玄談，飾以妖幻之語，用欺愚俗，無益於民，

<hr>

[1] 《資治通鑑》卷一九七唐太宗貞觀十八年（644）「初上遣突厥」條，頁6215－6216。

[2] 《資治通鑑》卷一九八唐太宗貞觀二十一年（647）五月庚辰條，頁6247。

[3] 〔唐〕長孫無忌等撰、劉俊文箋解：《唐律疏議箋解》（北京：中華書局，1996），頁480－481。

有害於國，臣非不悟，鄙不學也。」[1]傅奕明確指出了其反對佛教之理由，在於辯明夷夏之防，[2]但是朝臣中卻不乏反對傅奕夷夏之辨的聲音，反映出了這一時期人們心中夷夏觀念的模糊。如李師正便上疏曰：「傅（奕）謂佛法本出於西胡，不應奉之於中國。余昔同此惑焉，今則悟其不然矣。夫由餘出自西戎，輔秦穆以開霸業；日磾生於北狄，侍漢武而除危害。臣既有之，師亦宜爾。何必取其同俗，而舍於異方乎？師以道大爲尊，無論於彼此；法以善高爲勝，不計於遐邇。……由此觀之，其道妙矣。聖人之德，何以加焉，豈得以生於異域而賤其道，出於遠方而棄其寶？夫絕群之駿，非唯中邑之產；曠世之珍，不必諸華之物。」[3]唐初君臣上下如此寬容的對待外來文化，胡風胡俗隨之也潛移默化地影響了唐代士民的普通生活，[4]多數的唐人並不以胡風爲異，坦然處之。

即使是傳統士族，有時候迫於社會習慣，也不得不接受原本

---

[1]《資治通鑑》卷一九二唐高祖武德九年（626）十二月「上召傅奕」條，頁 6029。

[2]參《新唐書》卷一〇七〈傅奕傳〉；並參〔唐〕道宣撰：《廣弘明集》（上海：上海古籍出版社，1991）卷十一、十二。

[3]李師正〈內德論〉，《全唐文》卷一五七，頁 1604，下欄。

[4]向達：《唐代長安與西域文明》，頁 35－87；吳玉貴：《唐代的外來文明》第二章以下；Stephen F. Teiser, *The Ghost Festival in Medieval China*, Princeton: Princeton University Press, 1988；中譯本見侯旭東譯：《幽靈的節日——中國中世紀的信仰與生活》（杭州：浙江人民出版社，1999）三〈中國中世紀鬼節史片斷〉，頁 38－99；吳玉貴著：〈白居易「氈帳詩」所見唐代胡風〉，《唐研究》第五卷，1998 年，頁 401－420。

抗拒的胡人宗教習俗，如姚崇在〈遺令誡子孫文〉中說：「夫釋迦之本法，爲蒼生之大弊。汝等各宜警策，正法在心，勿效兒女子曹終身不悟也。吾亡後必不得爲此弊法，若未能全依正道，須順俗情，從初七至終七，任設七僧齋；若隨齋須佈施，宜以吾緣身衣物充，不得輒用餘財，爲無益之枉事，亦不得妄出私物，徇追福之虛談。」[1] 爲亡者設僧齋，向來爲唐人所重視，是唐代士民生活受外來習俗影響最顯著之一例。[2] 故姚崇雖力抵佛教，然最終亦向胡俗低頭，允許子女在自己死後「順俗情，從初七至終七，任設七僧齋」。

　　貞觀朝之後，所謂夷夏一家之觀念及其政策，在一定程度上繼續爲後世君臣所保持。如玄宗開元二十年（732）七月敕：「末（末）摩尼法，本是邪見，妄稱佛教，誑惑黎元，宜嚴加禁斷。以其西胡等既是鄉法，當身自行，不須科罪者。」[3] 李唐皇室身上的夷狄血統以及其所沾染的胡俗胡風，使得他們可以在處理外族

---

[1] 《全唐文》卷二○六，頁 2083，下欄。

[2] 如〔唐〕陳子昂著、徐鵬點校《陳子昂集》（北京：中華書局，1960）卷三〈爲宗舍人謝贈物表〉云：「草土臣某頓首稽顙言：今月日伏奉恩敕，以臣亡母初七，特降上宮若干人，給使黃門若干人，並賜物若干段，以給護齋事。天恩過禮，伏念號惶。」（頁 53）；侯旭東：《幽靈的節日》，頁 149－173；Stephen F. Teiser, *The Scripture on the Ten Kings and the Making of Purgatory in Medieval Chinese Buddhism*, Part I, Honolulu, HI: University of Hawaii Press, 1994; 小南一郎著：〈《十王經》の形成と隋唐の民衆信仰〉，《東方學報》，京都第 74 冊（2002 年），頁 183－258。

[3] 〔唐〕杜佑撰、王文錦等點校：《通典》（北京：中華書局，1988）卷四十〈職官〉二十二，頁 1103。

事務上表現出異常的寬容性：外來之宗教文化雖然被視爲「邪見」，但是依然可以被異族之人信奉——即使這些異族之人已經入居中國。

除了寬容的宗教政策，高宗（650－683 在位）武后（684－705 在位）一如貞觀之時，對「化外人」也委以重任；中宗復辟後（705－710），同樣沒有設定嚴格夷夏之防，如太宗時期一樣，吐蕃等蕃夷子弟都可以繼續在長安國子學內讀書，[1]對有功的蕃將，中宗更是優獎有加。李多祚是唐初便內附的靺鞨族人突地稽之後，有大功於中宗復辟，[2]被委以「參乘」一職。大臣王覿因此而諫曰：「竊惟祔廟之禮，在於尊祖奉先；肅事之儀，豈厭惟親與德。伏見恩敕，令安國相王與李多祚參乘。且多祚夷人，有功於國，適可加之寵爵，豈宜逼奉至尊，將帝弟以連衡，與吾君而共輦。誠恐萬方之人，不允所望。」[3]由此可見，唐代前期帝王對入唐蕃將的信任，是一以貫之的。

然而，太宗朝以來確立的這些政治文化政策，發展至玄宗朝，卻走向了極端之反動：中央政府因專任蕃將於邊境，最終導致了胡人的軍事叛亂。此中教訓，孰謂不深。

---

[1]《唐會要》卷三六〈附學讀書〉，頁 667。

[2]參閱馬馳著：〈李謹行家世和生平事跡考〉，載朱雷主編：《唐代的歷史與社會》（武漢：武漢大學出版社，1997），頁 30－44；《資治通鑑》卷二○七唐中宗神龍元年（705）春正月條，頁 6578－6582。

[3]《全唐文》卷二六九〈諫李多祚參乘疏〉，頁 2732，上欄。

三、李唐皇室閨門失禮之事

　　除了在皇位繼承一事上，李唐皇室表現出他們不能謹守中原禮法之處外，史書還記載了不少其「閨門失禮，不以爲異」的家風。《舊唐書》卷六四〈隱太子建成傳〉載：「建成、元吉又外結小人，內連嬖幸，高祖所寵張婕妤、尹德妃皆與之淫亂。」無論此段史料是否已經過貞觀史臣的修改，我們由此都可以看出太宗君臣還是知道此等穢行足以彰顯建成之惡。

　　其實，太宗自己亦一樣不能謹守儒家禮法之大節。貞觀二十一年「（九月）丁酉，（太宗）立皇子明爲曹王。明母楊氏，巢刺王之妃也，有寵於上；文德皇后之崩也，欲立爲皇后。魏徵諫曰：『陛下方比德唐、虞，奈何以辰嬴自累！』乃止。尋以明繼元吉後。」太宗不以手殺兄弟爲恥，反而納元吉之妃，還欲立爲皇后。兄納弟婦，本是夷狄之俗。《隋書》卷八四〈北狄·突厥傳〉云：「其俗……父兄死，子弟妻其群母及嫂。」同書卷八三〈西域·附國傳〉云：「妻其群母及嫂，兒弟死，父兄亦納其妻。」由此可知，以母嫂及弟婦爲妻爲乃夷狄之人所爲。在魏徵看來，太宗之行爲是有違綱常的，更不符合中原傳統文化士族所強調之道德倫理。

　　祖先之家風既不正，後世子孫也多有效尤者：永徽六年（655）高宗欲納武則天爲皇后，立即惹來朝中大臣的反對，均指立先帝宮人不合古禮，如褚遂良曰：「陛下必欲易皇后，伏請妙擇天下令族，何必武氏。武氏經事先帝，衆所具知，天下耳目，安可蔽也。萬代之後，謂陛下爲如何！」來濟也上表諫曰：「王者立

后，上法乾坤，必擇禮教名家，幽閑令淑，副四海之望，稱神祇之意。是故周文造舟以迎太姒，而興關雎之化，百姓蒙祚；孝成縱欲，以婢爲后，使皇統亡絕，社稷傾淪。有周之隆既如彼，大漢之禍又如此，惟陛下詳察！」[1]然而高宗皆不納，這件事在唐高宗看來，並不關禮義之大防：因爲其父當初也是險些以「辰嬴自累」的。武則天最終也得以被立爲皇后。

開元十二年（724），玄宗廢王皇后爲庶人，[2]十四年乃欲立武惠妃爲后。史書載：「（妃）恒安王攸止女，幼入宮。帝即位，寖得幸。時王皇后廢，故進冊惠妃，其禮秩比皇后。」[3]不久更欲立其爲皇后，有朝臣上疏反對：「《禮》：父母讎，不共天；《春秋》：子不復讎，不子也。陛下欲以武氏爲后，何以見天下士！妃再從叔三思也，從父延秀也，皆干紀亂常，天下共疾。夫惡木垂蔭，志士不息；盜泉飛溢，廉夫不飲。匹夫匹婦尚相擇，況天子乎？願慎選華族，稱神祇之心。春秋宋人夏父之會，無以妾爲夫人；齊桓公誓葵丘曰：無以妾爲妻。此聖人明嫡庶之分。分定，則窺覦之心息矣。今人間咸言右丞相張說欲取立后功圖復相，今太子非惠妃所生，而妃有子，若一儷宸極，則儲位將不安。古人所以諫其漸者，有以也！」[4]可見玄宗不重視家法倫理，其「以妾爲

---

[1] 《資治通鑑》卷一九九唐高宗永徽六年（655）九月戊辰條，頁 6290－6291。

[2] 《新唐書》卷五〈玄宗本紀〉，頁 131。

[3] 《新唐書》卷七六〈后妃上・貞順武皇后傳〉，頁 3491。

[4] 《新唐書》卷七六〈后妃上・貞順武皇后傳〉，頁 3491－3492；並參閱《唐會要》卷三〈皇后〉，頁 27－28。

妻」的嫡庶不分之舉，便啓此後諸皇子的儲位之爭。肅宗靈武之
即位，恰好就說明了這一點。

　　至於武惠妃生壽王瑁，而玄宗又強納壽王妃入宮，則是全然
不顧父子夫婦之禮了。《資治通鑑》卷二一五唐玄宗天寶三載
（744）：「初，武惠妃薨，上悼念不已，後宮數千，無當意者。或
言壽王妃楊氏之美，絕世無雙。上見而悅之，乃令妃自以其意乞
爲女官，號太真；更爲壽王娶左衛郎將韋昭訓女。潛內太真宮
中。太真肌態豐豔，曉音律，性警穎，善承迎上意，不期歲，寵
遇如惠妃，宮中號曰『娘子』，凡儀體皆如皇后。」可見原本胡漢
混血之李唐皇室，本身早已沾染了胡俗胡化之風氣；入主中原後
又未能襲守傳統儒家禮法之大節，故後世子孫對此等家門無行之
事，多不以爲異。

四、女主之執政及其影響

　　唐代婦女的社會地位，已經有學者進行過深入研究，[1]此不贅
述。魏晉隋唐時期，異族的女性，不僅可以帶兵打仗，甚至有把
持朝政者。《劍橋中國隋唐史·導言》中說：「（關隴集團）如同其
他遊牧民族，他們的婦女遠比傳統的中國婦女獨立和有權威。」
唐高祖建義旗之初，便有其三女平陽公主召集亡命以迎軍，時人

---

[1] 最新之研究成果可參閱鄧小南主編：《唐宋女性與社會》（上海：上海辭書
出版社，2003）。

謂之「娘子軍」。[1]可見崇尙軍功，胡漢雜糅的關隴集團中不僅男性，女性亦可以領兵出征。至於蕃族婦人勇猛善戰之事，更是多見於史料記載。如《資治通鑑》卷二○二唐高宗咸亨四年（673）載：「閏五月，燕山道總管、右領軍大將軍李謹行大破高麗叛者於瓠蘆河之西，俘獲數千人，餘衆皆奔新羅。時謹行妻劉氏留伐奴城，高麗引靺鞨攻之，劉氏擐甲帥衆守城，久之，虜退。上嘉其功，封燕國夫人。謹行，靺鞨人突地稽之子也，武力絕人，爲衆夷所憚。」又如〈大唐故冠軍大將軍行右武衛大將軍啜祿夫人鄭氏墓誌銘〉載：「夫人諱實活，本（坦）加落鮮卑人也。……夫人去開元十八年，屬林胡不寧，酋首背伴。夫人霜操不易，忠志不移，迺潛謀運奇，與男涅禮等，出死入生，率衆投漢。」[2]此類婦人勇武的表現，直到唐代中後期依然存在。文宗開成四年（839）「秋，七月，癸未，以張元益爲左驍衛將軍，以其母侯莫陳氏爲趙國太夫人，賜絹二百匹。易定之亂，侯莫陳氏說諭將士，且戒元益以順朝命，故賞之。」[3]張元益乃是奚族將領張孝忠之曾孫，其母侯莫陳氏也保有河北異族婦女有勇有謀之特性。

「安史亂」前，李唐皇室之中更有武后、韋后、安樂公主、太平公主乃至上官婉兒這一系列「女主」、「女臣」的輪流預執政與擅權。這雖然是北朝以來女性干預政事的流風，但也從一個側

---

[1] 《唐會要》卷六〈公主門雜錄〉，頁 67；《舊唐書》卷五八〈柴紹傳〉；〔唐〕劉餗撰、程毅中點校：《隋唐嘉話》（北京：中華書局，1979）上，頁 3。

[2] 周紹良主編：《唐代墓誌彙編》（上海：上海古籍出版社，1992）（以下簡稱《彙編》）下冊，開元五二四，頁 1516。

[3] 《資治通鑑》卷二四六唐文宗開成四年（839）秋七月條，頁 7940。

面反映出了自詡正統的李唐皇室，源出夷狄、行事不守傳統中原儒家禮法。至於武后廣置男寵；韋后、安樂公主、太平公主、上官婉兒相繼竊取朝政，而朝臣不以爲怪，[1]則反映出唐前期士人對婦奪夫政此等有違儒家綱常倫理大節之事，缺乏應有的反思與抵制。

　　《隋唐嘉話》記載了這樣一個故實，足以說明高宗時期朝廷上下的風氣。「楊弘武爲司戎少常伯，高宗謂之：『某人何因輒受此職』，對曰：『臣妻韋氏性剛悍，昨以此人見囑。臣若不從，恐有後患。』帝嘉其不隱，笑而遣之。」高宗自己便委政於武氏，故對臣下之失職也只能「嘉其不隱，笑而遣之」了。

　　武則天的父親出身山東寒門，母親卻是楊隋之宗室。武則天自幼受母氏佛教信仰之影響至爲深切，[2]所以「後來僧徒即藉武曌家庭傳統之信仰，以恢復其自李唐開國以來所喪失之權勢。而武曌轉借佛教經典之教義，以證明其政治上所享之特殊地位。」[3]我們知道，傳統的儒家學說是不允許婦人參與國政的。如《尙書》云：「牝雞無晨，牝雞之晨，惟家之索。」僞孔安國傳曰：「喻婦人知外事。雌代雄鳴則家盡；婦奪夫政則國亡。」[4]此外《詩經・

---

[1] 參閱臺靜農著：〈論唐代士風與文學〉，原載《文史哲學報》第十四期（1965 年）；後收入國立編譯館主編、中國唐代學會編：《唐代研究論集》（台北：新文豐出版公司，1992）第一輯，頁 81－97。

[2] 陳寅恪：〈記唐代之李武韋楊婚姻集團〉，頁 240－243；陳寅恪著：〈武曌與佛教〉，載《金明館叢稿二編》，頁 144－145。

[3] 陳寅恪：〈武曌與佛教〉，頁 146。

[4] 《尚書正義》卷十一《周書・牧誓》，收入〔清〕阮元校刻：《十三經註疏》（北京：中華書局影印本，1980）上冊，頁 183 中。

大雅·瞻卬》中亦有「婦無公事，修其蠶織」的類似思想。因此
武則天就不得不於外來文化──佛教教義中尋求其政治地位的合
法性；[1]反之，爲了鞏固統治地位，武則天對儒學中所強調的綱常
倫理就必然要貶抑與壓制了。

武氏柄政初期，便不喜儒生，轉而多引用文學之士，《資治通
鑑》卷二○二唐高宗上元二年（675）：

> 上（高宗）苦風眩甚，議使天后攝知國政。中書侍郎同三
> 品郝處俊曰：「天子理外，后理內，天之道也。昔魏文著
> 令，雖有幼主，不許皇后臨朝，所以杜禍亂之萌也。陛下
> 奈何以高祖、太宗之天下，不傳之子孫而委之天后乎！」
> 中書侍郎昌樂李義琰曰：「處俊之言至忠，陛下宜聽之。」
> 上乃止。天后多引文學之士著作郎元萬頃、左史劉禕之
> 等，使之撰《列女傳》、《臣軌》、《百僚新戒》、《樂書》，凡
> 千餘卷。朝廷奏議及百司表疏，時密令參決，以分宰相之
> 權，時人謂之「北門學士」。

武則天置「北門學士」以及大量修書，其目的也正是爲了借此而
「分宰相之權」。文士如范履冰、苗楚客、周思茂、韓楚賓等均是
武則天此時所提拔之人。劉禕之後來官至中書舍人，當其諫言武

---

[1] 參閱湯用彤著：《隋唐佛教史稿》（北京：中華書局，1982）第一章〈隋唐
佛教勢力之消長〉第四節〈永徽至元和間〉；陳寅恪：〈武曌與佛教〉；
Stanley Weinstein, *Buddhism under the T'ang,* Part One: Interregnum of Empress
Wu (684-705), pp.37-47.

后返政睿宗時，武則天便直言：「禕之我所引用，乃有背我之心，豈復顧我恩也！」[1]於是將他賜死於家。

　　中國歷史上正統王朝欲立明堂，多數會由儒臣來決疑。但武則天還是獨與「北門學士」進行討論。史書載：「太宗、高宗之世，屢欲立明堂，諸儒議其制度，不決而止。及太后稱制，獨與北門學士議其制，不問諸儒。諸儒以爲明堂當在國陽丙巳之地，三里之外，七里之內。太后以爲去宮太遠。二月，庚午，毀乾元殿，於其地作明堂，以僧懷義爲之使，凡役數萬人。」[2]連建造明堂這樣的大事，武則天都不願諮詢儒生的意見，甚至將建造的任務都交與僧人來完成。此時朝中的儒生，只能說是具名備員而已。所以有學者指出儒學在高宗、武后二朝已經淪爲士人干進利祿之工具。[3]此時的儒學，喪失了本應具有的，也是最重要的淑世教化職能。

　　有識之士如劉承慶等，眼見武則天不重視儒學儒生，上疏曰：「伏見比年已來，天下諸州所貢物，至元日皆陳在御前，惟貢人獨於朝堂拜列。但孝廉秀異，國之英才，既隨方物，以充歲貢，宜同珍幣，列見王庭。豈得金帛羽毛，昇於玉陛之下；賢良文學，棄彼金門之外？恐所謂貴財而賤義，重物而輕人，甚不副陛下好道之心，尊賢之意。伏請貢舉人至元日引見，列在方物之

---

[1] 《舊唐書》卷八七〈劉禕之傳〉，頁 2848。

[2] 《資治通鑑》卷二〇四則天后垂拱四年（688）二月「太宗高宗之世」條，頁 6447。

[3] 陳弱水著：〈思想史中的杜甫〉，《史語所集刊》第 69 本第 1 分（1998），頁 25－26。

前，以播充庭之禮。」[1]武則天雖不是貴物輕人，但女主用人自有其一套標準：「引見存撫使所舉人，無問賢愚，悉加擢用。高者試鳳閣舍人、給事中；次試員外郎、侍御史、補闕、拾遺、校書郎。試官自此始。時人爲之語曰：『補闕連車載，拾遺平斗量；欋推侍御史，盌脫校書郎。』有舉人沈全交續之曰：『餬心存撫使，眯目聖神皇。』爲御史紀先知所擒，劾其誹謗朝政，請杖之朝堂，然後付法。太后笑曰：『但使卿輩不濫，何恤人言！宜釋其罪。』先知大慚。」[2]鑑於朝廷濫開祿位以收買人心，補闕薛謙光亦上疏諫曰：

> 選舉之法，宜得實才，取捨之間，風化所繫。今之選人，咸稱覓舉，奔競相尚，誼訴無慚。至於才應經邦，惟令試策；武能制敵，止驗彎弧。昔漢武帝見司馬相如賦，恨不同時，及置之朝廷，終文園令，知其不堪公卿之任故也。吳起將戰，左右進劍，起曰：「將者提鼓揮桴，臨敵決疑，一劍之任，非將事也。」然則虛文豈足以佐時，善射豈足以克敵！要在文吏察其行能，武吏觀其勇略，考居官之臧否，行舉者賞罰而已。[3]

終武則天一朝，士子趨於干進，儒學不振。有學者甚至指出，連

---

[1]《全唐文》卷二〇三〈請貢舉人列方物前疏〉，頁 2053－2054。

[2]《資治通鑑》卷二〇五則天后長壽元年（692）春一月丁卯條，頁 6477－6478。

[3]《資治通鑑》卷二〇五則天后長壽元年（692）春一月甲戌條，頁 6481。

佛、道二教之徒曾經堅持的嘯傲王侯、堅守所志的氣節此時亦漸漸滅弱。[1]足見武后時期，禮教不彰（女主執政）、以致道德沉淪，士風民俗，亦爲之鉅變。

　　相反，傳統山東士族婦女還是能謹守其門風家訓，恪守儒家綱常倫理之大節。《唐語林》記載了這樣一個故事：「狄仁傑爲相，有盧氏堂姨，居午橋南別墅，未嘗入城。仁傑伏臘，每修禮甚謹。嘗雪後休假，候盧氏安否，適見表弟挾弧矢攜雉兔來歸，羞味進於堂上。顧揖仁傑，意甚輕傲。仁傑因啓曰：『某今爲相，表弟有何欲，願悉力從其意。』姨曰：『吾止有一子，不欲令事女主。』仁傑慙而去。」[2]清楚說明了傳統山東士族對家風禮法的堅持。

　　然而此類的反對聲音，並沒有在當時社會中引起廣泛而強烈的共鳴，多數的士人並不以身侍女主而感到羞愧。[3]可見無論是李唐皇室，還是此時的士人，心中都少了一份對儒家禮法的堅持與維護、以及對女主當政這類帶有胡化色彩行爲應有的警覺與抵制。

　　及至中宗韋后，則更多閨門穢行。《舊唐書》卷五一〈后妃上・中宗韋庶人傳〉載：「（中宗）引武三思入宮中，升御床，與后雙陸，帝爲點籌，以爲歡笑，醜聲日聞於外。」神龍四年（710）韋后更是與自己的女兒合謀，毒殺中宗，欲效武則天臨朝

---

[1] 湯用彤：《隋唐佛教史稿》，頁 28。

[2] 〔宋〕王讜撰、周勳初校證：《唐語林校證》（北京：中華書局，1987）卷四〈賢媛〉，頁 404。

[3] 臺靜農：〈論唐代士風與文學〉，頁 82－86。

稱制。史書載：

> 散騎常侍馬秦客以醫術，光祿少卿楊均以善烹調，皆出入
> 宮掖，得幸於韋后，恐事泄被誅；安樂公主欲韋后臨朝，
> 自爲皇太女；乃相與合謀，於餅餡中進毒，六月，壬午，
> 中宗崩於神龍殿。韋后秘不發喪，自總庶政。……宗楚客
> 與太常卿武延秀、司農卿趙履溫、國子祭酒葉靜能及諸韋
> 共勸韋后遵武后故事，南北衛軍、台閣要司皆以韋氏子弟
> 領之，廣聚黨衆，中外連結。楚客又密上書稱引圖讖，謂
> 韋氏宜革唐命。謀害殤帝，深忌相王及太平公主，密與韋
> 溫、安樂公主謀去之。[1]

韋后與安樂公主心中，已經全無中原禮法中的君臣父子夫婦之大
義。

中宗返政期間（705－710），朝廷內還有嬪妃上官婉兒的專
權。《舊唐書》卷五一〈后妃上・上官昭容傳〉：「中宗即位，又令
（上官婉兒）專掌制命，深被信任。尋拜爲昭容，封其母鄭氏爲
沛國夫人。婉兒既與武三思淫亂，每下制敕，多因事推尊武氏而
排抑皇家。……婉兒常勸廣置昭文學士，盛引當朝詞學之臣，數
賜遊宴，賦詩唱和。婉兒每代帝及后、長寧安樂二公主，數首並
作，辭甚綺麗，時人咸諷誦之。婉兒又通於吏部侍郎崔湜，引知

---

1 《資治通鑑》卷二〇九唐睿宗景雲元年（710）六月「散騎常侍」條，頁
6641－6643。

政事。湜嘗充使開商山新路，功未半而中宗崩，婉兒草遺制，曲敘其功而加褒賞。」由此可見，朝中大臣多有趨炎附勢者，而不以爲恥。

　　睿宗朝，武則天的女兒太平公主也是大肆援引朝臣，權傾人主。《資治通鑑》卷二〇九唐睿宗景雲元年（710）：「太平公主沉敏多權略，武后以爲類己，故於諸子中獨愛幸，頗得預密謀，然尚畏武后之嚴，未敢招權勢；及誅張易之，公主有力焉。中宗之世，韋后、安樂公主皆畏之，又與太子共誅韋氏。既屢立大功，益尊重，上常與之圖議大政，每入奏事，坐語移時；或時不朝謁，則宰相就第咨之。每宰相奏事，上輒問：『嘗與太平議否？』又問：『與三郎議否？』然後可之。三郎，謂太子也。公主所欲，上無不聽，自宰相以下，進退繫其一言，其餘薦士，驟歷清顯者不可勝數，權傾人主，趨附其門者如市。」對比此前安樂公主、上官婉兒的干政，太平公主的權勢無疑更要強大。

　　綜上所論可見，韋后之毒殺親夫、安樂公主之欲爲皇太女、上官婉兒之干政、太平公主之專權，均體現出了唐初君臣不以婦人參與國政爲異。從文化性質來看，此等帶有胡化色彩的行爲與北魏馮·胡太后[1]、北齊婁后[2]等女主涉政是一脈相承的，均是北朝以來，胡漢雜糅的異族政權政治文化的延續，而並非歷史上的偶然現象。

---

[1] 參閱《北史》卷十三〈后妃上·文成文明皇后馮氏傳〉、同書同卷《后妃上·宣武靈皇后胡氏傳》。

[2] 參閱《北史》卷十四〈后妃下·齊武明皇后婁氏傳〉。

五、餘論

「安史亂」後，唐德宗貞元三年（787），李泌將久留京師而不願歸國之胡人分隸左右神策軍，[1]史籍中所見胡人如康志睦[2]、何文哲[3]等均任職於軍中。何文哲更於長慶（821－824）寶曆（825－827）之際在屢次宮廷政變中都扮演了相當重要的角色，其一生行跡在其墓誌中記載甚詳。[4]唐代蕃將，此時依然有受到皇帝重用者。

---

[1]《資治通鑑》卷二三二唐德宗貞元三年（787）七月「時關東防秋兵大集」條，頁7493。

[2]章羣：《唐代蕃將研究》，頁668－669。

[3]參閱《新唐書》卷二○七〈宦者上・馬存亮傳〉。

[4]〈唐故銀青光祿大夫檢校工部尚書守右領軍衛上將軍兼御史大夫上柱國廬江郡開國公食邑二千戶贈太子少保何公（文哲）墓誌銘〉曰：「公本何國王丕五代孫，前祖以永徽（650－655）初款塞來賓，附於王庭。……庚子（元和十五年）（月）建戊寅，憲宗厭代，神馭不留。明月閏三日，穆宗立，公有冊勳焉。……越月，授雲麾將軍、兼左神策軍將軍知軍事、充步軍都虞候。……（長慶四年）夏四月，賊臣張韶乘間竊發。敬宗失御，越在左軍。公領敢死七千人，或擐甲重門，嚴其環衛；或荷戈討亂，誅剪群兇。……其年（寶曆三年）正月建丁丑，宦者劉克明搆釁蕭牆，賊亂宗社，毒肆渠逆，禍及敬宗。……公領神策勇士萬餘人，與故開府中尉魏公弘簡，創議協心，掎角相應，誓清逆黨，佇開天衢。……然後與開府右軍中尉梁公守謙，同謀義始，選練精兵，冊建我皇。」見吳鋼主編：《全唐文補遺》（西安：三秦出版社，1994）（以下簡稱《補遺》）第一輯，頁283－284；另參閱盧兆蔭著：〈何文哲墓誌考釋——兼談隋唐時期在中國的中亞何國人〉，《考古》1986年9期；李鴻賓著：〈論唐代宮廷內外的胡人侍衛——從何文哲墓誌銘談起〉，《中央民族大學學報》1996年第6期。

　　一九五五年中國陝西省西安市出土了一方晚唐蘇諒妻馬氏巴
列維文（又稱婆羅缽文）與漢文雙語合璧墓誌。[1]墓誌主人波斯人
馬氏卒於唐懿宗咸通十五年（874），其夫蘇諒時任「左神策軍散
兵馬使」。張廣達先生指出：「自唐初貞觀、永徽以來，因失國而
移居長安的波斯王家和波斯貴族的後裔在中國生活了二百六七十
年，中間雖然經歷了安史之亂、貞元三年朝廷於多事之秋收編西
域名王酋長校吏等胡客分隸左右神策軍，『王子、使者爲散兵馬伎
（使）或押牙，餘者（皆）爲卒』。特別是會昌法難（843－846）
中三夷教遭受嚴重摧殘等重大變故，似乎仍舊在相當程度上將自
己固有的生活方式、文化傳統和宗教信仰維持在自己的社團之
中。」[2]筆者以爲如此多元的民族環境得以維持久遠，無疑與李唐
皇室的胡族血統及其文化傾向有著深切的關繫。

　　綜上所述可見，出自關隴集團又身染異族血統的李唐皇室，
其修身齊家的態度，依然保留有異族之文化傾向。然而，也正因
爲其胡漢一家的開放思維，才使得唐初君臣在制定民族政策與對
待入華蕃人時，表現的如此包容。筆者以爲「安史亂」前呈現的
胡化成風、儒家傳統文化低落這一特殊社會現象，正是北朝以來
種族與文化關係的延續反映，是唐初政治文化的特色之一。唐代

---

[1]陝西省文物管理委員會著：〈西安發現晚唐祆教徒的漢、婆羅缽文合璧墓誌
　　——唐蘇諒妻馬氏墓誌〉，《考古》1964 年第 9 期，頁 458。此墓誌漢文錄文
　　後收入《彙編》下冊，咸通一一二〈左神策軍散兵馬使蘇諒妻馬氏墓誌〉，
　　頁 2464－2465。

[2]張廣達著：〈再讀晚唐蘇諒妻馬氏雙語墓誌〉，《國學研究》（北京：北京大
　　學國學研究院傳統文化中心）第十卷（2002），頁 3。

多元之文化，也正是由此而來。

第二節　唐代前期的胡化之風

　　唐代的社會特徵，前揭張廣達先生文中有這樣一段精彩的描述：「人們經常道及，唐代在衣食住行、日用器皿等物質生活方面，在音樂、舞蹈、繪畫、雕塑、狩獵、擊球、雜戲等文化娛樂方面，從天子以至於庶人，莫不崇尚胡風。胡化較深的地區，如隴右，如河北，生活習慣與關中河南存在著很大差異。在這裏，時代屬於晚唐的馬氏墓誌又提供了一個強有力的默證，⋯⋯再次爲唐代不干涉胡人信仰的政策增添了一個有力的旁證，爲研究唐代在儒、道、釋佔優勢的語境中多民族、多類型文化的交光互影，了解唐代併蓄兼收、器度恢宏的性格，探索歷史『他者學』（heterology）中的一種他性（otherness）的強韌命運提供了有趣的案例。」[1]由前面的論述我們也看到，除了外來文化的影響，李唐統治集團自身之胡化性格以及由此而制定的政治文化政策，在很大程度上也影響了唐代前期的士風民俗。唐初的社會生活，也的確是充滿了異質文化的影響。

　　此節我們重新檢討「安史亂」前胡俗胡風這一歷史現實，是爲了探求唐代前期士人對胡化問題忽視的原因；並在此基礎上，進一步考索「安史之亂」爆發的歷史根源；嘗試解讀在中國歷史「華化」演進主流之中，唐前期社會中「胡化」逆流的深遠影

---

[1] 張廣達：〈再讀晚唐蘇諒妻馬氏雙語墓誌〉，頁3。

響。

　北朝後期以來的胡化風氣，不僅繼續影響唐前期的皇室生活，而且有變本加厲之勢，在民間愈益盛行。中外學者對唐代社會受外來文化之影響做了眾多精彩與詳盡的研究，如前揭向達先生的《唐代長安與西域文明》，對唐代長安、洛陽社會風俗之胡化做了詳盡的考察，其內容涵蓋了服飾、飲食、宮室、樂舞、繪畫、宗教、遊樂等諸多方面；吳玉貴所譯《唐代外來文明》更是從人種、家畜、野獸、飛禽、羽毛、植物、木材、食物、香料、藥物、紡織品、顏料、工業用礦石、寶石、金屬製品、世俗器物、書籍等十八類來說明舶來品對唐代社會和文化的影響；蔡鴻生《唐代九姓胡與突厥文化》一書則系統論證了昭武九姓胡的禮俗及對唐朝社會的影響。此外呂一飛《胡族習俗與隋唐風韻——魏晉北朝北方少數民族社會風俗及其對隋唐的影響》[1]重點分析了魏晉北朝以來中國北方遊牧民族的社會習俗對中原地區物質生活和社會風俗等多方面的影響。所有這些研究都表明，唐代社會，尤其是長安、洛陽等大都市內的生活確實受到了外來文化的廣泛影響。

　然而近年有學者從文學研究角度出發，對唐代前期的文化傾向提出了新的疑問，以爲「中國傳統觀念向來重視風俗，唐代詩人對生活中的新奇事物又特別敏感，而初盛唐詩裏反映的中土胡俗卻是這樣少。那麼當時內地的社會環境，特別是開元前後的長

---

[1] 呂一飛著：《胡族習俗與隋唐風韻——魏晉北朝北方少數民族社會風俗及其對隋唐的影響》（北京：書目文獻出版社，1994）。

安洛陽，是否可以稱得上胡化呢？」[1]從歷史學者的視角來解答這
一問題，有助於我們理解唐代前期文人，尤其是士人對胡化問題
忽視的原因。

　　葛曉音先生提出唐代前期並沒有「胡化」的理由是：

> 文化和風俗的異族化，應該是一個民族從精神、心理到文
> 化的各種形態都被其他民族同化。這種「化」有層次的區
> 別：深層的化表現爲傳統觀念、思想方式等內在精神的改
> 變；表層的化表現爲衣食住行，乃至藝術、宗教、制度等
> 外部形式的改變。……就唐代而言，對於民族傳統精神具
> 有明確自衛意識的階層主要是士流。外來風俗對於社會的
> 影響只有普遍到足以引起士階層的重視時，才可能反映到
> 詩歌裏，只有當他們的傳統觀念也因外族文化的影響而發
> 生根本性變化時，才是真正的胡化。[2]

在此直錄此段文字，是因爲需要借此從以下幾個方面進一步深入
討論。首先，單以「表層的化」而言，眾多中外學者的研究已經
表明唐代前期中原一帶的物質生活早已是充滿了胡族風俗的遺
韻，此爲學界之定論，毋庸再論。其次，對於「外來風俗對於社
會的影響只有普遍到足以引起士階層的重視時，才可能反映到詩

---

[1] 葛曉音著：〈論唐代前期文明華化的主導傾向——從各族文化的交流對初盛
唐詩的影響說起〉，載《詩國高潮與盛唐文化》（北京：北京大學出版社，
1998），頁 307。

[2] 葛曉音：〈論唐代前期文明華化的主導傾向〉，頁 308-309。

歌裏」這一觀點，我們以爲：當時詩人及其作品並不能代表唐代的中原傳統士族文化，更不足以代表當時的中國傳統文化與觀念。唐代前期最能代表中國本土文化特色的，是山東士族高門及其所傳的家學禮法。而且，物質生活往往只是精神狀態的一種表現，唐代詩人這種對胡化生活不以爲異的心理背後，恰好表露出當時多數文人與大部分士人對外來文化的習以爲常，尤其是本土文化意識的薄弱。

尤爲重要的是，我們不能只憑詩歌這種單一的文學作品，就簡單地否定唐代前期社會曾經深染胡俗的歷史現實。從中國歷史的大趨勢來看，「漢化」、「華化」無疑是主導性的，漢民族的最終形成，也說明了這一問題。[1] 然而當我們具體研究唐代前期歷史的時候，便不能回避「安史亂」前唐代社會大量外族入居，以及外來文化曾經形成潮流這一客觀事實。歷史學者已經明確指出：「文化的交流是雙向的，否則不成其爲交流。」[2] 唐代前期社會文化繁榮，既有漢文化的大發展和向周邊四方輻射，也有外來文化的大量湧入和被吸納消化、爲我所用。唐代前期的「漢化」與「胡

---

[1] 參貫敬顏著：〈「漢人」考〉、〈歷史上少數民族中的「漢人成分」〉，載費孝通等著：《中華民族多元一體格局》（北京：中央民族學院出版社，1989），頁137－152、頁159－177；王鍾翰主編：《中國民族史》（北京：中央民族大學出版社，1989），頁1－18。近期學界關於民族認同的探討，可參閱王明珂著：《華夏邊緣：歷史記憶與族群認同》（台北：允晨文化出版公司，1997）；沈松僑著：〈我以我血薦軒轅——黃帝神話與晚清的國族建構〉，《台灣社會研究季刊》第二十八期（1997年12月），頁1－77。

[2] 張廣達著：〈論隋唐時期中原與西域文化交流的幾個特點〉，載《西域史地叢稿初編》，頁294－295。

化」並不是最終的質變結果,而只是中國歷史精神以及本土文化形成中量變的一個過程。在這一過程中,是外來文化與中原正統文化之間的相互影響,相互作用和相互改變。

其實,無論從唐代的正統史料,還是眾多文學作品中,我們均可以發現唐代社會生活諸層面,充滿了各種各樣的外來之物。尤其是在長安、洛陽一帶,這種表現更爲突出。茲以關係社會民生最密切的衣、食、住、行等幾方面爲例,[1]再來說明唐代前期社會生活中的胡俗胡風,並解答葛氏所疑:「初盛唐詩裏反映的中土胡俗卻是這樣少。那麼當時內地的社會環境,特別是開元前後的長安洛陽,是否可以稱得上胡化」這一問題。

《舊唐書》卷四五〈輿服志〉載:

> 讌服,蓋古之褻服也,今亦謂之常服。江南則以巾褐裙
> 襦,北朝則雜以戎夷之制。爰至北齊,有長帽短靴,合袴
> 襪子,硃紫玄黃,各任所好。雖謁見君上,出入省寺,若
> 非元正大會,一切通用。……隋代帝王貴臣,多服黃文綾
> 袍,烏紗帽,九環帶,烏皮六合靴。百官常服,同於匹
> 庶,皆著黃袍,出入殿省。天子朝服亦如之,惟帶加十三
> 環以爲差異,蓋取於便事。……(大業)六年,復詔從駕
> 涉遠者,文武官等皆戎衣,貴賤異等,雜用五色。五品已

---

[1] 關於唐代宗教、音樂、舞蹈等層面受外來文化影響的情形,參閱向達:《唐代長安與西域文明》,頁 55 以下;呂一飛:《胡族習俗與隋唐風韻》,頁 108 以下。

上，通著紫袍，六品已下，兼用緋綠。胥吏以青，庶人以
白，屠商以皁，士卒以黃。武德初，因隋舊制，天子讌
服，亦名常服。……梁制云，袴褶，近代服以從戎，今纘
嚴則文武百官咸服之。車駕親戎，則縛袴不舒散也。中官
紫褶，外官絳褶，烏用皮。服冠衣硃者，紫衣用赤烏，烏
衣用烏烏。唯褶服以靴。靴，胡履也，取便於事，施於戎
服。

這段史料中提到的長帽、襖子、合袴、袴褶、靴等均是北方胡族
之物，且原多是戎服，[1]至隋唐時已經成爲了上至百官下至庶民的
日常衣服。生活年代大約在玄宗時期的張守節，在其《史記正
義》中釋「胡服」曰：「今時服也。」[2]可見當時人所穿已經盡是
胡服，唐人已經不再以此爲異。這恐怕正是盛唐詩歌中沒有對胡
服加以特別描述的主要原因之一。

　　唐人日常所戴之帽，有多種。上述引文中的「長帽」又稱
「鮮卑帽」、「大頭長裙帽」或「突騎帽」，[3]《隋書》卷十二〈禮
儀志〉七：「後周之時，咸著突騎帽，如今胡帽，垂裙覆帶，蓋索
髮之遺象也。」可見此種「突騎帽」直到隋末唐初時依然在使

---

[1] 參閱王國維著：〈胡服考〉，載《觀堂集林》第四冊卷二二，頁 1069－
1113。

[2] 〔漢〕司馬遷撰、〔宋〕裴駰集解、〔唐〕司馬貞索隱、〔唐〕張守節正義：
《史記》卷四三〈趙世家〉引《史記正義》，頁 1789。

[3] 呂一飛：《胡族習俗與隋唐風韻》，頁 5－7。

用。此外渾脫帽也很流行，据《朝野僉載》[1]卷一記載：「趙公長孫無忌以烏羊毛爲渾脫氈帽，天下慕之，其帽爲『趙公渾脫』。」唐代前期女子也多戴帽，款式還有幾次轉變的過程，[2]及至玄宗開元初「從駕宮人騎馬者，皆著胡帽，靚妝露面，無復障蔽。……俄又露髻馳騁，或有著丈夫衣服靴衫，而尊卑內外，斯一貫矣。」[3]從史料所載「靚妝露面」來看，此時婦女所戴之帽，應與男裝之渾脫帽類似。[4]對此，唐代詩人是有特別記錄的。白居易〈同諸客嘲雪中馬上妓〉詩：「珊瑚鞭嫋馬踟蹰，引手低蛾索一盃。腰爲逆風成弱柳，面因衝冷作凝酥。銀篦穩簁烏羅帽，花襜宜乘吒撥駒。雪裏君看何所似，王昭君妹寫真圖。」[5]所寫恐即是玄宗以來之樣式。

這段史料還透露出玄宗之世已多有女著男裝者，而且女子所著的男裝，也多是北朝以來的胡服。《新唐書》卷三四〈五行志〉一：「天寶初，貴族及士民好爲胡服胡帽，婦人則簪步搖釵，衿袖窄小。」「衿袖窄小」也就是胡服中的小袖袍。[6]有學者做過統計，單從出土的文物和壁畫資料來看，宮女著男裝的比例竟高達

---

[1] 〔唐〕張鷟撰、趙守儼點校：《朝野僉載》（北京：中華書局，1979），

[2] 參閱《舊唐書》卷四五〈輿服志〉，頁1957；向達：《唐代長安與西域文明》，頁45－48。

[3] 參閱《舊唐書》卷四五〈輿服志〉，頁1957。

[4] 呂一飛：《胡族習俗與隋唐風韻》，圖一四。

[5] 〔清〕彭定求等編：《全唐詩》（北京：中華書局排印本，1960）卷四五四，頁5142。

[6] 呂一飛：《胡族習俗與隋唐風韻》，頁45；並參閱〔唐〕姚汝能撰、曾貽芬點校：《安祿山事跡》（上海：上海古籍出版社，1983）卷下，頁38。

百分之十六。[1]而當時「最新的服飾出自皇宮，然後才經過貴婦們的仿效、宣導後在社會上流行開來，於是唐代就有一個獨特的服飾語彙——『宮樣』。」[2]現存唐代前期壁畫墓葬，多數發現在中國陝西省西安附近，且墓誌主人多爲皇室宗親和顯貴勳臣，因此我們可以斷定：這些壁畫反映的內容在很大程度上表現出了當時都城長安一帶真實的社會風貌。[3]茲舉數例如下：如房陵公主（卒於咸亨四年〔673〕）墓前室東壁南側有持胡瓶的著男裝侍女像[4]；永泰公主（卒於大足元年〔701〕）墓出土三彩翻領女騎俑[5]、墓室壁畫有男裝胡服侍女[6]和捧果盤男裝胡服侍女等；[7]章懷太子（卒於文明元年〔684〕）墓前室東壁背向侍女[8]、前室北壁著男裝侍女[9]以及捧盆景男裝侍女和著翻領黃胡服的侍女[10]等。這些女著男裝

---

[1]《盛唐氣象》編輯委員會編：《盛唐氣象——恢弘燦爛的華美樂章》（杭州：浙江人民美術出版社，1999），頁 53。

[2]《盛唐氣象》，頁 53。

[3]宿白著：〈西安地區唐墓壁畫的佈局和內容〉，原載《考古學報》1982 年第2 期，後收入陝西歷史博物館編：《唐墓壁畫研究文集》（西安：三秦出版社，2001），頁 40－62。

[4]周天游主編：《新城、房陵公主墓壁畫》（北京：文物出版社，2002），頁49、頁 74。

[5]《盛唐氣象》，頁 62。

[6]唐昌東撰：《大唐壁畫》（西安：陝西旅遊出版社，1996），頁 21、頁 133。

[7]唐昌東：《大唐壁畫》，頁 25。

[8]周天游主編：《章懷太子墓壁畫》（北京：文物出版社，2002），頁 59、頁87。

[9]周天游：《章懷太子墓壁畫》，頁 68、頁 88。

[10]唐昌東：《大唐壁畫》，頁 42、頁 134。

的侍女均穿翻領小袖袍和條紋小口褲。

如果我們將唐代前期的這種社會風俗與前文所述女主執政、女臣擅權等重大歷史事件聯繫起來看，便不難發現這些都是北朝以來胡俗胡風的沿襲。唐代前期上至帝王將相下至庶民百姓心中，並沒有傳統儒家禮法中嚴格的男女尊卑、內外之別。

除了服飾，唐人的日常食品，也受到了外來飲食習慣的很大影響。據學者研究胡餅、餺飥、熱洛何、葡萄酒、胡瓜、胡桃、胡椒等均是唐人一直食用的主食和副食。[1]《太平廣記》[2]卷一九三〈豪俠一・虯髯客〉載：「（李）靖出市買胡餅，客抽匕首，切肉共食。」可見胡餅這種食物在長安的坊市內應該很容易買到。太宗寵臣馬周的夫人，未嫁之前也是在長安中賣餅。[3]關於熱洛何，《舊唐書》卷一三五〈哥舒翰傳〉載：「翰素與安祿山、安思順不平，帝每欲和解之。會三人俱來朝，帝使驃騎大將軍高力士宴城東，翰等皆集。詔尙食生擊鹿，取血瀹腸爲熱洛何以賜之。」雖然我們不能確定是否長安一帶的漢人也喜歡吃這種鹿血腸，但是朝中顯貴之家應該熟悉這種食物的做法。有胡人在京居住，無疑也會帶來他們喜愛的食物和烹調方法。

葡萄酒則是在唐代詩人的作品中屢屢出現。如「石榴酒，葡萄漿。蘭桂芳，茱萸香。」[4]不僅葡萄，石榴也能釀酒。王翰的

---

[1] 呂一飛：《胡族習俗與隋唐風韻》，頁 52－73；並參閱黃正建著：《唐代衣食住行研究》（北京：首都師範大學出版社，1998），頁 5－11。

[2] 〔宋〕李昉等編：《太平廣記》（北京：中華書局，1961）

[3] 《太平廣記》卷二二四，頁 1719。

[4] 喬知之：〈倡女行〉，《全唐詩》卷八一，頁 876。

「葡萄美酒夜光杯，欲飲琵琶馬上催」[1]更是唐詩中的名句。唐代經營酒肆者很多都是入居內地的胡人，以至所謂「酒胡」或「酒家胡」也成了唐人詩歌中的慣用語。[2]如唐初王績詩稱：「有客須教飲，無錢可別沽。來時長道賒，慚愧酒家胡。」[3]酒肆之中更有胡姬侍酒，吸引了不少詩人在此買醉。如李白詩「胡姬貌如花，當鑪笑春風。笑春風，舞羅衣，君今不醉欲安歸。」[4]「五陵年少金市東，銀鞍白馬度春風。落花踏盡遊何處，笑入胡姬酒肆中。」[5]賀朝亦有對胡姬侍酒酒肆的生動描述：「胡姬春酒店，弦管夜鏘鏘。紅毾鋪新月，貂裘坐薄霜。玉盤初鱠鯉，金鼎正烹羊。上客無勞散，聽歌樂世娘。」[6]西域風俗對時人生活的影響，在這裏得到了最好的證明，唐代詩人也將其如實的描繪了出來。

北方遊牧民族所使用的氍帳、胡床等，也爲唐人所喜愛。據唐人解釋氍帳的形制：「穹廬，戎蕃之人以氍爲盧帳，其頂高圓，形如天，象穹窿高大，故號穹廬。王及首領所居之者，可容百人，諸餘庶品，即全家共處一盧，行即驟馳負去。氍帳也。」[7]太宗的兒子李承乾就在皇宮中搭置了一頂突厥氍帳，帳前立五狼頭

[1] 王翰：〈涼州詞二首〉，《全唐詩》卷一五六，頁 1605。

[2] 向達：《唐代長安與西域文明》，頁 40–42。

[3] 〈過酒家五首〉，《全唐詩》卷三七，頁 484。

[4] 〈前有一尊酒行二首〉，《全唐詩》卷二四，頁 321。

[5] 〈少年行三首〉，《全唐詩》卷二四，頁 323。

[6] 〈贈酒店胡姬〉，《全唐詩》卷一一七，頁 1181。

[7] 〔唐〕釋慧琳撰：《一切經音義》（上海：上海古籍出版社影印本，1986）卷八二〈西域記〉「序」。

纛和幡旗。[1]這種外來的居住方式，還影響到了唐代臣民的婚禮習俗：「唐人昏禮多用百子帳，特貴其名與昏宜。而其制度則非有子孫眾多之義，蓋其制本出塞外，特穹廬拂廬之具體而微者。梜柳爲圈以相連瑣，可張可闔，爲其圈之多也，故以百子總之，亦非真有百圈也。」[2]這種「百子帳」，上自皇宮下至民間，自唐初開始便已經很流行了。[3]胡床則是一種簡便的坐具，類似今天的「馬扎」，也是很早便傳入中國的非華夏族生活用具。[4]隋煬帝因爲忌胡，曾改胡床爲交床，[5]而在唐代胡床也稱之爲繩床，詩人有「繩床獨坐翁」[6]的描述。因爲繩床的傳入與普遍使用，自唐代開始華夏族傳統的坐式「跪坐」逐漸被新興的「垂足坐」替代，[7]席地而坐也逐漸改爲坐椅子。[8]這些都足以證明外來文化對當時社會習俗的影響。

　　騎馬是唐代社會主要的日常交通工具之一，這種風氣也是與北朝以來遊牧民族善於騎射的風俗有關。特別是唐代的婦女，多

---

[1] 參閱《舊唐書》卷七六〈太宗諸子·恒山王承乾傳〉。

[2]〔宋〕程大昌撰：《演繁露》，收入《四庫全書》（台北：台灣商務印書館影印文淵閣本，1986）〈子部·雜家類〉二，第 852 冊，卷十三「百子帳」條，頁 181。

[3] 吳玉貴：〈白居易「氊帳詩」所見唐代胡風〉。

[4] 呂一飛：《胡族習俗與隋唐風韻》，頁 88－92。

[5]《貞觀政要》，頁 196。

[6] 孟郊：〈偷詩〉，《全唐詩》卷三七四，頁 4201

[7] 呂一飛：《胡族習俗與隋唐風韻》，頁 91－92。

[8] 黃正建著：〈唐代的椅子與繩床〉，《文物》1990 年第 7 期，頁 86－88；柯嘉豪著：〈椅子與佛教流傳的關係〉，《史語所集刊》，第六十九本第四分（1998 年 12 月），頁 727－763。

愛騎馬出行。如楊貴妃姊虢國夫人「每入禁中，常乘驄馬，使小黃門御。紫驄之俊健，黃門之端秀，皆冠絕一時。」[1]後來詩人描述此事：「虢國夫人承主恩，平明騎馬入宮門。卻嫌脂粉污顏色，淡掃蛾眉朝至尊。」[2]且前文還提到，開元年間從駕宮人騎馬者，也是「皆著胡帽，靚妝露面」。再加上考古工作者在唐代墓葬中發現了大批騎馬女俑，都證明此種習俗的在當時社會的流行。

至於爲什麼「初盛唐詩裏反映的中土胡俗卻是這樣少」，葛曉音先生也試圖自圓其說，她認爲此中原因是盛唐的詩人們很少去寫生活俗事。[3]其實通過前文論述我們可以清楚看到：經過五胡亂華以來各種文化的交流，中原地區已經深深地留下了不同民族文化的烙印，到了唐代前期，世人對胡俗胡物等已經不再陌生，生活中已經充斥了眾多的外來之物種，甚至社會風俗也是不自覺的受到了胡風之影響。在唐人眼中胡人胡俗已不是什麼特別新鮮的事物了，更不需要大驚小怪而特別加以描述了。但我們絕不能因此就否定胡風胡俗客觀存在的現實。

除了傳統史料，地下出土的文物也爲我們提供了直觀的影像，使我們可以清晰地看到外來文化在整個唐代社會中的廣泛流傳。公元六至十世紀，中西之間的物質與文化交流，主要還是通

---

[1]〔唐〕鄭處誨 裴庭裕撰、田廷柱點校：《明皇雜錄》（北京：中華書局，1994）卷下，頁29－30。

[2]張祜：〈集靈台二首〉，《全唐詩》卷五一一，頁5843。

[3]葛曉音：〈論唐代前期文明華化的主導傾向〉，頁307。

過橫貫歐亞大陸的「絲綢之路」與草原之路進行。[1]關於自唐代長安至西域的中國境內之「絲綢之路」上的考古發現，學界已經有了大量的研究成果。[2]例如在今天的西安附近，便出土了不少波斯銀幣與東羅馬金幣，[3]說明唐代以長安爲中心的中西之間貿易往來一直頗爲頻繁。二〇〇二年四月，西安南郊又出土了一座盛唐時期墓葬，從隨葬的物品與規格來看墓主爲當時的貴族，其中「胡人武官俑，深目高鼻，絡腮胡，手持笏板，是胡人在長安爲官的反映。」[4]這與此前貞觀四年平定東突厥後，太宗對待入降之酋長「皆拜將軍中郎將，布列朝廷，五品已上百餘人，殆與朝士相半，因而入居長安者近萬家」[5]的史料記載是吻合的。而且這些新出土的盛唐時代胡人武官俑，更說明直到玄宗時期，長安城中更是有不少胡人在朝爲官。[6]

自西元四世紀開始，中國北方草原上的東西交通也是日益重要。迨至北魏前期，以平城（今山西大同）爲中心，西接伊吾

---

[1] 張廣達著：〈古代歐亞的內陸交通——兼論山脈、沙漠、綠洲對東西文化交流的影響〉，載《西域史地叢稿初編》，頁 373－391。

[2] 徐蘋芳著：〈考古學上所見中國境內的絲綢之路〉，《燕京學報》（北京：北京大學出版社）新一期（1995 年），頁 291－312。

[3] 徐蘋芳：〈考古學上所見中國境內的絲綢之路〉，頁 292－296。

[4] 《西安南郊唐墓（M31）發掘簡報》，《文物》2004 年 1 期，頁 60。

[5] 《資治通鑑》卷一九三唐太宗貞觀四年（630）三月「突厥頡利可汗至長安」條，頁 6075－6078。

[6] 例如波斯與粟特人在華活動便非常活躍，參閱張廣達著：〈唐代長安的波斯人和粟特人——他們各方面的活動〉，唐代史研究會：《唐代史研究》第 6 號（2003 年 8 月），頁 3－16。

（今新疆哈密），東至遼東（今遼寧遼陽），形成了一條貫通中國北方的東西國際交通路線。近年在這條「草原絲綢之路」上也是陸續發現了許多外國遺物遺跡，[1]再一次說明了東西文化在中國北方的頻繁交流。[2]學者研究還指出，自北朝以來直至唐代，此條路線大致也是中亞之粟特人東西往來遷徙貿易之主要路線。[3]而安祿山一家很可能就是在開元初年沿此路線徙居至東北營州（今遼寧朝陽）一帶。[4]營州更是隋唐時代這條路線上商胡聚居的中心，[5]軍事和經濟地位均十分重要。

　　歷史學者研究以爲：唐代文學作品比造型藝術反映外來事物的高峰階段，時間晚了整整兩個世紀。[6]這一論斷是接近唐代前期歷史事實的。只是到了「安史亂」後，士人才對唐代前期胡風胡俗給予特別的追憶與反思。社會上有大量胡化現象存在，而在同

---

[1] 徐蘋芳：〈考古學上所見中國境內的絲綢之路〉，頁 314－322；齊東方著：《唐代金銀器研究》（北京：中國社會科學出版社，1999）第三編《唐代金銀器與外來文明》，頁 329－331；田廣林著：〈論「草原絲綢之路」〉，《國學研究》第十三卷（2004 年），頁 301－328。

[2] 關於隋唐時代此條路線上東西文化交流之情況，參閱王師小甫著：〈「黑貂之路」質疑——古代東北亞與世界文化聯繫之我見〉，《歷史研究》2001 年第 3 期；後收入作者主編：《盛唐時代與東北亞政局》（北京大學盛唐研究叢書）（上海：上海辭書出版社，2003），頁 407－425。

[3] 參閱榮新江著：〈北朝隋唐粟特人之遷徙及其聚落〉，《國學研究》第六卷（1999 年）；後收入《中古中國與外來文明》，頁 37－110。

[4] 參閱本書附錄：〈安祿山（史思明）年譜〉。

[5] 榮新江：〈北朝隋唐粟特人之遷徙及其聚落〉，頁 105－108；王師小甫：〈「黑貂之路」質疑〉，頁 410－413。

[6] 吳玉貴：《唐代的外來文明》，頁 55。

時代的文學作品，尤其是詩歌中卻很少反應，說明詩人們的日常起居已經潛移默化地被外來文化所影響，其作品自然不會、也不必要再去特意描述這些生活瑣事。詩歌這種文學作品，只能說是反映了當時社會生活中的某一方面，而絕不是全部。而且，詩人也並非當時中原正統儒家文化的代表，不是每個人都能像杜甫那樣有著儒家「致君堯舜上，再使風俗淳」的傳統思想，[1]並嚴辯夷夏之防。

　　總之，唐代前期無論是東西兩都：長安和洛陽，還是「絲綢之路」沿線乃至華北社會與「草原絲綢之路」，文獻研究和考古發現都表明了外來文化的存在以及當時社會生活廣泛受到胡俗胡風影響的事實。因此，我們不能因為「初盛唐詩歌中並沒有對唐代前期『胡化』問題的特別反映」便認為「唐代前期胡化問題存在與否便也值得商討」。[2]前文所引用的大量正史資料與地下出土文物都說明了唐代社會生活受外來文化影響是非常顯著的。

　　這裏要繼續深入討論的是：歷史研究者應如何看待「安史亂」後唐代士人對胡人胡化問題的反思。

　　針對社會上的胡風競扇問題，中宗朝已經有呂元泰上疏諷諫潑寒胡戲的泛濫，[3]清楚指出不僅是皇室貴族連都邑坊市之間也都在流行胡虜之俗了。至於其他如胡服胡帽之濫觴，更是自高祖、

---

[1] 有學者便從思想史的角度肯定了杜甫在儒家文化中地位，見陳弱水著：〈思想史中的杜甫〉。

[2] 葛曉音：〈論唐代前期文明華化的主導傾向〉，頁 301

[3] 參閱《新唐書》卷一一八〈宋務光附呂元泰傳〉；向達：《唐代長安與西域文明》，頁 73－78。

太宗時代便已開始了。[1]繼呂元泰之後又有武周宗室武平一指出胡俗胡樂也使社會風俗爲之大變：

> 樂天之和，禮地之序，禮配地，樂應天。故音動於心，聲形於物，因心哀樂，感物應變。樂正則風化正，樂邪則政教邪，先王所以達廢興也。伏見胡樂施於音律，本備四夷之數，比來日益流宕。異曲新聲，哀思淫溺，始自王公，稍及閭巷。妖伎胡人，街童市子，或言妃主情貌，或列王公名質，詠歌蹈舞，號曰合生。昔齊衰有《行伴侶》，陳滅有《玉樹後庭花》，趨數驚僻，皆亡國之音。夫禮慊而不進即銷，樂流而不反則放。臣願屛流僻，崇肅雍，凡胡樂備四夷外，一皆罷遣。[2]

據此可見，此時胡樂不但在宮廷中大爲流行，普通百姓也是好爲此調。武平一認識到了這種社會習氣將會帶來的後果，故將其同北齊和陳的亡國之音相提並論。但這種胡人胡音亂華的警告聲音在當時並沒有引起其他朝臣的多少共鳴。

　　唐人這種不以外來文化「生於異域而賤其道，出於遠方而棄其寶」的態度，在「安史亂」後才有了明顯的轉變。如德宗曾下詔曰：「《開元禮》國家盛典，列聖增修。今則不列學官，藏在書府，使效官者昧於郊廟之儀，治家者不達冠婚之義。移風固本，

---

[1] 《舊唐書》卷四五〈輿服志〉。
[2] 〈諫大饗用倡優狎書〉，《全唐文》卷二六八，頁 2723，上欄。

合正其源。自今已後，舉選人有能習《開元禮》者，舉人同一經例，選人不限選數許集，但問大義一百條，試策三道。全通者超資與官；義通七十條、策通二道已上者，放及第。已下不在放限。其有試官能通者，亦依正員官例處分。其明經舉人，有能習律一部以代《爾雅》者，如帖義俱通，於本色減兩選，令即日與官。其明法舉人，有能兼習一經小（小經）帖義通者，依明經例處分。」[1]和唐代前期的君主比較，德宗已經在有目的的遵禮了，且已經意識到修身齊家之根本在閨門禮法，因此將研習《開元禮》擺到了同明經相等的地位。而「冠婚之義」，既然可以「移風固本」，於是對於婚禮中的一些胡俗，唐人也在有意識地排斥了，《封氏聞見記》載：

> 近代婚嫁，有障車、下婿、卻扇及觀花燭之事，又有卜地、安帳、並拜堂之禮，上自皇室，下至士庶，莫不皆然。今上（德宗）詔有司約古禮今儀，禮儀使太子少師顏真卿、中書舍人于劭等奏：請停障車、下婿、觀花燭及卻扇詩；並請依古禮見舅姑於堂上，薦棗栗脯脩，無拜堂之儀。又，氈帳起自北朝穹廬之制，請皆不設。惟於堂室中置帳，以紫綾幔爲之。[2]

---

[1] 唐德宗〈命舉選人習開元禮詔〉，《全唐文》卷五一，頁561，下欄。

[2] 〔唐〕封演撰、趙貞信校注：《封氏聞見記校注》（北京：中華書局，2005）卷五「花燭」，頁43-44。

上述史料清楚地告訴我們，在唐初便已經有的「氈帳」這一胡人
習俗，一直被唐朝人所沿用，不以爲異。直到「安史之亂」後，
朝臣才反對用夷狄之禮，以申明華夏正統之地位。

　　所有這些現象都說明：「安史亂」前多數的中原士人缺少對胡
風亂華的警覺性。故當天寶盛世，大唐邊鎮多爲蕃將所領，胡人
安祿山得以身兼三鎮，時人竟處之泰然，不以爲「非我族類，其
心必異」。無人覺察由種族與文化差異積聚起來的矛盾即將轉變爲
政治文化危機，而且到了一觸即發的邊緣。

第四章　唐代前期的儒學地位

　　唐前期，出身關隴集團的李唐皇室雖然貴爲皇族，但因爲其所屬的集團尚武尚功，文化水準不高，所以其社會地位無法和傳統的山東士族相比。[1]在當時的在門閥制度下，社會地位是以婚媾做標準的，看重的是文化的傳承。關隴集團的貴族包括李唐皇室在內，還都不具備這個條件。他們的祖先都是沒有文化的胡人或胡化的漢人，從北周到唐初，他們的文化還沒有達到很高，以此，他們仍是不被傳統文化高門顯族所重視。[2]故自高祖、太宗時期起，李唐皇室便極欲通過施行一系列的政治文化政策來改變這種社會狀況。本章即是希望通過探討《五經正義》頒布之影響、文儒異位以及新興社會文化團體的出現等幾個問題，闡明「安史亂」前中國傳統文化——儒學——社會地位與影響力，進而揭示出唐代前期政治文化特色之一面。

---

[1] 陳寅恪：《隋唐制度淵源略論稿》二〈禮儀〉章；周一良：〈北朝的民族問題與民族政策〉，頁144。

[2] 汪籛：〈唐太宗樹立新門閥的意圖〉，頁153。

第一節 《五經正義》的頒行與影響

完善科舉制度[1]、確立官學[2]地位與修定《五經正義》,是唐代前期實行的幾項主要政治文化政策。本書研究以爲其中尤以《五經正義》的頒行對傳統山東士族家學與社會地位的貶損至爲深遠。

貞觀十四年(640),唐太宗令孔穎達與諸儒撰定《五經疏》,後定名爲《五經正義》,[3]至唐高宗永徽四年(653)最後修訂完成並頒行天下。[4]此後終唐一代,《五經正義》都是士子考試的唯一

---

[1] 唐代學校與科舉制度關係的綜合研究,可參閱吳宗國:《唐代科舉制度研究》;劉海峰著:《唐代教育與選舉制度綜論》(台北:文津出版社,1991)第二章〈唐代教育的興盛與普及〉、第三章〈唐代學校與科舉的消長〉;高明士著:《隋唐貢舉制度》(台北:文津出版社,1999)第五章〈唐代貢舉對儒學研究的影響〉中的有關論述。

[2] 唐代官學是指:弘文、國子、州縣學。參《唐律疏議》卷二三〈鬥訟〉毆妻前夫子條(《唐律疏議箋解》,頁 1576)。

[3] 《資治通鑑》卷一九五唐太宗貞觀十四年(640)二月丁丑條,頁 6153。

[4] 《舊唐書》卷八〈高宗本紀〉上,頁 71。關於《五經正義》之撰修日期和歷次頒行日期,參閱蘇瑩輝著:〈從敦煌本銜名頁論五經正義之刊定〉,《孔孟學報》第 16 期(1968 年),頁 181-193;蘇瑩輝著:〈上五經正義表之版本及其相關問題〉,載《慶祝蔣慰堂先生七十榮慶論文集》(台北:學生書局,1968),頁 345-355。張寶三著:〈五經正義研究〉,台灣大學中文研究所博士論文,台灣大學,1992。

依據，在中國經學史上的地位也異常重要。[1]學者對《五經正義》之評價，多是從經學史、[2]哲學史[3]或是教育史[4]角度出發，予以肯定。本節所論重點，一是《五經正義》修撰的歷史背景和經過；二是《五經正義》頒行後對唐代的經學注疏和傳統山東士族的影響。關於後者，歷史學者的關注尤嫌不足。我們以為：太宗下令修訂《五經正義》的重要目的，就是要借此來壓抑傳統山東士族的社會文化地位。

　　早在隋文帝在位時（581－604），便曾經試圖以官方力量對儒家經典中的文字進行訂正，《隋書》卷七五〈儒林·蕭該傳〉載：「開皇初，賜爵山陰縣公，拜國子博士。奉詔書與（何）安正定經史，然各執所見，遞相是非，久而不能就，上譴而罷之。」此次官方的嘗試雖然失敗了，但此時個人的學術研究卻取得了巨大成功：陸德明完成了中國經學史上的一部重要著作《經典釋文》。[5]《舊唐書》卷一八九上〈儒學·陸德明傳〉云：「陸德明，蘇州

---

[1] 參閱〔清〕皮錫瑞著、周予同注釋：《經學歷史》（北京：中華書局，1981）第七章〈經學統一年代〉；楊向奎著：〈唐宋時代的經學思想：《經典釋文》《十三經正義》等書所表現的思想體系〉，《文史哲》1958 年第 5 期，頁 7－16。

[2] 皮錫瑞：《經學歷史》第七章。

[3] 任繼愈主編：《中國哲學發展史·隋唐卷》（北京：人民出版社，1994），頁72－90。

[4] 程方平著：《隋唐五代的儒學——前理學教育思想研究》（昆明：雲南教育出版社，1991），頁 68－83。

[5] 據學者考訂，《經典釋文》的成書時間，約在陳（557－589）、隋（581－681）之際，見吳承仕著、秦青點校：《經典釋文序錄疏證》（北京：中華書局，1984），頁 2－4；任繼愈：《中國哲學發展史·隋唐卷》，頁 75－77。

吳人也。初受學於周弘正，善言玄理。……陳亡，歸鄉里。隋煬
帝嗣位，以爲秘書學士。大業中，廣召經明之士，四方至者甚
衆。遣德明與魯達、孔褒俱會門下省，共相交難，無出其右者。
授國子助教。……王世充平，太宗徵爲秦府文學館學士，命中山
王承乾從其受業。尋補太學博士。……貞觀初，拜國子博士，封
吳縣男。尋卒。撰《經典釋文》三十卷、《老子疏》十五卷、《易
疏》二十卷，並行於世。」陸德明一生歷陳（557－589）、隋（581
－618）、唐三朝，此時中原由分治而趨於統一，他的《經典釋
文》也反映出了這種政治文化傾向。《經典釋文序》曰：

> 夫書音之作，作者多矣。前儒撰著，光乎篇籍，其來既
> 久，誠無閒然；但降聖已還，不免偏尚，質文詳略，互有
> 不同。漢魏迄今，遺文可見，或專出己意，或祖述舊音，
> 各師成心，製作如面。加以楚夏聲異，南北語殊，是非信
> 其所聞，輕重因其所習，後學鑽仰，罕逢指要。夫筌蹄所
> 寄，惟在文言，差若毫釐，謬便千里。……遂因暇景，救
> 其不逮，研精六籍，采摭九流，搜訪異同，校之《蒼》、
> 《雅》，輒撰集《五典》、《孝經》、《論語》及《老》、
> 《莊》、《爾雅》等音，合爲三袟三十卷，號曰《經典釋
> 文》，古今並錄，括其樞。經注畢詳，訓義兼辯，質而不
> 野，繁而非蕪。示傳一家之學，用貽後嗣，令奉以周旋，
> 不敢墜失，與我同志，亦無隱焉。但代匠指南，固取誚於

　　博識，既述而不作，言其所用，復何傷乎云爾。[1]

陸德明乃是以一己之力，考訂經籍字音，統一漢晉以來之注本。
但是他也知道這不過是私人「一家之學」，只求「述而不作，言其
所用」罷了。[2]

　　當太宗繼位時，唐朝已經在軍事上完成了對中國的統一，它
承襲的楊隋政權是綜合了北齊、北周和南陳的大帝國。類似北
齊、北周時代的種族矛盾雖然已經淡化，但是關隴、山東與江南
三個地區之間文化的差異卻依然存在。[3]於是如何應對傳統山東士
人和如何提高關隴集團的社會地位等問題，便成為了太宗不得不
設法解決的問題。在太宗實行的一系列政策中，其中重要卻向來
被歷史學者忽視的一項，就是通過修訂《五經正義》來打破傳統
山東文化高門對儒學經典的壟斷權利，並借此樹立長安的學術中

<hr>

[1] 吳承仕：《經典釋文序錄疏證》，頁 1－2。

[2] 《經典釋文》所收《周易》主王弼、韓康伯注；《尚書》主孔安國傳；《詩
經》主毛亨傳鄭玄箋；三《禮》主鄭玄注；《春秋左氏傳》主杜預注；《公羊
傳》主何休注；《穀梁傳》主范寧注；《孝經》用鄭玄注；《論語》用何晏集
解；《老子》用王弼注；《莊子》用郭象注；《爾雅》用郭璞注。以上十四種
經注，多采南學，可說是用南學統一了北學，見《經典釋文序錄疏證・注解
傳述人》，頁 25 以下。其後孔穎達修《五經正義》就是沿用《經典釋文》所
選定的注本而為之疏解。

[3] 隋唐時代地域文化差異的論述，參閱陳寅恪：《隋唐制度淵源略論稿》一
〈敘論〉以及《唐代政治史述論稿》上篇。關於太宗拔擢山東微族和樹立新
門閥的情形，參閱汪籛著：〈唐太宗之拔擢山東微族與各集團人士之並進〉，
載《汪籛隋唐史論稿》，頁 132－149；汪籛：〈唐太宗樹立新門閥的意圖〉。

心地位。[1]

貞觀四年唐太宗「以經籍去聖久遠，文字訛謬，詔前中書侍
郎顏師古於秘書省考定《五經》。及功畢，復詔尚書左僕射房玄齡
集諸儒重加詳議。時諸儒傳習師說，舛謬已久，皆共非之，異端
蜂起。而師古輒引晉、宋已來古本，隨方曉答，援據詳明，皆出
其意表，諸儒莫不歎服。太宗稱善者久之，賜帛五百匹，加授通
直散騎常侍，頒其所定書於天下，令學者習焉。」[2]顏師古是年修
訂《五經》，是以考訂文字爲主，所謂「諸儒傳習師說，舛謬已
久，皆共非之，異端蜂起」應是指儒生此時所學還各有師傳或家
法，而顏師古所註定本則以南學爲主，[3]故才引來非難。三年之後
此書修畢，太宗便頒行天下，[4]並「令學者習焉」。從此《五經》
文字遂有了版本可依，文字歸於統一。

貞觀十四年太宗又以「文學多門，章句繁雜，詔（顏）師古
與國子祭酒孔穎達等諸儒，撰定《五經》疏義，凡一百八十卷，

---

[1] 西方學者曾借用社會學「中心──邊緣」理論，來解釋歷史上一些文化衝
突現象，參閱彼得·伯克（Peter Burke）著、姚朋 周玉鵬等譯、劉北成校：
《歷史學與社會理論》（上海：上海人民出版社，2001）第三章〈核心概
念〉，頁 96-102；施堅雅（G.W. Skinner）主編、葉光庭等譯、陳橋驛校：
《中華帝國晚期的城市》（北京：中華書局，2000）〈中文版前言〉，頁 1-
7。筆者以爲，西方社會學中的這一理論也有助於我們審視唐代前期中央政
府與河北地方的政治文化關係。

[2] 《貞觀政要》卷七〈崇儒學〉，頁 220。

[3] 羅香林著：《顏師古年譜》（台北：台灣商務印書館，1972），頁 46。

[4] 《舊唐書》卷三〈太宗本紀〉下：「（貞觀七年）十一月丁丑，頒新定《五
經》。」（頁 43）。

名曰《五經正義》，付國學施行。」[1]此時太宗心中已經不僅僅是
要統一經典文字，而是進一步想由政府來決定《五經》中的義理
標準了。只用了兩年多的時間，孔穎達便初步修完了此書，史書
載：「（孔穎達）與顏師古、司馬才章、王恭、王琰等諸儒受詔撰
定五經義訓，凡一百八十卷，名曰《五經正義》。太宗下詔曰：
『卿等博綜古今，義理該洽，考前儒之異說，符聖人之幽旨，實
爲不朽。』付國子監施行。」[2]孔穎達等人可以用不到三年的時間
就迅速完成這部一百八十卷的巨著，究其原因，一是在貞觀七年
時顏師古考訂了《五經》文字，基礎工作已經完成；二是《五
經》之注疏，魏晉以來儒者之注、疏在世可見者仍多，孔穎達、
顏師古等修書儒臣得以據此迅速完成。[3]如前所述，貞觀七年時除
了頒行顏師古的《五經》文字定本外，太宗與修書諸臣當也看到
了陸德明所撰之《經典釋文》，[4]因此《五經》文字定本的問題便

---

[1] 《貞觀政要》卷七〈崇儒學〉，頁 220。

[2] 《舊唐書》卷七三〈孔穎達傳〉，頁 2602－2603。

[3] 概而言之《周易正義》參考了張譏、何妥和褚仲都各所著《周易講疏》；
《尚書正義》依劉焯撰《尚書義疏》與劉炫《尚書述義》；《毛詩正義》則多
取自劉炫《毛詩述義》；《禮記正義》內容主要是皇侃撰《禮記講疏》與《禮
記義疏》，又以熊安生《禮記義疏》補充其不足；《春秋正義》則用劉炫《春
秋左氏傳述義》而輔以沈文阿《春秋左氏經傳義略》，見《十三經注疏》：
《周易正義‧序》、《尚書正義‧序》、《毛詩正義‧序》、《禮記正義‧序》、
《春秋正義‧序》；並參閱《經學歷史》，頁 199－202；潘重規著：〈五經正
義探源〉，《華崗學報》第 1 期（1965 年 6 月）。

[4] 《舊唐書》卷一八九上〈儒學‧陸德明傳〉載：「太宗後嘗閱德明《經典釋
文》，甚嘉之，賜其家束帛二百段。」（頁 4945）陸德明卒於貞觀初，其書成
當在此前。

均得以先行解決了。

就在孔穎達等修撰《五經正義》的同時，太宗下詔褒獎近世名儒：「梁皇侃、褚仲都，周熊安生、沈重，陳沈文阿、周弘正、張譏，隋何妥、劉炫，並前代名儒，經術可紀，加以所在學徒，多行其講疏，宜加優賞，以勸後生，可訪其子孫見在者，錄姓名奏聞。」[1]太宗褒獎這些名儒的原因除了是他們「經術可記」以外，更重要的是因爲當時天下學徒「多行其講疏」，[2]諸儒對當世的影響甚大，故太宗特意加以獎賞。從孔穎達所寫的《五經正義》各序以及其他史料中，我們可以清楚看到皇侃、劉炫等人傳世的五經義疏，多爲孔穎達等修書諸臣所襲用或參考[3]（並參本書附表一）。《五經正義》得以速成，很大程度上與此有關。

高宗永徽四年（653）定名《五經正義》並頒行天下，[4]從此明經一律依據《五經正義》考試，解決了隋代以來明經策問「江南、河北，義例不同，博士不能遍涉。學生皆持其所短，稱己所

---

[1]《貞觀政要》卷七〈崇儒學〉，頁 216－217；並參《資治通鑑》卷一九五唐太宗貞觀十四年（640）二月已未條。

[2]關於南北朝時儒家講經與撰疏之情形，參閱牟潤孫著：〈論儒釋兩家之講經與義疏〉，《新亞學報》第 4 卷 2 期，頁 279－298；後收入《注史齋叢稿》（北京：中華書局，1987），頁 239－302。

[3]如《春秋左傳正義》之內容多直接抄襲劉炫《春秋左氏傳述義》，見〔清〕劉文淇《左傳舊疏考正·自序》，收入《續經解春秋類彙編》（台北：藝文印書館，1986）（三），頁 2681－2683。

[4]《舊唐書》卷四〈高宗本紀〉上：「（永徽四年）三月壬子朔，頒孔穎達《五經正義》於天下，每年明經令依此考試。」（頁 71）；並參閱《唐會要》卷七七〈論經義〉，頁 1405。

長，博士各各自疑，所以久而不決」[1]的問題；在經學義疏方面，不同地域之間的差異得到了統一。

　　除了五經文字、經義要定於一尊，太宗更需要確立以關隴集團人士爲主，以都城長安爲中心，新的政治文化重心，並以此與傳統山東文化高門爭奪文化的話語權。早在唐初，唐太宗便留意培養建立自己的文臣集團：「（武德四年）上（高祖）以秦王功大，前代官皆不足以稱之，特置天策上將，位在王公上。冬，十月，以世民爲天策上將，領司徒、陝東道大行台尚書令，增邑二萬戶，仍開天策府，置官屬。以齊王元吉爲司空。世民以海內浸平，乃開館於宮西，延四方文學之士，出教以王府屬杜如晦、記室房玄齡、虞世南、文學褚亮、姚思廉、主簿李玄道、參軍蔡允恭、薛元敬、顏相時、咨議典籤蘇勗、天策府從事中郎於志寧、軍咨祭酒蘇世長、記室薛收、倉曹李守素、國子助教陸德明、孔穎達、信都蓋文達、宋州總管府戶曹許敬宗，並以本官兼文學館學士，分爲三番，更日直宿，供給珍膳，恩禮優厚。世民朝謁公事之暇，輒至館中，引諸學士討論文籍，或夜分乃寢。又使庫直閻立本圖像，褚亮爲贊，號十八學士。」[2]這些秦府學士，不僅爲李世民出謀劃策，幫助其討定天下，後來更爲其奪取帝位立下大功。故高祖曾曰：「此兒久典兵在外，爲書生所教，非復昔日子

---

[1]《隋書》卷七五〈儒林·房暉遠傳〉，頁 1716－1717。

[2]《資治通鑑》卷一八九唐高祖武德四年（621）十月「上以秦王功大」條，頁 5931－5932。

也。」[1]武德九年六月玄武門之變後，太宗又在秦府學士的基礎上設置了弘文館及學士。[2]如此太宗便在長安首先建立了一個隸屬於官方的文士集團。

高祖立國初期，曾「置國子、太學、四門生，合三百餘員，郡縣學亦各置生員」[3]。然此時群雄並起，天下未定，郡縣置學更是徒有虛名而已，直到太宗時官學的建設才有了實質性的進展。貞觀元年五月，太宗改國子學爲國子監，提高了學校的地位；[4]貞觀四年又「詔州、縣學皆作孔子廟」。[5]國子監及天下諸州並於春秋仲月上丁日舉行釋奠禮，祭祀孔聖先師。這樣通過在學館內設立孔子廟堂，定期舉行釋奠禮，[6]鞏固了官學、特別是州縣學的地位。而且國子監的地位也日益重要，甚至「開元已前，進士不由兩監者，深以爲恥」，[7]儒者更是深以擔任國子祭酒一職爲榮。[8]到

---

[1]《資治通鑑》卷一九○唐高祖武德五年（622）十一月「淮陽王道玄之敗也」條，頁 5959。

[2]《貞觀政要》卷七〈崇儒學〉，頁 215。

[3]《資治通鑑》卷一八五唐高祖武德元年（618）五月壬申條，頁 5792。

[4]《唐會要》卷六六〈國子監〉：「武德初，爲國子學，隸太常寺。貞觀元年五月改爲監。」（頁 1157）

[5]《新唐書》卷十五〈禮樂志〉五，頁 373。

[6]參閱高明士著：〈唐代的釋奠禮制及其教育上的意義〉，《大陸雜誌》第 61 卷第 5 期（1980 年），頁 218－236。

[7]〔宋〕王定保撰：《唐摭言》（上海：商務印書館，1936，叢書集成初編本）卷一〈兩監〉。

[8]如《新唐書》卷一九八〈儒學上・張後胤傳〉載：「（張後胤）乞骸骨，帝（太宗）見其強力，問欲何官，因陳謝不敢。帝曰：『朕從卿受經，卿從朕求官，何所疑？』後胤頓首，願得國子祭酒，授之。」（頁 5651）

玄宗時各州縣都已經設有了經學博士，負責以五經教授諸生。[1] 依前文推斷，這些經學博士教授的當是永徽四年頒行天下的《五經正義》。

《五經正義》的頒行，意味著從此通過官學，李唐中央政府掌握了對儒家經典的解釋權利，傳統的山東文化士族因此逐漸失去了對儒學經典的話語權和壟斷權。由本書附表一可見：

（一）、隋朝時私人講學與著述之風依然頗盛，如包愷從其兄授五經，又從王仲通受《史記》、《漢書》；馬榮伯教授於瀛州、博州間，門徒千數；劉焯、劉炫等人更是私人注疏頗豐。

（二）、貞觀朝《五經正義》仍未完全修畢，更沒有頒行於天下州縣學校。此時學者依然各有師傳或家學，如徐文遠、陸德明、顏師古等；王恭、馬嘉運、張士衡、賈公彥等人聚徒教授，並各有所專之經學；而江南學者如曹憲等，則是以講授《文選》而知名。而且此時的儒學之士，多以德行著稱於世，如陸德明。[2]

（三）、永徽四年《五經正義》正式頒佈以後，官學均以此為教材，私人講學之風氣開始逐漸減弱，此時儒士少有專治經學者，

---

[1] 〔唐〕李隆基御撰、李林甫等注：《大唐六典》（西安：三秦出版社，1991，影印廣池千久郎本）卷三十〈三府督護州縣官吏〉。

[2] 〔唐〕劉肅撰、許德楠 李鼎霞點校：《大唐新語》（北京：中華書局，1984）卷三〈公直〉：「陸德明受學於周弘正，善言玄理，王世充僭號，署為散騎侍郎。王令子師之，將行束脩之禮，德明服巴豆散，臥東壁下。充之子入跪床下，德明佯紿之痢，竟不與語，遂移病成皋。及入朝，太宗引為文館學士，使閻立本寫真形，褚亮為之贊曰：『經術為貴，玄風可師；勵學非遠，通儒在茲。』終於國子博士。」（頁 40-41）

反而多通《史記》、《漢書》[1]和譜學,如劉伯莊、秦景通、路淳等。

(四)、中宗、睿宗朝私人講學與著述已不多見,到了玄宗開元初年,儒者如馬懷素、褚無量、元行沖等多於宮中修書編目,依然少有私家經學之著述。自開元末天寶初期始,玄宗又好老莊之說,儒臣中遂多玄談之士,如尹知章、康子元、尹愔等均爲此類中人,而經學章句義疏之傳,遂不顯於世。

(五)、代宗大曆(766-779)時,雖有《春秋》之學的一度復興,然終是曇花一現,「德宗以後,這種以經學爲內容的講學,就不再見於記載了。」[2]

可見從中宗朝開始,傳統經學之傳授和注疏與隋代及唐初比較,成績已是大不如前。這一現象也剛好從一個側面說明《五經正義》頒行後對唐代經學的影響。從另外一個角度看,傳統山東士族原來一直以保有儒業家學而自立於鄉黨,[3]但從高宗時代起,他們如果想要通過科舉進入仕途,就必須轉而學習政府頒佈的標準經學教材——《五經正義》。如此士族逐漸失去其在學術文化上的主動權,唐太宗得以借助學術一統而打破了傳統山東士族在唐代前期的文化壟斷地位。

---

[1] 唐代儒臣與史臣關係之研究,參閱柯金木著:〈兩唐書儒學傳儒史雜混之探析〉,《孔孟學報》第 69 期(1995 年),頁 91-113。

[2] 吳宗國:《唐代科舉制度研究》,頁 133。

[3] 陳寅恪先生說:「所謂士族者,其初并不專用其先代之高官厚祿爲其唯一之表徵,而實以家學及禮法等標異於其他諸姓。」見《唐代政治史述論稿》中篇〈政治革命及黨派分野〉,頁 69。

第二節　唐初的「文」「儒」之別

　　前引貞觀十四年太宗的詔書中說：「文學多門，章句繁雜」。此處的「文學」依上下文文意推斷，應當是指儒學無疑。[1]其實，自魏晉南北朝以來，便有「文學」與「儒學」的分別發展。學者研究更指出，魏晉以來的詩論中便已有「大道」與「雕蟲小藝」的分歧，二者的對立也即是體現了儒家的淳素與齊梁華僞文風之間的對立。簡而言之，也就是儒學與文學之間的對立。[2]從本書的研究角度來考察，唐初文、儒勢力的消長亦可反映當時政治文化的特色。

　　讓我們先引北齊顏之推評論「文人」的一段話來展開有關「文」、「儒」關係的討論。《顏氏家訓》載：「夫文章者，原出五

---

[1] 〔清〕孫希旦撰、沈嘯寰　王星賢點校：《禮記集解》（北京：中華書局，1989）〈儒行〉篇：「（儒有）多文以爲富」、「近文章，砥厲廉隅」。集解曰：「積聚之多，人之所謂富也。儒者則多學於《詩》《書》六藝之文，故曰『多文以爲富』」「多文以爲富，然近文章則慮其浮華而無實，而又能砥厲乎廉隅。」（頁 1401－1402、1407－1408）。我們此處所討論的「文」，即是「文章」之意。關於漢唐以來文、儒、文儒之定義與特性，還可參閱毛漢光著：〈中國中古賢能觀念之研究——任官標準之觀察〉，《史語所集刊》第 48 本第 3 分（1977 年），頁 333－373。毛氏引王充《論衡》：「著作者爲文儒，說經者爲世儒。……文儒者爲華淫之說，於事無補。」（頁 349）可見「文」自漢代以來便多指文學詞章之士；而「儒」更多時候則代表了經明修行之士。並參閱祝總斌著：〈評魏晉宋齊「儒教淪歇」及「近世取人多由文史」說〉，《文史》2006 年 1 期，頁 67－85。

[2] 葛曉音著：〈論漢魏六朝詩教說的演變及其在詩歌發展中的作用〉，載《漢唐文學的嬗變》（北京：北京大學出版社，1990），頁 30。

經。……至於陶冶性靈，從容諷諫，入其滋味，亦樂事也。行有
餘力，則可習之。然而自古文人，多陷輕薄。」[1]顏之推是南北朝
末年有名的士族高門，他對文學的評價可以說在一定程度上反映
出了當時傳統士族對文學的態度：「行有餘力，則可習之」，因爲
畢竟「自古文人多陷輕薄」，這正是向來以家學禮法自守的士族高
門所警戒的。

　　唐律中明確寫明：「儒業謂經業」[2]可見至少在官方文獻中，
儒學經術是得到肯定的。但「文」、「儒」有別，初唐時人便已經
看得很清楚了。唐太宗在〈令河北淮南諸州舉人詔〉中說：「然則
齊趙魏魯禮義自出；江淮吳會英髦斯在。山川所感，古今寧殊，
載伫風猷，實勞夢想。宜令河北淮南諸州長官，於所部之內，精
加訪採。其孝悌淳篤，兼閑時務，儒術該通，可爲師範；文詞秀
美，才堪著述；明識治體，可委字民；並志行修立，爲鄉里所推
者：舉送雒陽宮。」[3]太宗知道山東、江南所尚各有不同，「儒術
該通」與「文詞秀美」分別代表了兩地士人的特徵，此後太宗亦
不止一次地表達了類似觀點。[4]文人自己也對「文」「儒」有很清
晰的認識，楊炯在〈王勃集序〉中便說：「大矣哉，文之時義也。
有天文焉，察時以觀其變；有人文焉，立言以重其範。歷年滋
久，遞爲文質。應運以發其明，因人以通其粹。仲尼既沒，游夏

---

[1]〔北齊〕顏之推撰、王利器集解：《顏氏家訓集解》（北京：中華書局，
1993 年增補本）卷四〈文章〉，頁 237。

[2]《唐律疏議箋解》卷二十三〈鬥訟毆妻前夫子〉條，頁 1576。

[3]《全唐文》卷六，頁 71 上欄。

[4] 唐太宗〈求訪賢良限來年二月集泰山詔〉，《全唐文》卷六，頁 78。

光洙泗之風；屈平自沉，唐宋宏汨羅之跡。文儒於焉異術，詞賦
所以殊源。」[1]由此可見，文學、儒學二者不僅有本質的區別，它
還代表了唐初兩種不同的賢能標準。貞觀二年太宗問王珪：「近世
爲國者益不及前古，何也？」王珪對曰：「漢世尚儒術，宰相多用
經術士，故風俗淳厚；近世重文輕儒，參以法律，此治化之所以
益衰也。」[2]太宗以爲是。所謂「近世重文輕儒」，清楚說明唐初
「文」「儒」兩派的分別已經十分明顯了。[3]正因如此，孔穎達才
在《毛詩正義·序》中稱贊隋代的劉炫「文而又儒」。[4]〈大周故
兗州都督彭城劉（璿）府君墓誌銘〉載：「公諱璿，字如璿，天水
上邽人也。十三歲遊太學，雖篇章妙絕，取貴文場，而思理精
緻，更專儒術。尋而州鄉推擇，以明經充賦，射策甲科。」[5]墓誌
主人卒於長安二年（702），終年七十二歲。以此上推，其十三歲
遊太學時當爲貞觀十六年（642）。此時的士子，「更專儒術」，也
還是願意通過明經入仕的。

　　高宗在位，轉而重文、法而輕儒學。顯慶二年（657）黃門侍
郎知吏部選事劉祥道，爲此而上疏諫曰：

[1] 《全唐文》卷一九一，頁 1929—1930。
[2] 《資治通鑑》卷一九三唐太宗貞觀二年（628）九月「上問王珪曰」條，頁
6058。
[3] 參唐高宗〈嚴考試明經進士詔〉，《全唐文》卷十二，頁 161。學者指出隋代
以前便有所謂辭章派與經術派即才、德兩派，其形成與發展情況，見毛漢
光：〈中國中古賢能觀念之研究〉，頁 336—358。
[4] 《十三經注疏》上冊，頁 261。
[5] 周紹良 趙超主編：《唐代墓誌彙編續集》（上海：上海古籍出版社，2001）
（以下簡稱《彙編續集》）長安〇〇七，頁 392。

儒爲教化之本，學者之宗。儒教不興，風俗將替。今庠序遍於四海，儒生溢於三學。誘掖之方，理實爲備，而獎進之道，事或未周。但永徽已來，於今八載，在官者以善政粗聞，論事者以一言可採，莫不光被綸音，超升不次。而儒生未聞恩及，臣故以爲獎進之道未周。尚書省二十四司及門下中書都事、主書、主事等，比來選補，皆取舊任流外有刀筆之人。縱欲參用士流，皆以儔類爲恥，前後相承，遂成故事。且掖省崇峻，王言秘密，尚書政本，人物攸歸，而多用胥徒，恐未盡銓衡之理。望有釐革，稍清其選。[1]

高宗對儒士是誘而不用，因此也未能革新儒風，大興教化。十三年後即咸亨元年（670），天下各州縣的孔子廟堂及學館都出現了修繕不力的情形。高宗下詔曰：「諸州縣孔子廟堂及學館，有破壞並先來未造者，遂使生徒無肄業之所，先師闕奠祭之儀，久致飄露，深非敬本。宜令所司，速事營造。」[2]詔下，天下諸州縣才廣修孔子廟堂及學館。[3]一年後又適值大旱，關中饑乏，高宗駕幸東

---

[1]《舊唐書》卷八一〈劉祥道傳〉，頁 2752、頁 2753。

[2]唐高宗〈營造孔子廟堂及學館詔〉，《全唐文》卷十三，頁 158－159，《舊唐書》卷五〈高宗本紀〉下所載略同。

[3]參閱王勃〈益州夫子廟碑〉，《全唐文》卷一八三；楊炯〈遂州長江縣先聖孔子廟堂碑〉、〈大唐益州大都督府新都縣學先聖廟堂碑文并序〉，《全唐文》卷一九二。

都。[1]有清河崔韶時爲國子監學生，因此年「炎冗成災」而被「散歸鄉第」，[2]《大唐新語》卷十一〈懲戒〉亦載：「高宗朝，姜恪以邊將立功爲左相，閻立本爲右相。時以年饑，放國子學生歸，又限令史通一經。時人爲之語曰：『左相宣威沙漠，右相馳譽丹青。三館學生放散，五台令史明經。』以末伎進身者，可爲炯戒。」高宗正是因爲不重儒學德行，其政策才成爲時人的笑柄。

此外，高宗朝學校的規模雖然有所擴大，[3]然朝廷中還是多「以末伎進身者」，儒學的實際地位並沒有得到特別的重視。針對高宗喜愛提拔文章之士，上元元年（674）劉曉上疏曰：「禮部取士，專用文章爲甲乙，故天下之士，皆舍德行而趨文藝，有朝登甲科而夕陷刑辟者，雖日誦萬言，何關理體！文成七步，未足化人。況盡心卉木之間，極筆煙霞之際，以斯成俗，豈非大謬！夫人之慕名，如水趨下，上有所好，下必甚焉。陛下若取士以德行爲先，文藝爲末，則多士雷奔，四方風動矣！」[4]用人不以德行爲先，則興辦儒學、移風化俗就只能淪爲一句空話。

此種重文章之選的風氣，到了武則天執政時更是明顯。[5]且因爲武則天取士多用虛文之徒以及大量文章之士的干進，又使得此

---

[1] 《舊唐書》卷八六〈高宗中宗諸子・孝敬皇帝弘傳〉，頁 2829。

[2] 《彙編》上冊，聖曆〇一二〈唐故國子監大學生武騎尉崔（韶）君墓誌〉，頁 932。

[3] David McMullen, *State and Scholars in Tang China*, Cambridge: Cambridge University Press, 1988, p.43.

[4] 《資治通鑑》卷二〇二唐高宗上元元年（674）「是歲」條，頁 6374－6375。

[5] 陳寅恪：《唐代政治史述論稿》，頁 18－20。

時士風也變得輕躁和浮薄。[1]如王勃在〈送（王）劼赴太學序〉中說：「今之遊太學者多矣，咸一切欲速，百端進取。故夫膚受末學者因利乘便；經明行修者華存實爽。至於振骨鯁之風標，服賢聖之言，懷遠大之舉，蓋有之矣，未之見也。」[2]這種重文輕儒，浮躁急進的學風當然是與武后時期實行之政策分不開的。史書載：「及則天稱制，以權道臨下，不吝官爵，取悅當時。其國子祭酒，多授諸王及駙馬都尉。準貞觀舊事，祭酒孔穎達等赴上日，皆講《五經》題。至是，諸王與駙馬赴上，唯判祥瑞案三道而已。至於博士、助教，唯有學官之名，多非儒雅之實。是時復將親祠明堂及南郊，又拜洛，封嵩嶽，將取弘文國子生充齋郎行事，皆令出身放選，前後不可勝數。因是生徒不復以經學為意，唯苟希僥倖。二十年間，學校頓時隳廢矣。」[3]影響所及，當時的民俗民風也有所改變。長安（701－704）初，鳳閣舍人韋嗣立上疏曰：「臣伏聞古先哲王立學官，所以掌教國子以六德六行六藝，三教備而人道畢矣。《禮記》曰：化民成俗，必由學乎！學之於人，其用蓋博。故立太學以教於國，設小學以化於邑。王之諸子，卿大夫士之子，及國之俊選皆造焉。八歲入小學，十五入大學，春秋教以禮樂，冬夏教以詩書，是以教洽而化流，行成而不悖。故自天子至於庶人，未有不須學而成者也。國家自永淳已來，二十餘載，國學廢散，胄子衰缺，時輕儒學之官，莫存章句

---

[1] 葛曉音著：〈論初盛唐文人的干謁方式〉，載《詩國高潮與盛唐文化》，頁227；陳弱水：〈思想史中的杜甫〉，頁25－26。

[2] 《全唐文》卷一八一，頁1837，下欄。

[3] 《舊唐書》卷一八九上〈儒學傳〉上，頁4942。

之選。……今天下戶口，亡逃過半，租調減耗，國用不足，理人之急，尤切於茲。故知務學之源，豈惟潤身進德而已，將以安人利國，安可不務之哉？」[1]正因爲儒學是「安人立國」的大業，所以韋嗣立才請求武則天「廣開庠序，大敦學校」；[2]王公子弟更要先入國學而後仕進，如此從上至下整頓儒風，進而「化民成俗」。及至中宗返政（705－710 在位）也依然沒能改革武后時重文輕儒、儒學不振的情況。秘書監、國子祭酒等職，自貞觀時期起便是由魏徵、虞世南、顏師古、孔穎達等德行兼備的素儒來擔任。然而神龍元年（705）術士鄭普思、尚衣奉御葉靜能皆以妖妄爲中宗所信重，中宗不顧大臣的反對墨敕以鄭普思爲秘書監，葉靜能爲國子祭酒。[3]景龍二年（708），朝廷又置修文館[4]大學士等員，其中的學士也多是無行之文人，史書載：「夏，四月，癸未，置修文館大學士四員，直學士八員，學士十二員，選公卿以下善爲文者李嶠等爲之。每遊幸禁苑，或宗戚宴集，學士無不畢從，賦詩屬和，使上官昭容第其甲乙，優者賜金帛；同預宴者，惟中書、門下及長參王公、親貴數人而已，至大宴，方召八座、九列、諸司五品以上預焉。於是天下靡然，爭以文華相尚，儒學忠謹之士

---

[1] 韋嗣立〈請崇學校疏〉，《全唐文》卷二三六，頁 2381－2382。

[2] 韋嗣立〈請崇學校疏〉，頁 2381－2382。

[3] 《資治通鑑》卷二〇八唐中宗神龍元年（705）四月「術士鄭普思」條，頁 6589；並參《舊唐書》卷九一〈桓彥範傳〉。

[4] 《舊唐書》卷七〈中宗本紀〉：「（神龍元年）（十月）改弘文館爲修文館」。頁 141。

莫得進矣。」[1]這又與唐初的文人集團有所不同了。此時好文之士
雖然受到朝廷的重視，但是當時的史臣仍然是將「文華」與「儒
學忠讜」區別對待的。

　　也有研究以爲儒學的官方地位，在玄宗開元年間得到了大幅
度的提高，「開元之治」也號稱唐朝儒學發展的高潮。[2]然而歷朝
累積形成的重文輕儒之風氣，不是一朝一夕可以改正的。張說在
〈唐昭容上官氏文集序〉中說：「自則天久視之後，中宗景龍之
際，十數年間，六合清謐。內峻圖書之府，外辟修文之館。搜英
獵俊，野無遺才。右職以精學爲先，大臣以無文爲恥。每豫遊宮
觀，行幸河山，白雲起而帝歌，翠華飛而臣賦，雅頌之盛，與三
代同風。」[3]以「無文爲恥」，無疑是此時朝臣的真實寫照。玄宗
在開元十四年〈求儒學詔〉中也承認：「承平日久，趨競歲積。謂
儒官爲冗列，視之若遺；謂吏職爲要津，求如不及。」[4]有識之士
對此已經提出了警告：「王者官人，必視國之要，杜諸戶，一其
門，安平則尊經術之士，有難則貴介胄之臣。……洎乎晉、宋、
齊、梁，遞相祖習，其風彌盛。舍學問，尚文章；小仁義，大放
誕。談莊周、老聃之說，誦楚詞、文選之言。六經九流，時曾閱
目；百家三史，罕聞於耳。撮群鈔以爲學，總衆詩以爲資。謂善
賦者廊廟之人，雕蟲者台鼎之器。……原夫詩賦之義，所以達下

---

[1]《資治通鑑》卷二〇九唐中宗景龍二年（708）夏四月癸未條，頁6622。

[2]David McMullen, *State and Scholars in Tang China*, pp.37-51, pp.83-94, pp.129-139.

[3]《全唐文》卷二二五，頁2275，上欄。

[4]《唐大詔令集》卷一〇五〈求儒學詔〉，頁538。

情，所以諷君上。上下情通而天下亂者，未之有也。近之作者，先文後理，詞冶不雅，既不關於諷刺，又不足以見情，蓋失其本，又何爲乎！」[1]然而此種重文輕儒的風氣在玄宗一朝始終沒有改變，士子們「幼能就學，皆誦當代之詩；長而博文，不越諸家之集。遞相黨與，用致虛聲，六經則未嘗開卷，三史則皆同掛壁。況復徵以孔門之道，責其君子之儒者哉。」[2]經學儒術既然不被重視，其移風化俗的功能自然也無從發揮，故賈至說：「考文者以聲病爲是非，而惟擇浮豔，豈能知移風易俗化天之事乎？……其所由來者漸矣。漸者何？謂忠信之陵頹，恥尙之失所，末學之馳騁，儒道之不舉。」[3]「安史亂」前儒學不振的現象，是十分明顯的。

　　有學者特別統計唐代前期文人的出身，發現唐初的文人，門第高者多受家學影響，如崔信明、袁朗、蔡允恭、謝偃、李百藥、元萬頃等。孤貧者的求學方式多爲四方尋師，遊學私門。至武則天、中宗時活躍的一批文人，則大多數門第不高，如李適、韋元旦、劉允濟、沈佺期、宋之問、閻朝隱、富嘉謨、吳少微、劉憲、呂向、李邕、孫逖、陳子昂、李嶠等，此等人均無顯赫的家世和祖先可述，孤貧者也不在少數，多在州縣學和太學受教育。到了景雲（710－712）開元時，文士若要進身，則必須上太

---

[1] 《通典》卷十七〈選舉〉五，頁 415－417。
[2] 《舊唐書》卷一一九〈楊綰傳〉，頁 3430。
[3] 《舊唐書》卷一一九〈楊綰傳〉，頁 3432。

學了。[1]

這些所謂「門第高者」如崔信明等顯然是指那些傳統的士族文化高門；而「孤貧者」則是那些出身微族者。出身寒族的文章之士多沒有家學之淵源，但他們的湧現卻使得朝廷中形成了一股新的文化力量，並自武后朝開始在政治領域中扮演越來越重要的角色。由此來看，太宗頒定《五經正義》並確立官學地位等文化政策，在一定程度上確實達到了其壓抑高門士族從而使儒學經術由傳承教化變爲利祿工具的預期目的。及至武后時期，文風「浮靡」更成爲了宮廷文學的特色；[2]而「開元天寶之間，海內和平君子，得從容於學，以是詞人材碩者衆。」[3]文學的繁榮也成爲盛唐時代的一大特色。[4]如前所述，如果「文」、「儒」即「大道」與「雕蟲小藝」之間一直存有對立關係的話，我們可以說這種尚文風氣的高漲，也從反面說明了「安史亂」前代表中原正統文化——儒學——正處於一個低潮的階段。

---

[1] 參閱葛曉音著：〈盛唐「文儒」的形成和復古思潮的濫觴〉，載《詩國高潮與盛唐文化》，頁 286－287。

[2] 葛曉音著：〈論初唐的女性專權及其對文學的影響〉，載《詩國高潮與盛唐文化》，頁 58－59。

[3] 李華〈楊騎曹集序〉，《全唐文》卷三一五，頁 3198，下欄。

[4] 葛兆光著：〈盛世的平庸——八世紀上半葉中國的知識與思想狀況〉，《唐研究》第五卷，頁 8－10。

第三節　玄宗時代的「文」「儒」異位

　　學者曾經指出：到了玄宗開元年間，社會上形成了一「文儒」型的知識階層，加上禮樂觀念在盛唐的普及，促成了天寶時期文人對儒學的重視；並將此時的「文儒」定義爲儒學博通及文詞秀逸者，進而借指文詞雅麗、通曉儒學的文人。[1]筆者則以爲，玄宗時期的所謂「文儒」並不能簡單地定義爲「文詞雅麗通曉儒學的文人」。前文已論，文詞雅麗（文）與儒學博通（儒）這二者是有顯著分別的。此處所指「文」應該是代表了擅長文章的辭采之士；而「儒」則代表了精通儒業而少文者。這是自魏晉南北朝以來便有的「文學」與「儒業」之別。

　　自高宗、武后時期始，社會上更是逐漸形成了重文學詞章而輕儒學經術的風氣。[2]發展至玄宗之世，不僅文、儒之分途發展愈發明顯，儒學與儒生的地位不顯，甚至連佛道二教[3]的勢力也遠遠

---

[1] 葛曉音：〈盛唐「文儒」的形成和復古思潮的濫觴〉，頁 274－275。

[2] 葛曉音先生自己也承認：「『文儒』原不是一個穩定的合成名詞。它之所以出現在盛唐，就因爲『文』與『儒』能夠以平衡求結合。一旦失去其賴以平衡的時代條件，便會發生不同方向的傾斜。總的來說，開元文儒較重視文，而天寶文儒則多側重於儒。『文』於『儒』已有分離之勢。」見〈盛唐「文儒」的形成和復古思潮的濫觴〉，頁 293。

[3] 玄宗佛、道二教政策，參閱湯用彤：《隋唐佛教史稿》第一章第四節、第四章第八節；郭朋著：《隋唐佛教》（濟南：齊魯書社，1980）第三章；Stanley Weinstein, *Buddhism Under The Tang*, Part One: Reign of Hsuan-tsung (712-756), Timothy Hugh Barrett, *Taoism Under the Tang*, pp.54-73；呂錫琛著：《道家道教與中國古代政治》（長沙：湖南人民出版社，2002）第十八章。

超越了儒學的地位。玄宗也曾想以孝道來淳風化俗，以爲「聖人知孝之可以教人也。因嚴以教敬，因親以教愛，於是以順移忠之道昭矣。」[1] 故兩次御注《孝經》，第一次在開元十年六月，第二次在天寶二年五月[2]，並頒行天下。可是在開元二十一年玄宗又令士庶家藏《道德經》一本，「百辟卿士，特須詳讀，勉存進道之誠，更圖前席之議。」[3] 以爲「道爲理本，孝實天經，將闡教以化人，必深究於微旨」[4] 甚至在御注《道德經》中引入了佛理來討論「性」「情」、「心」「境」的問題。[5] 除了儒、道以外，在玄宗心中《金剛經》的地位也是與《孝經》、《道德經》一樣的。[6] 這似乎表明，似乎連最高統治者自己，都不知道該用哪一種思想來感化臣

---

[1] 《孝經注疏・序》，《十三經注疏》下冊，頁2540。

[2] 《唐會要》卷三六〈修撰〉載：「（開元）十年六月二日，上注《孝經》，頒於天下及國子學。至天寶二年五月二十二日，上重注，亦頒於天下。」（頁658）開元注本收於〔清〕黎庶昌輯刻：《古逸叢書》（揚州：江蘇廣陵古籍刻印社影印本，1990）：《覆卷子本唐開元御注〈孝經〉》。今所見《孝經注疏》（《十三經注疏》下冊，頁2538－2562），則是天寶重注之本。相關研究參閱陳鴻森著：〈唐玄宗《孝經序》「舉六家之異同」釋疑──唐宋官修注疏之一側面〉，《中央研究院歷史語言研究所集刊》第七十四本第一分（2003.3），頁35－64。筆者案：《舊唐書》卷九〈玄宗本紀〉下記玄宗令天下民間家藏《孝經》一本之事，在天寶三載，第二次注《孝經》當是在天寶二年，次載完成並頒行天下。四載九月又刻石太學，見〔清〕王昶撰：《金石萃編》（西安：陝西人民美術出版社，1990）卷八七〈石台孝經〉。

[3] 〔清〕徐松撰、趙守儼點校：《登科記考》（北京：中華書局，1984）卷八，頁264。

[4] 玄宗〈頒示道德經注孝經疏詔〉，《全唐文》卷三二，頁360，上欄。

[5] 葛兆光：〈盛世的平庸〉，頁10－12。

[6] 唐玄宗〈答張九齡賀御注金剛經批〉，《全唐文》卷三七，頁405，上欄。

民了。

儒家思想歷來重視禮樂教化功能，但顯然此時沒能吸引玄宗的特別重視。敦煌文獻中有詩特別歌頌玄宗親注《孝經》、《道德經》與《金剛經》一事，[1]其中一首云：「新歌舊曲偏州鄉，未聞典籍入歌場。新合孝經皇帝感，聊談聖德奉賢良。」當時釋道二教風行，玄宗將《孝經》等同於《道德》《金剛》二經，時人才大書特書一番。開元二十三年，玄宗曾召集諸學士及僧道講論三教，[2]事後張九齡奏曰：「伏惟陛下道契無爲，思該玄妙；考六經之同異，詮三教之幽賾。將以降照群疑，敷化率土。屏浮詞於玉殿，輯精義於金門。一變儒風，再揚道要。凡百士庶，罔不知歸。」[3]由此可見玄宗不僅是想通過「考六經之同異，詮三教之幽賾」而使釋道二教發揮同儒家一樣的教化作用，甚至欲「屏浮詞於玉殿」、「一變儒風，再揚道要」，是欲以道教思想來改造儒學了。

或有謂玄宗繼位初期便有大舉整理儒家典籍之事，然而細考史實不難發現：此舉實際上並無改善當時的儒士地位。開元五年，秘書監馬懷素以爲秘書省「典籍散落，條疏無敘」上奏請求

---

[1] P.2721〈新集孝經十八章〉。參閱項楚著：《敦煌詩歌導論》（台北：新文豐出版社，1993），頁 180－191。

[2] 關於此次三教講論的詳細內容，參看羅香林著：〈唐代三教講論考〉，《東方文化》第一期（1954 年），後收入《唐代研究論集》（台北：新文豐出版公司，1992）第四輯，頁 73－94。

[3] 張九齡撰：《唐丞相曲江張先生文集》（上海，商務印書館，1919，四部叢刊初編本）卷十五〈賀論三教狀〉。

加以整比校補，於是玄宗命馬懷素、褚無量等相繼爲修書使，在東都乾元殿編校四部書。[1]後「帝西還，徙書麗正殿，更以修書學士爲麗正殿直學士」。[2]開元八年「春，正月，丙辰，左散騎常侍褚無量卒。辛酉，命右散騎常侍元行沖整比群書。」[3]次年十一月「元行沖上《群書目錄》二百卷，藏之內府」。[4]此次修書的人士，馬懷素、褚無量和元行沖具以儒學知名。其他參與者也多爲儒生，據《新唐書》卷一九九〈儒學傳中・馬懷素傳〉與同書卷二〇〇〈儒學傳下・褚無量傳〉載計有尹知章、王直、趙玄默，吳綽、韋述、馬利徵、劉彥直、宋辭玉、陸紹伯、李子釗、殷踐猷、解崇質、余欽、王愜、劉仲丘、侯行果、袁暉、晁良、毋煚、王灣、鄭良金、殷承業、徐楚璧、盧俌、崔沔、田可封、康子元、馮朝隱、權寅獻、孟曉、韓覃、王嗣琳、張悱、崔藏之、盧僎、陸去泰、王擇從等。有學者指出：這些修書學士多是出身明經，其中專以文詞擅名的只有王灣和徐楚璧而已。[5]但玄宗和朝中大臣對這些儒生的修書工作並不十分重視：「有司疲於供擬，太僕卿王毛仲奏罷內料；後又詔右常侍褚無量、大理卿元行沖考絀不應選者。」[6]而且開元九年元行沖獻上目錄時「學士無賞擢者」

---

[1] 参《舊唐書》卷一〇二〈馬懷素傳〉；《舊唐書》卷四三〈職官志〉二中書省集賢殿書院條；《新唐書》卷二〇〇〈儒學傳下・褚無量傳〉。

[2]《新唐書》卷二〇〇〈儒學傳下・褚無量傳〉，頁5689。

[3]《資治通鑑》卷二一二唐玄宗開元八年（702）春正月丙辰條，頁6739。

[4]《舊唐書》卷八〈玄宗本紀〉上，頁182。

[5] 汪籛：〈唐玄宗時期吏治與文學之爭〉，頁200。

[6]《新唐書》卷一九九〈儒學傳中・馬懷素傳〉，頁5682。

1。故史臣曰：「然而（劉）子玄鬱結於當年，（元）行沖彷徨於極筆，官不過俗吏，寵不逮常才，非過使然，蓋此道非趨時之具也」。2儒學經術「非趨時之具」，清楚說明此時儒學與經明修行之士的尷尬地位。

　　及至張說、張九齡相繼用事，「重文輕儒」風氣日趨嚴重。開元六年，唐玄宗自己曾經察覺到了文辭浮豔的問題，以為「我國家敦古質，斷浮豔。《禮》《樂》《詩》《書》是弘文德；綺羅珠翠，深革弊風。必使情見於詞，不用言浮於行。比來選人試判，舉人對策，剖析案牘，敷陳奏議，多不切事宜，廣張華飾。何大雅之不足而小能之是銜？自今已後，不得更然。」3然而玄宗君臣卻都未能及時革新之，一年以後朝廷再以文詞雅麗科取人，得邢巨、苗晉卿、褚思光、趙良器、張楚、孟萬石、孫翃、彭殷賢、王縉等九人，而同年可考的明經及第則只有盧濤一人，4之後數年間明經及第者依然不多。5到了天寶初年應文詞秀逸科有二十人，而應儒學博通科則只有八人。6就連此後在代宗朝（763－779）以德行著稱，頗能「鎮俗移風」的楊綰，7也是在天寶十三載以詞藻

1《新唐書》卷一九九〈儒學傳中·馬懷素傳〉，頁5682。
2《舊唐書》卷一○二「史臣曰」，頁3186。
3〔宋〕王欽若等編：《冊府元龜》（北京：中華書局，1960）卷六三九〈貢舉部·條制〉一，頁7669－7670。
4《登科記考》卷六，頁201－202。
5參閱《登科記考》卷六。
6《登科記考》卷九，頁300。
7參閱《舊唐書》卷一一九〈楊綰傳〉。

宏麗科首登制科的，[1]史書稱他「尤工文辭，藻思清贍」。[2]流風所
及，此後進士舉子中更是多有不通經文者，史書載：「士人多於經
不精，有白首舉場者，故進士以帖經爲大。天寶初，達奚恂、李
嚴相次知貢舉，進士文名高而帖落者，時謂（或）試時（詩）放
過，謂之『贖帖』。」[3]

　　玄宗一朝更有博學宏詞、文辭秀麗、風雅古調、辭藻宏麗等
制科，重在文詞取士。[4]開元二十六年玄宗「親試文詞雅麗舉人，
命有司置食」[5]，這與開元初年褚無量、元行沖等人修撰《群書目
錄》時「奏罷內料」之情形相比，文章之士此時顯然更加受到朝
廷的禮遇。此年玄宗才下敕：「其諸州鄉貢明經進士見訖，宜令引
就國子監謁先師。學官爲之開講，質問疑義。仍令所司優厚設
食，兩館及監府得舉人亦準此。」[6]於是國子監中講論經義遂成爲
天下貢生以及諸館學生的必行之禮。然不久玄宗自己就在〈禁止
生徒問難不經詔〉中強調：「古之教人，蓋有彝訓。必在勸學，使
其知方。故每月釋菜之時，常開講座，用以發明聖旨，啓迪生
徒。待問者應而不窮，懷疑者質而無惑，宏益之致，不其然歟？
或有凡流，矜於小辯。初雖論難，終雜詼諧，出言不經，積習成
弊。自今已後，除問難經典之外，不得輒請。宜令本司長官嚴加

[1]《登科記考》卷九，頁333。
[2]《舊唐書》卷一一九〈楊綰傳〉，頁3429。
[3]《封氏聞見記》卷三〈貢舉〉，頁21；並參閱《登科記考》卷九，頁319。
[4]《唐會要》卷七六〈貢舉中·制科舉〉，1388頁。
[5]《登科記考》卷八，頁290。
[6]唐玄宗〈優禮諸州鄉貢明經進士詔〉，《全唐文》卷二七，頁311，下欄。

禁止，仍委御史糾察。」[1]原本旨在「發明聖旨，啓迪生徒」的講座，卻最終雜以詼諧而變得「出言不經」，可知此時的經典講論，根本無法達到其勸學知禮的目的，儒學可以發揮的教化作用也因此消減殆盡。

開元二十七年八月，玄宗追贈孔子爲文宣王，其弟子曾參等六十七人皆爲伯。[2]然而當代在位的儒臣卻沒能得到玄宗的重視和擢用，開元二十九年《大唐開元禮》成，修書學士亦未見給予特別之獎掖。[3]玄宗此年之重要政策乃是尊崇道教，設立道舉：「兩京及諸州各置玄元皇帝廟一所，每年依道法齋醮。兼置崇玄學，生徒於當州縣學生數內，均融量置，令習《道德經》及《莊子》《文子》《列子》。待習業成（後），每年隨貢舉人例送至省，準明經考試，通者準及第人處分。置助教一人，委所由州長官於諸色人內精加訪擇補授，（仍）稍加優獎。」[4]同年九月，玄宗更是御興慶門，親試明《道德經》、《莊子》、《文字》、《列子》舉人姚子產、元載等。[5]風氣所及，舉子特別是進士中精通經學之士者越來

---

[1]《全唐文》卷三十一，頁 353，下欄。

[2]《資治通鑑》卷二一四唐玄宗開元二十七年（739）八月甲申條，頁 6839；《唐會要》卷三五〈褒崇先聖〉，頁 637-638；《登科記考》卷八，頁 291-293。

[3]《唐會要》卷三七〈五禮篇目〉，頁 670-671。

[4]唐玄宗〈命兩京諸路各置玄元皇帝廟詔〉，《全唐文》卷三一，頁 350，下欄；並參閱《冊府元龜》卷五三〈帝王部·崇道教〉；《唐會要》卷七七〈貢舉下·崇元生〉。此處引文據《登科記考》卷八，頁 294 及孟二冬著：《登科記考補正》（北京：燕山出版社，2003）卷八，頁 338 改定。

[5]《舊唐書》卷九〈玄宗本紀〉下，頁 214；《登科記考》卷八，頁 296。

越少。[1]時人李華的一段議論頗能反映此時的儒學地位和社會風氣：

> 三代之教，自家刑國，樹之以經師，啓其心而身修，則家
> 事理；次定朋友，端其性術，攝稱從之，聲與實諧；次諸
> 侯無敢不貢士及於政，是以富有賢哲，動符六經。王澤既
> 衰，《小雅》皆廢，諸侯無貢士之理，司馬無論材之政。猶
> 或先王教存，國有君子，聖人生於魯，七十子遍遊諸侯。
> 文武之道，瞳而復明，孔伋、孟軻之徒，無不儒尊。漢代
> 人心尚樸，辟署由州郡，公府往往有奇節駭俗之士。東京
> 宗祖好學，海內翕然，是以王室多柱石之臣，交遊有死生
> 之友。降及魏晉，亦未甚媮。近代無鄉里之選，多寄隸京
> 師，隨時聚散，懷牒自命，積以爲常。吠形一發，群響雷
> 應，銓擢多誤，知之固難，使名實兩虧，朋友道薄，蓋由
> 此也。況衆邪爲雄，孤正失守，誘中人之性，易於不善；
> 求便身之路，庸知直道。不從流俗，修身俟死者益寡焉。
> 加以三尊闕師訓之喪，朋友無寢門之哭，學府無衰服之
> 制。禮亡寖遠，言者爲非，人從以偷，俗用不篤。弊在不
> 專經學，淪於苟免者也。師乏儒宗則道不尊，道不尊則門
> 人不親；友非學者則義不固，義不固則交道不重；選不由
> 鄉則情不繫府，情不繫府則舉薦寡恩。三者化人之大端，

---

[1] 《封氏聞見記》卷三〈貢舉〉，頁 21；《登科記考》卷九，頁 319。

而情禮盡曠，徼幸道長，而純愨道消。悲夫！[1]

　　開元天寶之際，朝廷中以文學顯名者多矣，而以儒術德行著於世者蓋寡。《周書·儒林傳》「史臣」曰：「近代之政，先法令而後經術。其沉默孤微者，亦篤志於章句，以先王之道，飾腐儒之姿，達則不過侍講訓胄，窮則終於弊衣簞食。由斯言之，非兩漢棟樑之所育，近代薪樗之所產哉，蓋好尚之道殊，遭遇之時異也。」

　　自唐代初期開始，儒士的地位已是不顯。迨至盛唐時代，不僅其地位無法與文學辭章之士、甚至釋、道二教徒相比；儒學與文化士族應有的社會教化作用更是沒有得到出身關隴集團的李唐統治者的重視。

第四節　新興文化群體的出現

　　唐人又是如何看待魏晉南北朝以來就存在的淳素與華僞，儒學與文學之間的對立呢？[2]初唐文人王勃在〈上吏部裴侍郎啓〉中說：「君子以立言見志。遺雅背訓，孟子不爲；勸百諷一，揚雄所恥。……雖沈謝爭鶩，適足兆齊梁之危：徐庾並馳，不能止周陳之禍。於是識其道者捲舌而不言，明其弊者拂衣而徑逝。潛夫昌言之論，作之而有逆於時；周公孔氏之教，存之而不行於代。天

---

[1] 李華〈正交論〉，《全唐文》卷三一七，頁 3216。
[2] 葛曉音以爲，自魏晉南北朝以來，就有此種對立，說見其〈論漢魏六朝詩教說的演變及其在詩歌發展中的作用〉，頁 30。

下之文，靡不壞矣。」[1]又作〈平台秘略論〉指：「君子所役心勞神，宜於大者遠者，非緣情體物，雕蟲小技而已」[2]。在文壇享有盛名的王勃也將詩賦稱爲「末流」、「雕蟲小技」，轉而強調儒學的濟世功能，此中原因，恐怕與其家學淵源不無關係。王勃的祖父文中子王通[3]是隋末的大儒，甚至有學者將其視爲宋代理學的發端者。[4]陳子昂家世背景雖與王勃不同，但他也有類似的看法：以爲「文章薄伎，固棄於高賢；刀筆小能，不容於先達：豈非大人君子以爲道德之薄哉？」[5]可見就算在重視文章詞采的武后時期，有識之士也知道辭賦文章實是「薄伎」「末流」，正統儒學的作用還是不能忽視的。

及至盛唐時代，一些文人如李華、蕭穎士、顏真卿等更是對當時的文風提出了自己看法，有學者稱此爲士族觀念的回潮。[6]由

---

[1] 《全唐文》卷一八〇，頁 1829－1830。

[2] 《全唐文》卷一八二，頁 1855，上欄。

[3] 參閱《舊唐書》卷一九〇上〈文苑上・王勃傳〉上。關於王通生平事跡的研究，見尹協理 魏明著：《王通論》（北京：中國社會科學出版社，1984），頁 1－83。

[4] 尹協理 魏明：《王通論》，頁 236－275。

[5] 〈薛令文章啟〉，《陳子昂集》卷十，頁 230－231。

[6] 葛曉音：〈盛唐「文儒」的形成和復古思潮的濫觴〉，頁 294－295；亦有學者指出李華、蕭穎士、顏真卿等人以自身的創作表達了他們對當時文壇風尚的不滿，見 David McMullen, "History and Literary Theory in Mid-Eighth Century", in Arthur F. Wright & Dennis Twitchett eds., *Perspectives on the Tang*, pp.307-42；中譯稿見麥大維著：〈八世紀中葉的歷史和文學理論〉，載倪豪士編選、黃寶華等譯：《美國學者論唐代文學》（上海：上海古籍出版社，1994），頁 156－190。

唐代前期山東士族的文化特質來看，此時士族觀念的回潮，不如說是對淳樸儒學風氣的一次再呼喚，是對當時儒學地位低落的一次挽救嘗試。李華在〈贈禮部尙書清河孝公崔沔集序〉中說：「文章本乎作者，而哀樂繫乎時。本乎作者，六經之志也；繫乎時者，樂文武而哀幽厲也。……開元中，天下富穰，車服過制。公菲飲食，卑宮室，濯衣澣冠，俾人瞻我而化，其不化者亦慚乎心矣。見天下之善如不及，從而佐之；見天下之不善如□湯，從而誨之。」[1]可見時人對傳統山東士族「淳素」門風，還是倍加稱許的。

「浮靡」的文風還刺激了部分士人重新呼喚衣冠士族與禮樂之門，柳芳認爲「人無所守則士族削；士族削則國從而衰。……唐承隋亂，宜救之以忠，忠厚則鄉黨之行修；鄉黨之行修，則人物之道長；人物之道長，則冠冕之緒崇；冠冕之緒崇，則教化之風美，乃可與古參矣。」[2]可見他對士族是充分肯定的，尤其贊許士族在鄉里社會的「教化」功能。蕭穎士則一方面感慨「今之文人，雅操大缺，內不能自強於己，外有以求譽於時」，另一方面極力強調自己的出身和家風：「僕南遷士族，有梁支孫。系祖司徒鄱陽忠烈王，追蹤二南，邁德荆。有子四十人，俾侯錫社，入卿出牧，且忠且賢，終始梁代。……家君子少丁家難，辛苦百罹。事繼親，長異母弟，育孤侄，以孝友聞於姻族。」[3]至於本身就是傳

---

[1] 《全唐文》卷三一五，頁 3196-3197。

[2] 柳芳〈姓系論〉，《全唐文》卷三七二，頁 3779-3780；並參閱《新唐書》卷一九九〈儒學中·柳沖傳〉。

[3] 蕭穎士〈贈韋司業書〉，《全唐文》卷三二三，頁 3274、頁 3276。

統士族的顏真卿更是強調詞賦要有諷上化下的儒學功能：「古之爲文者，所以導達心志，發揮性靈，本乎詠歌，終乎雅頌。帝庸作而君臣動色，王澤竭而風化不行。政之興衰，實繫於此。」[1]可見這些盛唐的文人，也都清楚意識到了淳樸儒學風氣的重要。

然而自太宗至玄宗，隨著《五經正義》的頒定與實施，「文」、「儒」的日益分離，以及重文輕儒風氣的形成，在這些影響的共同作用之下，唐代前期的擇人選士標準，自然也發生了變化，出現了辭章才學與經術德行兩種不同的賢能標準。[2]筆者在此要著重指出的是，唐初有胡化傾向的李唐皇室以及出身山東寒門的武周統治者、乃至由關隴集團退化而成的李武韋楊婚姻集團，[3]對本土文化：儒學及其代表即傳統山東文化高門，是一直帶有歧視態度的，其針對山東士族實行的政策：重辭章才學而輕經術德行，正是李唐皇室政治心態與文化傾向的反應。

陳寅恪先生指出：「自高祖、太宗創業至高宗統御之前期，其將相文武大臣大抵承西魏、北周及隋以來之世業，即宇文泰『關中本位政策』下所結集團之後裔也。……及武后柄政，大崇文章之選，破格用人，於是進士之科爲全國幹進者競趨之鵠的。當時

---

[1] 顏真卿〈尚書刑部侍郎贈尚書右僕射孫逖文公集序〉，收入《顏魯公文集》（四部叢刊初編本）卷十二。

[2] 參閱毛漢光：〈中國中古賢能觀念之研究〉；汪籛：〈唐玄宗時期吏治與文學之爭〉，頁 196－208；吳宗國：《唐代科舉制度研究》第七章〈進士科考試科目和錄取標準的變化〉；劉海峰：《唐代教育與選舉制度綜論》第七章〈唐代選舉取士中的經術與文學之爭〉；李浩：《唐代三大地域文學士族研究》第六章〈唐代文學士族與賢能標準〉。

[3] 陳寅恪：〈記唐代之李武韋楊婚姻集團〉，頁 237－263。

山東、江左人民之中，有雖工於爲文，但以不預關中集團之故，致遭屏抑者，亦因此政治變革之際會，得以上升朝列，而西魏、北周、楊隋及唐初將相舊家之政權尊位遂不得不爲此新興階級所攘奪替代。」；「自武則天專政破格用人後，外廷之顯貴多爲以文學特見拔擢之人。而玄宗御宇，開元爲極盛之世，其名臣大抵爲武后所獎用者。」[1]自太宗、高宗、武后至玄宗時期，正是傳統山東文化高門受壓抑、關隴集團逐漸失去尊崇地位以及新興社會集團慢慢形成之際。而此種新興集團所代表之文化，就是辭章才學，它與傳統山東士族所代表的經術德行，恰好是對立的：「唐代統治階級在武曌未破壞『關中本位政策』以前，除宇文泰所創建之胡漢關隴集團胡漢諸族外，則爲北朝傳統之山東士族，凡外廷士大夫大抵爲此類之人也。」；「唐代士大夫中其主張經學爲正宗、薄進士爲浮冶者，大抵出於北朝以來山東士族之舊家也。其由進士出身而以浮華放浪著稱者，多爲高宗、武后以來君主所提拔之新興統治階級也。」[2]易而言之，一個文化特徵完全不同山東士族的新興社會群體的出現，正是唐初以來實施一系列政治文化政策最直接的結果。誠然，文章詞藻不能構成與漢化對立的另一極，但與之相比，儒學經術（思想及倫理道德體系）顯然更具中原王朝本土文化特徵，從而也更具有漢化代表性。李唐皇室本身之文化水準並不高，故對山東士族的經術德行之學沒有特意大力獎掖，而改以提拔文章詞采之士做爲其另一重要的用人政策。

---

[1] 陳寅恪：《唐代政治史述論稿》，頁18、頁20。

[2] 陳寅恪：《唐代政治史述論稿》，頁69、頁71。

　　李唐皇室雖然在有意的重文輕儒，但是當時傳統的士族文化高門，卻一直在恪守宗經守禮之家風。景龍四年（710）五月「上（中宗）宴近臣，國子祭酒祝欽明自請作〈八風舞〉，搖頭轉目，備諸醜態；上笑。欽明素以儒學著名，吏部侍郎盧藏用私謂諸學士曰：『祝公《五經》，掃地盡矣』。」[1]胡三省曰：「祝欽明所謂〈八風舞〉，非春秋魯大夫眾仲所謂舞者所以節八音行八風者也，借八風之名而備諸淫醜之態耳。今人謂淫放不返爲風，此則欽明所謂八風也。」[2]范陽盧氏乃篤守家學禮法之傳統山東士族，宜其嘲笑祝欽明「五經掃地」之醜態。

　　玄宗繼位，初期爲穩固皇位，曾經重用了姚崇、宋璟等一批以吏道見稱者，暫時排斥了張說等爲代表的文學之士，[3]但是到開元九年帝位已經穩定了，便重新召回張說並任命其爲宰相。[4]開元十三年，玄宗改麗正殿修書院爲集賢殿書院，定書院官五品以上爲學士，六品以下爲直學士，張說以宰相爲學士知院事，[5]張說遂成爲此時文壇的領袖。在他任集賢殿學士知院事期間，大量引用辭章文采之士，如徐堅、韋述、賀知章、徐安貞、孫逖、王翰和張九齡等；並毫無掩飾的以「無文」來排斥政治對手。[6]

---

[1]《資治通鑑》卷二〇九唐睿宗景雲元年（710）五月乙卯條，頁6641。

[2]《資治通鑑》卷二〇九唐睿宗景雲元年（710）五月乙卯條，頁6641。

[3]汪籛：〈唐玄宗時期吏治與文學之爭〉，頁196－200。

[4]《資治通鑑》卷二一二唐玄宗開元九年（721）九月癸亥條，頁6747。

[5]參閱《舊唐書》卷九七〈張說傳〉；《新唐書》卷四七〈百官志〉二「中書省集賢殿書院條」。

[6]汪籛：〈唐玄宗時期吏治與文學之爭〉，頁200－202；葛曉音：〈盛唐「文儒」的形成和復古思潮的濫觴〉，頁284－285。

　　此後在張九齡任宰相期間（開元二十一年十二月至開元二十四年十一月），他與門蔭出身的宰相李林甫在用人標準上發生了激烈的衝突。開元二十四年，玄宗欲拜河西節度使牛仙客爲尚書，以賞其在邊疆積財貯穀，然張九齡固爭以爲不可。史書載：「（開元二十四年）上（玄宗）曰：『卿嫌（牛）仙客寒微，如卿有何閥閱！』（張）九齡曰：『臣嶺海孤賤，不如仙客生於中華；然臣出入台閣，典司誥命有年矣。仙客邊隅小吏，目不知書，若大任之，恐不愜衆望。』（李）林甫退而言曰：『苟有才識，何必辭學！天子用人，有何不可！』十一月，戊戌，賜仙客爵隴西縣公，食實封三百戶。」[1]這段對話確實如學者所說，反應出以下幾種不同的觀點：

　　玄宗的看法是屬於舊傳統的，認爲出身的正途，應該由門閥，若打破此點，則用文學進身與由胥吏出仕並無不同；張九齡的看法是屬於新體系的，他認爲出身的正途，除開門閥以外，還應該有文學辭藻；李林甫的看法又是一類，他的意思是，擇官的標準應憑才識吏幹，不應專用詞章。玄宗的看法是承襲兩晉、南北朝、楊隋及唐初的觀點，張九齡的看法是承襲武則天破格用人崇尙文學的觀點，李林甫的看法則是根據五王、姚崇等人的意見。[2]筆者以爲，這段史料也證明了我們此前所論的重要歷史事實：太宗壓抑傳統山東文化高門並引用山東微族；高宗、武后多

[1]《資治通鑑》卷二一四唐玄宗開元二十四年（736）十一月「朔方節度使牛仙客」條，頁6823。
[2]汪籛：〈唐玄宗時期吏治與文學之爭〉，頁205。

用寒門微族並拔擢文章詞學之士等政策至玄宗時期已是初見成效！不同的社會群體已經在政治上形成了各自的利益集團，所代表的不同的政治文化傾向也因而清楚地表現了出來。此時文、儒之分別可以說又代表了出身寒微的辭章之士與出身山東士族高門道德經術之輩間的政治文化分歧。至於辭章才學與經術德行兩種用人標準成爲日後牛李黨爭之口實，[1]實際上可以說是自唐初以來至玄宗時代文、儒分途的表面化與政治化，其與北朝以來的漢化非漢化之間的矛盾更是不無關係。質而言之，此二種用人標準的不同，反應出了有胡化傾向的李唐皇室與代表中原傳統文化的山東高門之間的文化差異。

由是觀之，「安史亂」前的所謂「文儒」實際應該指那些重文而不重儒的辭章之士。此時的社會風氣正在演生文、儒異道，而並沒有出現和諧的統一。這一現象的形成固然與太宗時定下的文化政策有關，但是此後李唐君主對中原正統文化代表──儒學的一貫輕視也是不可忽視的重要原因。故杜佑說：「夫文質相矯，有如循環，教化所由，興衰是繫。自魏三主俱好屬文，晉、宋、齊、梁風流彌扇，體非典雅，詞尙綺麗，澆訛之弊，極於有隋。且三代以來，憲章可舉，唯稱漢室；繼漢之盛，莫若我唐。惜乎當創業之初，承文弊之極，可謂遇其時矣，群公不議救弊以質，而乃因習尙文，風教未淳，慮由於此。」[2]信哉斯言。

---

[1] 陳寅恪：《唐代政治史述論稿》，頁78−81；毛漢光：〈中國中古賢能觀念之研究〉，頁358−366。

[2]《通典》卷十八〈選舉〉六，頁454。

　　《封氏聞見記》中的一則史料尤其值得我們留意:「著作郎孔至,二十傳儒學,撰《百家類例》,品第海內族姓。以燕公張說爲近代新門,不入百家之數。」[1]張說是盛唐時代文壇的領袖,但絕不是傳統士族文化高門的代表。所以孔至「品第海內族姓」,就不列張說在內。此時儒者心中,文、儒儼然還是對立的;以文章詞采躋身於統治集團的「近代新門」依然還是不被傳統山東士族看重的,故《唐國史補》[2]卷上亦云:「張燕公好求山東婚姻,當時皆惡之。」

結語

　　總而言之,李唐皇室的政治文化政策在一定程度上導致了唐代前期「文」「儒」之異位及其所代表的社會群體之升降。而新興統治人群的出現,反過來也促成了不同社會群體所代表之政治與文化地位的變化。唐代初期出身關隴集團、胡漢雜糅、尙武尙功的李唐皇室,雖然解決了政治上的胡漢矛盾問題,但是因爲其所屬社會群體之文化無法與傳統的山東士族高門相比,故自太宗開始便實行了一系列壓抑山東高門之政策,其結果便是導致了代表中原正統文化——儒學發展的停滯不前。

　　唐代前期儒學的發展水平只是停留在典籍的整理與結集階

---

[1] 《封氏聞見記》卷十;《新唐書》卷一九九〈儒學中·孔若思附子至傳〉、《唐語林》卷二〈文學〉所載略同。

[2] 〔唐〕李肇撰:《唐國史補》(揚州:江蘇廣陵古籍刻印社,1990)。

段，提出創見的極少。反而佛、道二教成立宗派，建立理論體系。故有學者以爲唐代前期「儒教經學不振，甚於南北朝。」[1]從我們此節所討論的內容來看，此論斷在一定程度上是成立的。

儒學經術——中國本土文化的代表——此時正受到外來文化與文章詞采之士的大力挑戰，而處於自身發展的低潮階段，儒家所強調的微言大義與禮法教化更不能在社會中充分發揮其作用。「後代人多說『盛唐氣象』如何如何，其實，從生活的富庶程度上來說是不錯的，從詩賦的精彩意義上來說也是不錯的，從人們接受各種文明的豁達心態來說也是不錯的，但從思想的深刻方面來說卻恰恰相反。在思想的平庸時代，不一定出現不了文學的繁榮景象，也許這恰恰也是一種有趣的『補償』。」[2]由本節所論可見，盛唐之所以被人說成是一個思想「平庸的時代」，正是因爲染有胡風胡俗的李唐皇室壓抑山東高門士族，及其所代表的中原傳統儒學文化，使得「安史亂」前的唐代社會形成了一種士人「爭以文華相尙，儒學忠讜之士莫得進矣」的尷尬局面。「盛世的平庸」其實就是中原正統儒家文化發展停滯不前的反應。當人們稱頌唐前期開明開放、文化繁盛的時候，歷史研究者應該看到：這其實纔是開始！華夏民族新文化新精神的產生，尙須經過「安史之亂」的洗禮，經歷古文運動的復興，以及理學的萌動，演進至趙宋方臻於極致。

---

[1] 任繼愈：《中國哲學發展史・隋唐》，頁 21。

[2] 葛兆光：〈盛世的平庸〉，頁 22。

第五章 山東士族
高門勢力的消長

第一節 山東士族與明經試

關於學術與家族之關係，陳寅恪先生指出自漢代學校制度廢弛與博士傳授之風止息後，學術中心逐漸移於家族。[1]學術與家族的關係遂密不可分。降及唐代，因爲官學與科舉制度的逐步確立，中央官僚體系對地方士族產生了巨大的吸引力，使得許多傳統山東大族遷居兩京，以便投身於官僚階層。[2]關於唐代科舉制度的研究，前輩學者成果已經相當豐富，[3]特別是對唐代科舉制度中

---

[1] 陳寅恪：《隋唐制度淵源略論稿》，頁 19；陳寅恪著：〈崔浩與寇謙之〉，載《金明館從稿初編》，頁 107－140。

[2] 毛漢光：〈從士族籍貫遷移看唐代士族之中央化〉，頁 234－333。

[3] 如陳東原著：《中國教育史》（上海：商務印書館，1936）；侯紹文著：《唐宋考試制度史》（台北：台灣商務印書館，1973）；傅璇琮著：《唐代科舉與文學》（西安：陝西人民出版社，1986）；劉海峰：《唐代教育與選舉制度研究》；吳宗國：《唐代科舉制度研究》；高明士：《隋唐貢舉制度》；陳飛著：《唐代試策考述》（北京，中華書局，2002）。其中以吳宗國：《唐代科舉制度研究》最爲詳實，本文所利用之研究成果，多依此書。

進士科的地位[1]以及高門大族重視進士第的問題，[2]學界更是尤其關注。

本節目的，是欲通過考察「安史亂」前明經科內容與形式的轉變，揭示經學逐漸淪爲簡單考試工具的原因；並指出由於經學的簡單化與工具化，使得傳統山東文化高門也愈來愈輕視明經科之地位，[3]轉而重視進士科。高門士族自身既然已不能如魏晉南北朝時代通過經學儒業來標顯門第，則儒家經典的家傳之學遂因此慢慢爲傳統士族所忽視。原本擔任中原正統文化傳承角色的山東文化士族，在河北地區的社會影響力也愈見降低。藉此，我們也可發現唐代前期政治文化政策的影響。

---

[1] 如陳寅恪先生指出：「蓋進士之科雖創於隋代，然當日人民致身通顯之途徑並不必由此。及武后柄政，大崇文章之選，破格用人，於是進士之科爲全國幹進者競趨之鵠的。」見《唐代政治史述論稿》上篇，頁 18；吳宗國詳細論證了進士科與唐代高級官吏選拔之間的關係，見《唐代科舉制度研究》第八章第一節，頁 164－183；毛漢光則考察了唐代最顯盛的十四姓十七家大士族中人的進士第，見〈唐代大士族的進士第〉，頁 334－364。至於唐代明經科考試的形式內容，可參閱陳飛：《唐代試策考述》第一章〈常明經試策〉。惜前賢均未及論述唐代前期明經試與唐代山東士族之關係。

[2] 毛漢光：〈唐代大士族的進士第〉，頁 359。

[3] 陳寅恪先生將其解釋爲「貞元以後宰相多以翰林學士爲之，而翰林學士復出自進士詞科之高選，山東舊族苟欲致身通顯，自宜趨赴進士之科，此山東舊族所以多由進士出身，與新興階級同化，而新興階級復已累代貴仕，轉成喬木世臣之家矣。」見《唐代政治史述論稿》，頁 89。至於進一步之具體解說，如關於唐代高級官吏中進士明經二科出身之人的比例變化，參閱吳宗國：《唐代科舉制度研究》第八章第一節；〈唐代大士族的進士第〉。

一、唐代前期的明經試

如果將經學分爲漢學與宋學兩種，隋唐的義疏大致可納入漢學一派。[1]從唐代明經科的考試內容與形式來看，也確實如此。然而從魏晉以來世家大族對經學的傳承來看，傳統山東文化高門對經學中的教化功能向來也是頗爲重視的，魏晉以來家學禮法的傳習更是說明了這一點。[2]南北朝以來的山東文化士族，不僅擔當了儒學經典文字傳授者的角色，同時更是享有對經學微言大義的解釋權和言傳身教之重要任務。他們在地方上起到的經學傳播與教化之作用是不容忽視的。對於以家學禮法自守的山東士族而言，「明經」顯然不是儒學的全部。

關於唐代明經科的地位，吳宗國指出：「明經的名稱早在漢朝就已經出現，南北朝察舉，也都曾以明經立科，比起進士科來，明經科的歷史要悠久得多。而且明經以儒家經典作爲考試內容，因此具有正統的地位。」；「唐朝前期明經的總體素質，社會地位和政治地位都不比進士爲低。」[3]唐朝明經科的考試內容，《新唐書》卷四四〈選舉志〉上載：「明經之別，有五經，有三經，有二經，有學究一經，有三禮，有三傳，有史科。」此處所舉諸科，其實包含了唐朝各個時期設立的科目。除了五經、三經和二經外，其他學究一經、三禮、三傳和史科等，均是玄宗開元二十六

---

[1] 此說見皮錫瑞：《經學歷史》，頁 1-2。

[2] 陳寅恪：《隋唐制度淵源略論稿》二〈禮儀〉章。

[3] 吳宗國：《唐代科舉制度研究》，頁 185 頁、頁 188。

年（738）以後才逐步設立的。[1]唐代明經試所考內容共有九部經
書，士子可從中選擇研習或兩部或三部或五部。《唐六典》卷二
〈尚書吏部〉「考功員外郎條」：「其明經，各試所習業，文注精
熟，辯明義理，然後爲通。正經有九：《禮記》、《左傳》爲大經；
《毛詩》、《周禮》、《儀禮》爲中經；《周易》、《尚書》、《公羊》、
《穀梁》爲小經。通二經者一大一小，若兩中經；通三經者大中
小各一；通五經者，大經並通。其《孝經》、《論語》並須兼習。」
《唐六典》約成書於開元二十六年（738），[2]此處記載之制度條例
至少是在開元時期仍然在實施的。《五經正義》頒行於永徽四年
（653），至此已近九十年，明經士子所用《五經》文本當是此
書。《唐六典》云「文注精熟」，是知三《禮》應用鄭玄注；《春秋
左氏傳》主杜預注；《詩經》主毛亨傳鄭玄箋；《周易》主王弼、
韓康伯注；《尚書》主孔安國傳；《公羊傳》主何休注；《穀梁傳》
主范寧注。《唐六典》云「辯明義理」，明顯是要求士子參考孔穎
達、顏師古等人編撰的《五經正義》。至於《周禮》、《儀禮》則有
太宗時禮學名家賈公彥所注之疏。[3]

　　唐代初期「明經取通兩經，先帖文，乃按章疏試墨策十道」。

---

[1] 吳宗國：《唐代科舉制度研究》，頁 29－37。本文在此只討論普通意義上的
通二經、通三經和通五經。而不涉及學館中的明經試。例如有學者便稱通一
經、二經、三經、五經爲「常明經」見陳飛：《唐代試策考述·緒言》，頁
23。

[2] 此處依據嚴耕望著：〈略論《唐六典》之性質與施行問題〉，《史語所集刊》
第 24 本，1953 年，頁 69－76。

[3] 《舊唐書》卷一八九上〈儒學傳上·賈公彥傳〉，頁 4950。

[1]可知最早的「明經」就是考兩經，此後又有通三經，通五經之試。至於考試形式「先帖本，乃按章疏試墨策十道」，到玄宗開元前後一直沿行。唯具體規定則有不斷的充實變化。《通典》卷十五〈選舉〉三〈歷代制〉下：「調露二年（680），考功員外郎劉思立始奏二科（明經、進士）並加帖經。其後，又加《老子》《孝經》，使兼通之。永隆二年（681），詔明經帖十得六，進士試文兩篇，識文律者，然後試策。」是知高宗調露二年時增加了明經、進士要帖經這一環節，[2]一年後又明確規定了所帖經文的具體數目：「明經帖十得六」。高宗〈嚴考試明經進士詔〉記載此次明經考試內容改革原因甚詳，茲直錄如下：

> 學者立身之本，文者經國之資，豈可假以虛名，必須徵其實效。如聞明經射策，不讀正經，抄撮義條，才有數卷。進士不尋史傳，惟誦舊策，共相模擬，本無實才。所司考試之日，曾不簡練，因循舊例，以分數為限。至於不辨章句，未涉文詞者，以人數未充，皆聽及第。其中亦有明經學業該深者，惟許通六；進士文理華贍者，竟無科甲。銓綜藝能，遂無優劣。試官又加顏面，或容假手，更相囑請，莫憚糾繩。緣是僥倖路開，文儒漸廢。興廉舉孝，因此失人；簡賢任能，無方可致。自今已後，考功試人，明

---

[1] 《封氏聞見記》卷三〈貢舉〉，頁 19。

[2] 《舊唐書》卷一一九〈楊綰傳〉：「至高宗朝，劉思立為考功員外郎，又奏進士加雜文，明經填帖，從此積弊，浸轉成俗。」（頁 3430）；並參閱同書卷一九○中〈文苑傳中・劉憲傳〉。

> 經試帖,取十帖得六已上者;進士試雜文兩首,識文律
> 者:然後並令試策,仍嚴加捉搦。必材藝灼然,合升高第
> 者,並即依令。其明法並書算貢舉人,亦量準此例,即爲
> 常式。[1]

此時明經士子已經需要試策了,《唐六典》中更明確記載了各經需
帖的字數和試策的條數:

> 諸明經試兩經,進士一經。每經十帖,《孝經》二帖、《論
> 語》八帖。每帖三言,通六已上,然後試策。《周禮》、《左
> 氏》、《禮記》各四條,餘經各三條,《孝經》、《論語》共三
> 條。皆錄經文及注意爲問。其答者,須辯明義理,然後爲
> 通。通十爲上上、通八爲上中、通七爲上下、通六爲中
> 上。其通三經者全通爲上上、通十爲上中、通九爲上下、
> 通八爲中上、通七及二經通五,爲不第。[2]

是知當時明經考試(指試兩經)依然只有兩個步驟:帖寫經文和
策問大義。

---

[1]《全唐文》卷十二,頁 161;並參閱《唐會要》卷七五〈貢舉〉上;《唐大
詔令集》卷一〇六〈條流明經進士詔〉。
[2]《唐六典》卷二〈尚書吏部〉「考功員外郎」條,頁48,下欄。

　　帖經取十帖通六然後試策，再依其所通條數給予出身。[1]帖經
的方法，史籍載：「凡舉司課試之法，帖經者，以所習經掩其兩
端，中閒開唯一行，裁紙爲帖，凡帖三字，隨時增損，可否不
一，或得四、得五、得六者爲通。」[2]此後的明經試又有了口試一
項，[3]《新唐書》卷四四〈選舉志〉上：「凡明經，先帖文，然後
口試，經問大義十條，答時務策三道，亦爲四等。」口試具體出
現在何時史料記載雖不清楚，但至少在玄宗天寶十一載（752）
時，明經已是要考此項。《唐會要》卷七五〈貢舉上・帖經條
例〉：「天寶十一載七月。舉人帖及口試，並宜對衆考定，更唱通
否。」德宗建中二年（781），中書舍人權知禮部貢舉趙贊奏：
「應口問大義明經等。舉人明經之目，義以爲先。比來相承，唯
務習帖。至於義理，少有能通。經術浸衰，莫不由此。今若頓取
大義，恐全少其人；欲且因循，又無以勸學。請約貢舉舊例，稍
示考義之難，承前問義，不形文字，落第之後，喧競者多。臣今
請以所問，錄於紙上，各令直書其義，不假文言。既與策有殊，

---

[1]《新唐書》卷四五〈選舉志〉下：「明經，上上第，從八品下；上中第，正
　　九品上；上下第，正九品下；中上第，從九品下。進士、明法，甲第，從九
　　品上；乙第，從九品下。」（1173 頁）。又《通典》卷十五〈選舉三・歷代
　　制〉下：「按令文，科第秀才與明經同爲四等，進士與明法同爲二等。然秀
　　才之科久廢，而明經雖有甲乙丙丁四科，進士有甲乙二科，自武德以來，明
　　經唯有丁第，進士唯乙科而已。」（頁 357）

[2]《通典》卷十五〈選舉三・歷代制下〉，頁 356。

[3]有學者以爲唐代明經需口試乃是受魏晉以來佛道談辯之風氣影響，見牟潤
　　孫著：〈論魏晉以來之崇尚談辯及其影響〉，載《注史齋叢稿》，頁 303－
　　355。

又事堪徵證。憑此取捨,庶歸至公。」[1]可見口試與試策比較,前者更重視士子的臨場表現和講辯義理的能力,[2]其記錄要求「直書其義」而「不假文言」。

自唐太宗貞觀十四年(640)開始修訂《五經正義》,高宗永徽四年(653)頒行天下「每年明經令依此考試」,[3]到玄宗開元初期,《五經正義》已經實施了六十餘年。它的頒行在一定程度上限制了唐代經學文字注疏與義理的進一步發展創造。想在中央做官的明經舉人,都要依循官方頒佈的教科書來研習經典,無論帖經、口試還是策問,都要依憑《五經正義》。如此,經學歸於一家之言,逐漸失去活力,儒學淑世的功能無疑也會慢慢減弱,故時人形容:「孝行爲立身之本,明經爲取位之資」[4]明經試已經淪爲了士子單純謀取出身的工具,士子取易避難,學無所用。開元八

---

[1]《唐會要》卷七五〈貢舉上・明經〉,頁 1374。

[2]這種論辯的風氣在唐初的釋奠禮和三教講論中,便已經形成了。且明經士子在應試之前也要參與講經辯義,如玄宗〈優禮諸州鄉貢明經進士詔〉中載:「其諸州鄉貢明經進士,見訖宜令引就國子監謁先師。學官爲之開講,質問疑義。仍令所司優厚設食。兩館及監府得舉人亦准此。其日朝請官五品以上及朝集使往觀禮,即爲常式。《易》曰:學以聚之,問以辯之。《詩》云:如切如磋,如琢如磨。此朕所望於賢才矣。」見《全唐文》卷二七,頁311。又《通典》卷十五〈選舉三・歷代制下〉載:「(明經進士)先試之期,命舉人謁於先師,有司蕳日,宿張於國學,宰輔以下皆會而觀焉。博集群議講論,而退之禮部。」(頁 357)

[3]《舊唐書》卷四〈高宗本紀〉上,頁 71;並參閱《唐會要》卷七七〈論經義〉,頁 1405。

[4]《彙編續集》開元○三四〈大唐故□州大都督府士曹參軍事鶱(思泰)君墓誌銘〉,頁 476。

年國子司業李元瓘明確指出：

> 三《禮》三傳及《毛詩》《尚書》《周易》等，並聖賢微
> 旨。生徒教業，必事資經遠，則斯文不墜。今明經所習，
> 務在出身。咸以《禮記》文少，人皆競讀。《周禮》經邦之
> 軌則；《儀禮》莊敬之楷模；《公羊》《穀梁》歷代宗習，今
> 兩監及州縣，以獨學無友，四經殆絕。事資訓誘，不可因
> 循。其學生望請量配作業，並貢人參試之日，習《周禮》、
> 《儀禮》、《公羊》、《穀梁》，並請帖十通五，許其入策。以
> 此開勸，即望四海均習，九經該備。[1]

《禮記》文少，又是九經中的大經，故「人皆競讀」。而《五經正
義》以外的《周禮》、《儀禮》、《公羊》、《穀梁》等四經則習者日
少。明經士子樂於研習的乃是《五經正義》，因其是考試的標準教
材，精熟此書中的經義，才能取得出身。故李元瓘建議降低應考
《周禮》、《儀禮》、《公羊》、《穀梁》四經的要求：「並請帖十通
五，許其入策。以此開勸，即望四海均習，九經該備」。及至開元
後期，明經學無所用的現象更加明顯，這就迫使朝廷要進一步改
革考試內容。玄宗於開元二十五年下詔：

> 致理興化，必在得賢，強識博聞，可以從政。且今之明經
> 進士，則古之孝廉秀才，近日以來，殊乖本意。進士以聲

---

[1] 《唐會要》卷七五〈貢舉〉上，頁 1376。

韻爲學，多昧古今；明經以帖誦爲功，罕窮旨趣。安得爲
敦本復古，經明行修？以此登科，非選士取賢之道也。其
明經自今已後，每經宜帖十，取通五已上，免舊試一帖。
仍案問大義十條，取通六已上。免試經策十條，令答時務
策三首，取粗有文性者與及第。其進士宜停小經，准明經
例，帖大經十帖，取通四已上，然後准例試雜文及策，考
通與及第。其明經中有明五經以上，試無不通者；進士中
兼有精通一史，能試策十條得六已上者，委所司奏聽進
止。其應試進士等唱第訖，具所試雜文及策，送中書門下
詳覆。其所問明經大義日，仍須對同舉人考試，庶能否共
知，取捨無愧。有功者達，可不勉與。[1]

玄宗停試經義策問，改以時務策，是欲求改變明經「以帖誦爲
功，罕窮旨趣」的弊端。

然而一紙詔書似乎沒能根本解決問題。明經只問文句的流
弊，及至「安史亂」後依然存在。大曆（766－779）初有國子司
業歸崇敬上疏：「五經六籍，古先哲王致理之式也。國家創業，制
取賢之法，立明經，發微言於衆學，釋回增美，選賢與能。自艱
難已來，取人頗易，考試不求其文義，及第先取於帖經，逐使專
門業廢，請益無從，師資禮虧，傳受義絕。（中略）其禮部考試之
法，請無帖經，但於所習經中問大義二十，得十八爲通；兼《論

---

[1] 唐玄宗〈條制考試明經進士詔〉，《全唐文》卷三一，頁 344－345。並參閱
《通典》卷十五〈選舉三・歷代制〉下；《唐會要》卷七五〈貢舉〉上。

語》、《孝經》各問十得八，兼讀所問文注義疏，必令通熟者爲一通。又於本經問時務策三道，通二爲及第。其中有孝行聞於鄉閭者，舉解具言於習業之下。」[1]明經考試既然只以帖經爲主而不求經義，則經學中微言大義之旨也就無從求得，如此更難有通經致用之才。故時人段秀實以爲明經科「搜章摘句，不足以立功」，[2]乃棄而不就。

其實比較明經、進士二者的出身，明經的地位在唐代前期還要高於進士。《新唐書》卷四五〈選舉志〉下載：「明經，上上第，從八品下；上中第，正九品上；上下第，正九品下；中上第，從九品下。進士、明法，甲第，從九品上；乙第，從九品下。」而「進士、明法，甲第，從九品上；乙第，從九品下」明經上上第的出身從八品下要比進士甲第出身的從九品上高了兩階，兩《唐書》列傳顯示唐代前期以明經出身的名臣也是爲數衆多。[3]尤其是高宗武則天時期，朝廷中一些明經科出身的高級官吏，其中就有不少是以累世經學或以家學禮法著稱的山東士族，如：

清河崔義玄「少愛章句之學，《五經》大義，先儒所疑及音韻不明者，兼采衆家，皆爲解釋，傍引證據，各有條疏。至是，高宗令義玄討論《五經》正義，與諸博士等詳定是非，事竟不就。（子）神慶，明經舉，則天時，累遷萊州刺史。……開元中，神

---

[1] 《舊唐書》卷一四九〈歸崇敬傳〉，頁 4017－4018。

[2] 《新唐書》卷一五三〈段秀實傳〉，頁 4847。

[3] 吳宗國：《唐代科舉制度研究》，頁 184－188。

慶子琳等皆至大官，群從數十人，趨奏省闈。每歲時家宴，組珮輝映，以一榻置笏，重疊於其上。開元、天寶間，中外族屬無總麻之喪，其福履昌盛如此。」[1]

高宗朝名將裴行儉絳州聞喜人，「幼引蔭補弘文生。貞觀中，舉明經。」、「（曾孫）均以明經爲諸暨尉。數從使府辟，硜硜以才顯。」[2]

武則天時期的宰相狄仁傑「并州太原人也。祖孝緒，貞觀中尙書左丞。父知遜，夔州長史。……後以明經舉，授汴州判佐」[3]。其母爲范陽盧氏，家中姐妹亦以儒學禮法自守。[4]

張知謇「幽州方城人，徙家岐。兄弟五人，知玄、知晦、知泰、知默皆明經高第，曉吏治，清介有守，公卿爭爲引重。調露（679－680）時，知謇監察御史裏行，知默左台侍御史。知謇歷十一州刺史，所蒞有威嚴，武后降璽書存問。」[5]

博陵崔玄暐「少有學行，深爲叔父秘書監行功所器重。龍朔中，舉明經，累補庫部員外郎。其母盧氏嘗誡之曰：『吾見姨兄屯田郎中辛玄馭云：「兒子從宦者，有人來云貧乏不能存，此是好消息。若聞貲貨充足，衣馬輕肥，此惡消息。」吾常重此言，以爲確論。比見親表中仕宦者，多將錢物上其父母，父母但知喜悅，竟不問此物從何而來。必是祿俸餘資，誠亦善事。如其非理所

---

[1]《舊唐書》卷七七〈崔義玄傳附子神慶傳〉，頁 2689－2690。

[2]《新唐書》卷一〇八〈裴行儉附均傳〉，頁 4085、頁 4091。

[3]《舊唐書》卷八九〈狄仁傑傳〉

[4]《唐語林》卷四〈賢媛〉，頁 404。

[5]《新唐書》卷一〇〇〈張知謇傳〉，頁 3946－3947。

得，此與盜賊何別？縱無大咎，獨不內愧於心？孟母不受魚鮓之
饋，蓋爲此也。汝今坐食祿俸，榮幸已多，若其不能忠清，何以
戴天履地？孔子云：「雖日殺三牲之養，猶爲不孝。」又曰：「父
母惟其疾之憂。」特宜修身潔己，勿累吾此意也。』玄暐遵奉母
氏教誡，以清謹見稱。」[1]

　　睿宗時名臣盧從願「相州臨漳人，後魏度支尚書昶六代孫
也。自范陽徙家焉，世爲山東著姓。弱冠明經舉。」[2]潘好禮「貝
州宗城人。第明經，累遷上蔡令，治在最，擢監察御史。……子
請舉明經，好禮曰：『經不明，不可妄進。』乃自試之，不能通，
怒笞之，械而徇於門。……好禮博學，能論議，節行修整，一意
無所傾附。未嘗自列階勳，居室服用粗苟至終身，世謂近名。」[3]

　　「安史亂」時陷於賊庭，暗中向朝廷密疏亂臣奸謀的李承
「趙郡高邑人，吏部侍郎至遠之孫，國子司業畬之第二子也。承
幼孤，兄曄鞠養之。既長，事兄以孝聞。舉明經高第。」[4]

　　玄宗之後，明經出身而身居高位者，則明顯減少，傳統山東
士族子弟以應明經舉而身致高位者更是不復多見。朝廷中的高級
官員中多了以進士科出身者。[5]以「安史亂」後朝廷中宰相出身爲

---

[1]《舊唐書》卷九一〈崔玄暐傳〉，頁 2934；並參閱〈大唐故特進中書令博陵
　郡王贈幽州刺史崔（玄暐）公墓誌銘〉，《彙編》上冊，開元〇二六，頁 1168
　－1170。

[2]《舊唐書》卷一〇〇〈盧從願傳〉，頁 3123。

[3]《新唐書》卷一二八〈潘好禮傳〉，頁 4465－4466。

[4]《舊唐書》卷一一五〈李承傳〉，頁 3378－3379。

[5]吳宗國：《唐代科舉制度研究》，頁 164－184；毛漢光：〈唐代大士族的進士
　第〉，頁 334－364。

例，傳統山東高門中的崔盧李鄭等著姓，大部分乃是依進士科入相。如：

清河崔氏出宰相八名，由進士第者有憲宗（806－820 年在位）朝宰相崔群；宣宗（847－859 年在位）朝宰相崔慎由、崔鄲、崔龜從；僖宗（874－888 年在位）朝宰相崔彥昭；昭宗（889－904）朝宰相崔胤、崔昭緯等七人。

博陵崔氏出宰相十名，由進士第者有德宗（780－805 年在位）朝宰相崔損、崔祐甫；武宗（841－846 年在位）宣宗朝宰相崔鉉；僖宗朝宰相崔沆；昭宗朝宰相崔遠等五人。

范陽盧氏出宰相五名，由進士第者有宣宗朝宰相盧商；僖宗朝宰相盧攜等二人。

趙郡李氏出宰相十名，由進士第者有憲宗朝宰相李絳、李鄘；文宗（827－840 年在位）朝宰相李固言、李珏；武宗朝宰相李紳；昭宗朝宰相李嵎等六人。

滎陽鄭氏出宰相十名，由進士第者有德宗朝宰相鄭餘慶、鄭絪；武宗朝宰相鄭肅；宣宗朝宰相鄭朗；僖宗朝宰相鄭從讜、鄭畋；昭宗朝宰相鄭綮等七人。[1]

綜合前論可知，因爲《五經正義》的頒行以及由此而引起的明經考試之僵化，使得明經之社會地位大不如前。世傳家學既然不再處於獨尊地位，士族子弟只好轉而借助進士科施展他們個人的才智，以此而獲取高官厚祿，實現自己的人生抱負並維持家世榮華。上面引用的材料也均說明了這一點。

---

[1] 毛漢光著：〈唐代大士族的進士第〉，頁 357－359。

二、墓誌材料所見山東士族之習業

魏晉南北朝以來，士族特點在其優美之門風，優美之門風又基於學業之因襲，所以學者說「士族家世相傳之學業乃與當時之政治社會有極重要之影響」[1]。前文已論，《五經正義》的頒行和明經科地位的降低在一定程度上削弱了傳統山東士族在經學和文化領域的地位及影響。而唐代前期山東士族社會地位的衰落，無疑也暗示了其所代表的學術暨儒學水平的低落。

細細考索附表一，我們不難發現太宗、高宗時期，儒者還多傳家學和富於私家著述：

孔穎達，明服（虔）氏《春秋傳》、鄭氏《尚書》、《詩》、《禮記》、王氏《易》，善屬文，通步曆；領修《五經正義》。子志，終司業。志子惠元，力學寡言，又爲司業，擢累太子諭德。三世司業，時人美之。

王恭，教授鄉閭，弟子數百人。精《三禮》，別爲《義證》。

司馬才章，父烜，博涉五經，善緯候。才章少傳其業。

馬嘉運，貞觀初，累除越王東閣祭酒。退隱白鹿山，諸方來授業至千人。

張士衡，父文慶，北齊國子助教。父友劉軌思以《詩》、《禮》授之。又從熊安生、劉焯等習《禮記》。以《禮》教諸生，當時顯者：永平賈公彥、趙郡李玄植。士衡遍講五經，尤攻三

---

[1] 陳寅恪：《唐代政治史述論稿》中篇，頁 71；錢穆：〈略論魏晉南北朝學術文化與當時門第之關係〉。

《禮》。

賈公彥，永徽中官至太學博士，撰《周禮義疏》五十卷、《儀禮義疏》四十卷。

李玄植，從賈公彥習三《禮》；又受《左氏春秋》於王德韶；《毛詩》於齊威。撰《三禮音義》；博涉漢史及老、莊諸子之說，辨論甚美。

蓋文達，貞觀十八年，授崇賢館學士。尤明《春秋》三家。

蓋文懿，文達族人。貞觀中，卒於國子博士。善講《毛詩》。

可知唐初尙多治三禮的專家。學者以爲這也是上延南北朝的風氣而來，和門第禮法頗有關係。[1]

高宗朝，儒臣中更多了一些精通三史的學者[2]，如敬播，與孔穎達等修《隋史》，又與令狐德棻等撰《晉書》，大抵凡例皆播所做。永徽時與許敬宗撰《高祖實錄》，興創業，盡貞觀十四年。又撰《太宗實錄》，訖貞觀二十三年。

劉伯莊，龍朔中，授崇賢館學士。與許敬宗等參修《文思博要》及《文館詞林》；撰《史記音義》、《史記地名》、《漢書音義》各二十卷，行於代。子之宏，世傳家學。

秦景通與弟皆精《漢書》，號「大秦君」、「小秦君」。當時習《漢書》者皆宗師之。

劉訥言，乾封中，歷都水監主簿。以《漢書》授沛王賢。

---

[1] 《廿二史劄記校證》卷二十「唐初三禮漢書文選之學」條；陳寅恪：《隋唐制度淵源略論稿》第二章〈禮儀〉。
[2] 唐代儒臣又多精於史學，參柯金木：〈兩唐書儒學傳儒史雜混之探析〉，頁91－113。

　　王元感，撰《尚書糾謬》十卷、《春秋振滯》二十卷、《禮記
繩愆》三十卷。

　　到了中宗睿宗朝，兩《唐書‧儒學傳》所收人物，多以譜學
顯，如柳沖、孔至等。傳統儒家經典的著述反不多見。及至玄宗
朝，已是少有家學傳授和私人經學著述之作。儒者中更多了通
《周易》、《老》、《莊》，善玄風之學者，如康子元、侯行果、尹愔
等。由此可見唐前期儒者學風之演變。

　　附表一雖然反映了玄宗朝以後經學文字注疏之學的衰弱，但
也有史料表明傳統的山東大族高門，一直在努力嘗試保持其固有
的家傳學業與優美之門風。如《唐語林》卷一〈德行〉載：「開
元、天寶之間，傳家法者：崔沔之家學，崔均之家法。」而《新
唐書》卷一九七〈循吏‧韋丹傳〉亦載：「（韋）丹蚤孤，從外祖
顏真卿學，擢明經。」出土的墓誌材料也清楚說明了唐代前期傳
統山東士族的這一特點。如博陵崔暟「歲十有八，以門胄齒太
學。明年，精《春秋左氏傳》登科，……初公皇考洛縣府君儼在
蜀之歲，公年始登十，而黃門郎齊睿長已倍之，與公同受《春
秋》三傳於成都講肆。……（暟）嘗戒子監察御史渾、陸渾主簿
沔曰：吾之詩書禮易，皆吾先人於吳郡陸德明、魯國孔穎達重申
討，以傳於吾，吾亦以授汝。汝能勤而行之，則不墜先訓矣。」[1]
崔暟神龍元年（705）卒，年七十四。

　　薛元超，太宗高宗時人，光宅元年（684）卒，年六十二。元

---

[1] 《彙編》下冊，大曆〇六二〈有唐朝散大夫守汝州長史上柱國安平縣開國
　男贈衛尉少卿崔（暟）公墓誌〉，頁1802。

超「父收，……（元超）六歲（貞觀元年），襲汾陰男。受《左傳》於同郡韓文汪。」[1] 知太宗時期，官宦士族子弟，不乏從師授業者。

清河崔志道，「妙年立節，卓爾不群，負笈從師，雖千里而無遠；集螢志學，雖三多而有成。……惟公自少及長，懷貞踐義，出言有章，動則有禮。敦樸素，抑浮華，正衣冠視聽，閨庭之內肅如也。所以士林取則，雅俗欽風。」[2] 志道，高宗時人。

張柬之父張玄弼，「伏膺於大儒谷那律。律爲諫議大夫，紬書秘府。府君以明經擢第，隨律典校墳籍。」[3] 谷那律，魏州昌樂（今河北南樂）人，貞觀中累補國子博士，永徽初卒官，黃門侍郎褚遂良稱之爲「九經庫」。

博陵崔沉，「七歲誦《孝經》、《論語》，十二通《毛詩》《尚書》，精義貫理，默而識之。十六師事蘇州蘇譔，講《左氏春秋》。」[4] 崔沉貞觀十七年明經高第，次年即卒，年廿四。[5] 由此可知唐初的士族子弟皆有師承，其所習經文次序大致先《孝經》、《論語》，次《詩》《書》，再《春秋左傳》。如《唐故鄂嶽觀察推官監察御史裏行上柱國元（袞）公墓誌銘》亦記載：「（公）六歲

---

[1] 《彙編續集》垂拱○○三〈大唐故中書令贈光祿大夫秦州都督薛（震）墓誌銘〉，頁 278。

[2] 《彙編》上冊，永淳○二二〈大唐故巫州龍標縣令崔（志道）君墓誌銘〉，頁 700。

[3] 《彙編》上冊，天授○三九〈唐故益州大都督府功曹參軍事張（玄弼）君墓誌銘〉，頁 822。

[4] 《彙編》上冊，神龍○三五〈大唐故文林郎崔（沉）墓誌銘〉，頁 1065。

[5] 《彙編》上冊，神龍○三五〈大唐故文林郎崔（沉）墓誌銘〉，頁 1065。

入小學，讀《孝經》。……七歲學《論語》，日讀數篇。……未十歲通《左氏傳》，十四擢明經。」[1]元袞卒於元和四年（809），終年五十二歲，[2]代宗寶應二年（763）時六歲。可知「安史之亂」前後，士族所習經典與次序大致略同。

趙郡李元確，「曾祖希仁，北齊國子祭酒兼侍中，……年未十歲，嘗以兵刃損指，捧手改容，深以毀傷自戒。……入室秘文自傳於家業，升堂奧義見推於國庠。」[3]是知趙郡李氏不僅為地方豪族，子弟幼習武藝，更是以家傳儒業「見推於國庠」。

清河崔虞延，「精通孔氏《尚書》、左氏傳。」[4]

清河崔秤，元和十二年（817）卒，年五十七。「弱冠治魯《春秋》與虞夏商周之書，諫於有司，經明上第。」[5]

〈唐故秘書郎兼河中府寶鼎縣令趙郡李府君夫人榮陽鄭氏墓誌銘〉載：「夫人聰識明敏，尤精魯宣公之經誥，善衡夫人之華翰，明左氏之傳，貫遷固之書，下及諸史，無不該覽。」[6]鄭氏卒於大中十年（856）。山東士族大家中的女子此時仍博通經史，足證其家風不墮。

清河崔慎由，卒於咸通九年（868），少「始以習經《春秋左

[1] 《彙編續集》元和○二三，頁816。

[2] 《彙編續集》元和○二三，頁816。

[3] 《彙編》上冊，開元一○三〈大唐故國子明經吏部常選贈趙州長史趙郡李（元確）君墓誌銘〉，頁1224－1225。

[4] 《彙編》下冊，天寶一七三〈唐故陪戎副尉崔（虞延）墓誌銘〉，頁1652。

[5] 《彙編》下冊，元和一○一〈唐故懷州錄事參軍清河崔（秤）府君故夫人榮陽鄭氏合祔墓誌銘〉，頁2019。

[6] 《彙編》下冊，大中一二四，頁1348。

氏傳》、《尚書》、《論語》、《孝經》、《爾雅》，隨明經試，獲第於有司。」[1]

然而這些山東高門士族子弟，再也不能像他們的先祖那樣，用家傳章句之學與高門禮法，獨顯於世。在地方上也再不能起到移風化俗的巨大作用了，他們的努力至多只是在維持自身家門的傳統而已。[2]總觀墓誌材料可以看出，唐代前期士族大家子弟所學多有師承，又或世傳家業；但後期的墓誌中從師受學和家傳經學的記載則明顯少於前期，這與本書附表一中反映的現象基本是一致的。

誠如學者指出的那樣：高宗武后及玄宗統治期間，是士族中央化的高潮時期，「如果以中央與地方之間的的關係而論，這種現象的發展，顯示唐朝政府的地方基礎將日益薄弱」。[3]唐朝政府的地方統治需要靠區域社會群體，尤其是魏晉北朝士家大族的支持，但唐代前期文化政策造成的傳統山東士族社會實力在地方上的減弱，無疑不利於傳統士族在河朔地區繼續發揮其應有的作用。

科舉制度的實行，尤其是明經考試的形式化，又使得經學在世人心中的地位也慢慢降低。誠如《新唐書》卷一六四〈歸崇敬

---

[1] 《彙編續集》咸通〇五三〈唐太子太保分司東都贈太尉清河崔（慎由）府君墓誌〉，頁 1074。

[2] David Johnson, *The Aristocratic Families of Early Imperial China-A Case Study of the Po-Ling Ts'ui Family*, Chs. 2-4.

[3] 毛漢光：〈從士族籍貫遷移看唐代士族之中央化〉，頁 330。

傳〉所載:「近世明經,不課其義,先取帖經,顓門廢業,傳受義絕。習業考試,並以明經爲名,得第授官,與進士同。」於是,唐朝中央集權帝國政府在山東河北壓抑文化異己——山東漢族高門的政策,隨著時間的推移和歷史的發展,終於走到了自己的反面,這就是河北地區中國傳統文化地位的低落和在此基礎上的安史反亂之爆發。

第二節　傳統山東士族社會地位的轉變

陳寅恪先生在《唐代政治史述論稿》一書中說:「但隋唐兩朝繼承宇文氏之遺業,仍舊實行『關中本位政策』,其統治階級自不改其歧視山東人之觀念。」[1]同書又云:「李唐承襲宇文泰『關中本位政策』,全國重心本在西北一隅,而吐蕃盛強延及二百年之久。故當唐代中國極盛之時,已不能不於東北方面采維持現狀之消極政略,而竭全國之武力財力積極進取,以開拓西方邊境,統治中央亞細亞,藉保關隴之安全爲國策也。」[2]其實「關中本位政策」,在貞觀朝已經發生了不小的改變。太宗汲取隋亡之教訓,意識到不能只單純依靠某一集團來統治中國全境;中國的統一不僅是政治軍事方面的,且更需要文化政策方面的輔助。因此唐太宗

---

[1]陳寅恪:《唐代政治史述論稿》上篇,頁16。
[2]陳寅恪:《唐代政治史述論稿》下篇,頁130。

在唐代初期繼續執行「關隴本位政策」的同時，[1]因應不同時期的
具體需要，對帝國境內各種社會群體實施了不同的政治文化政
策。

前文已述，山東士族既是當時中華傳統文化的代表，在唐初
一系列歧視政策的打壓下，他們的社會地位也隨之改變，尤其是
在河北一帶的社會文化影響力被嚴重削弱。這無疑也是造成唐代
前期儒家傳統文化低落的一個主要原因。換而言之，太宗朝以來
實行的——尤其是針對山東士族的——政策，無論是在中央政府
還是華北社會，都產生了深遠的政治文化影響。

一、關隴勳貴集團與山東士族高門

《舊唐書》卷六一〈竇威傳〉：

> 竇威字文蔚，扶風平陵人，太穆皇后從父兄也。父熾，隋
> 太傅。威家世勳貴，諸昆弟並尚武藝，而威耽玩文史，介
> 然自守。諸兄哂之，謂爲「書癡」。隋內史令李德林舉秀
> 異，射策甲科，拜秘書郎。秩滿當遷，而固守不調，在秘
> 書十餘歲，其學業益廣。時諸兄並以軍功致仕通顯，交結
> 豪貴，賓客盈門，而威職掌閒散。諸兄更謂威曰：「昔孔丘

---

[1] 本文在此依從陳寅恪先生的理論，以爲「關中本位政策」在武則天執政時
期才發生重大改變，至玄宗之世完全改變，見陳寅恪：《唐代政治史述論
稿》上篇；並參閱汪籛著：〈唐高宗王武二后廢立之爭〉，載《汪籛隋唐史論
稿》，頁 165－188。

　　積學成聖，猶狼狽當時，棲遲若此，汝效此道，復欲何
　　求？名位不達，固其宜矣。」威笑而不答。

寶威雖出身自關隴集團，卻因耽玩文史名位不達爲諸兄所笑。反
觀其兄長均以「軍功致仕通顯，交結豪貴」。這也正說明關隴集團
所代表的文化性質：「這一集團本是順著北方邊境的胡人對於北魏
孝文帝漢化政策所起的反動潮流而產生的，這集團中的中心人
物，原爲沒有受過文化洗禮的胡人，或是開倒車的胡化的漢人。
他們本都是能征慣戰的將士，而不是懂得文學治道的儒生。」[1]相
反山東地區在歷史上，有著發達的文化傳統，史書載：「自晉宋以
來，號洛陽爲荒土，此中謂長江以北儘是夷狄。昨至洛陽，始知
衣冠士族並在中原，禮儀富盛，人物殷阜。」[2]至唐代初期，山東
依然是人才薈萃的地方，連唐太宗也承認「山東人物之所」。[3]

　　當時的山東士族是以家學禮法標異於其他諸姓，而唐初的關
隴集團則依然代表了一種尚武尚功的胡俗文化。《新唐書》卷九一
〈溫大有傳〉載：「初，顏氏、溫氏在隋最盛，思魯與大雅俱事東
宮，潛楚、彥博同直內史省，游秦、大有典校秘閣，顏以學業
優，而溫以職位顯於唐云。」顏氏乃晉以來的禮法名家，至唐而
家風不替，其代表的傳統中原士族也是儒家文化的代表。相反溫

---

[1] 汪籛：〈唐太宗之拔擢山東微族與各集團人士之並進〉，頁 142。

[2] 〔北魏〕楊衒之撰、周祖謨校釋：《洛陽伽藍記校釋》（上海：上海書店，2000）卷二城東，景寧寺，頁 108。

[3] 《資治通鑑》卷一九〇唐高祖武德五年十二月「劉黑闥攻魏州未下」條〈考異〉引《太宗實錄》，頁 5963。

氏所代表的是關隴勳貴集團，以官品職位顯達。這兩個集團在文化性質上是相互對立的。

到了太宗朝，唐已經是一個統治了整個華夏地區，綜合了北齊、北周和南陳的大帝國。爲政治統一計，太宗也必須打破偏重任用關隴貴族的政策，啓用不同地區，不同文化性質的集團。然而前文已論，傳統的山東士族是看不起不守家門禮法之李唐皇室的，「所以在這一方面，唐初皇帝便不免又有自卑心理。在『自以爲貴』的自驕和『並不算清』的自卑兩種矛盾心理衝突之下，太宗對於山東人著實沒有好感，所以太宗對於山東士族是極爲壓抑的。」[1] 此後頒定《氏族志》，[2] 更是明顯針對山東士族高門：

> 「漢高祖與蕭、曹、樊、灌皆起閭閻布衣，卿輩至今推
> 仰，以爲英賢，豈在世祿乎！高氏偏據山東，梁、陳僻在
> 江南，雖有人物，蓋何足言！況其子孫才行衰薄，官爵陵
> 替，而猶卬然以門地自負，販鬻松檟，依託富貴，棄廉忘
> 恥，不知世人何爲貴之！今三品以上，或以德行，或以勳
> 勞，或以文學，致位貴顯。彼衰世舊門，誠何足慕！而求
> 與爲昏，雖多輸金帛，猶爲彼所偃蹇，我不知其解何也！
> 今欲釐正訛謬，捨名取實，而卿曹猶以崔民幹爲第一，是
> 輕我官爵而徇流俗之情也。」乃更命刊定，專以今朝品秩

---

[1] 汪籛：〈唐太宗樹立新門閥的意圖〉，頁 153。
[2] 唐代三次修訂《氏族志》的經過和影響，參閱池田溫著：〈唐朝氏族志研究〉，載劉俊文主編：《日本學者研究中國史論著選譯》第四卷〈六朝隋唐〉，頁 663-720。

爲高下。[1]

太宗就是想用現行的官品等級來限制和壓抑山東文化高門，[2]正是文化性質的差異導致了這兩個集團之間的矛盾。

終太宗貞觀一朝，二十八個宰相中山東人占了近一半，有十一人：高士廉、房玄齡、魏徵、溫彥博、戴胄、李世勣、張亮、馬周、高季輔、張行成和崔仁師。[3]其他則是關中貴族和江南士人。這些人中絕大部分都出自卑賤或不顯的家庭，雖然也有二流的門閥參與其間，只是極少數而已，其中原因，確如學者指出的那樣，一是山東士族的甲門，其聲望在一般人心目中，要遠遠凌駕於李唐皇室所隸屬的關隴集團之上，「太宗心裏既對他們抱著歧視心理，那麼山東人既不得不用，而山東望族的人士又不爲太宗所樂用，自然就要拔擢山東微族的人才了。」[4]二是太宗要極力防範山東士族在朝庭中結黨，所以也特別喜歡引用孤立無憑的微族。我們留意到，太宗雖然對傳統山東文化高門處處壓制，卻並非盡排其人，仍是盡可能的籠絡人材。

貞觀六年太宗以山東士族嫁女「廣索聘財」有傷風俗爲藉口，下令臣下刊定姓氏。目的就是「欲崇樹今朝冠冕，……不論

---

[1]《資治通鑑》卷一九五唐太宗貞觀十二年（638）正月「吏部尚書」條，頁6136。

[2]池田溫：〈唐朝氏族志研究〉；毛漢光：《中國中古社會史論》第七篇〈中古山東大族著房之研究〉。

[3]《新唐書》卷六一〈宰相表〉上。

[4]汪篯：〈唐太宗拔擢山東微族與各集團人士之並進〉，頁145。

數代已前，只取今日官品、人才作等級。」[1]以此來提高李唐皇室的地位。但是由政府來負責修改與頒定《氏族志》，無疑就是承認了現存的士族制度，太宗主要攻擊的對象是山東士族的崔盧李鄭而已。[2]在這部《氏族志》頒行天下兩年之後，太宗又針對山東士族下了一道禁止「賣婚」的詔書：

> 氏族之美，實繫於冠冕，婚姻之道，莫先於仁義。自有魏失御，齊氏云亡，市朝既遷，風俗陵替，燕、趙古姓，多失衣冠之緒，齊、韓舊族，或乖禮義之風。名不著於州閭，身未免於貧賤，自號高門之胄，不敦匹嫡之儀，問名唯在於竊貲，結褵必歸於富室。乃有新官之輩，豐財之家，慕其祖宗，競結婚姻，多納貨賄，有如販鬻。或自貶家門，受辱於姻婭；或矜其舊望，行無禮於舅姑。積習成俗，迄今未已，既紊人倫，實虧名教。朕夙夜兢惕，憂勤政道，往代蠹害，咸已懲革，唯此弊風，未能盡變。自今以後，明加告示，使識嫁娶之序，務合禮典，稱朕意焉。[3]

---

[1] 《貞觀政要》卷七〈禮樂〉，頁 226－227。

[2] 汪籛：〈唐太宗樹立新門閥的意圖〉，頁 154。

[3] 《貞觀政要》卷七〈禮樂〉，頁 227。

南北朝以來世家大族看重的便是婚、宦兩個方面，[1]太宗已經通過修《氏族志》來向高門仕宦特權挑戰，這一次，則明顯是想干預新貴、豪富與山東士族之間的通婚了。

　　出身關隴集團的李唐皇室，是以軍功爲貴的。他們的政治地位雖高，但是「就社會地位來說，那就有大大的不同。在門閥制度下，社會地位是以婚媾做標準的，那時看重的是『清』，是『文化的傳統』。關隴集團的貴門，包括李唐皇室在內，都不具備這個條件。」[2]因此傳統的山東文化士族輕視李唐皇室，看不起其不守家門禮法的行爲。自初唐直到晚唐，這種態度均未曾改變。

　　唐人筆記有這樣一則故事：「唐貞觀中，桂陽令阮嵩妻閻氏極妬。嵩在廳會客飲，召女奴歌，閻披髮跣足袒臂，拔刀至席，諸客驚散。嵩伏床下，女奴狼狽而奔。刺史崔邈爲嵩作考詞云：『婦強夫弱，內剛外柔。一妻不能禁止，百姓如何整肅？妻既禮教不修，夫又精神何在？考下』。」[3]崔邈之家世未及詳考，想必也是

---

[1] 有研究指禁賣婚詔雖然限制了關中人與山東人的婚姻，減少了山東人入朝做官機會，但關中人互相婚嫁，封閉式婚姻，不但不能割除關中人舊有的胡族習俗，而且相應阻礙了山東文化向關中的滲透，其結果更促使胡族習俗在唐初社會的流行。見張金桐　王桂巧著：〈唐初禁賣婚詔：胡風唐漸的原因〉，《寧夏社會科學》，2003 年第 6 期，頁 110－123。此說雖尚待詳細論證，但也爲我們研究唐代前期胡風勁扇提供了一個視角。

[2] 汪籛：〈唐太宗樹立新門閥的意圖〉，頁 153。

[3] 《朝野僉載》卷四，頁 91。

七姓之一。[1]在傳統山東文化高門看來，修身、齊家、治國是一以貫之的。[2]

到了宣宗大中（847－859）年間，山東士族之家法依然要高於李唐皇室。《資治通鑑》卷二四八唐宣宗大中二年：「萬壽公主適起居郎鄭顥。……顥弟顗，嘗得危疾，上遣使視之。還，問『公主何在？』曰：『在慈恩寺觀戲場。』上怒，歎曰：『我怪士大夫家不欲與我家爲婚，良有以也！』亟命召公主入宮，立之階下，不之視。公主懼，涕泣謝罪。上責之曰：『豈有小郎病，不往省視，乃觀戲乎！』遣歸鄭氏。由是終上之世，貴戚皆兢兢守禮法，如山東衣冠之族。」這應該就是傳統山東士族文化高門，不願與「閨門失禮不以爲異」的李唐皇室聯姻的原因之一了。

此前文宗（827－840 在位）也曾想給他的太子娶山東望族鄭覃家的女子爲妃，可是鄭家不願意，文宗怒曰：「朕欲爲太子婚娶，本求汝鄭門衣冠子女爲新婦。聞在外朝臣，皆不願共聯作親情，何也？朕是數百年衣冠，無何神堯打家羅訶去。因遂罷其

---

[1] 德宗貞元（785－805）人韓方明在其〈授筆要說〉中云：「昔歲學書，專求筆法。貞元十五年授法於東海徐公璹，十七年授法於清河崔公邈，由來遠矣。」載《全唐文》卷八四二，頁 4931，上欄；並參閱《新唐書》卷二〇二〈文藝中・李白附張旭傳〉）。貞元上距貞觀（627－649）甚遠，此清河崔邈當爲另外一人。

[2] 如〈大唐故巫州龍標縣令崔（志道）君墓誌銘〉載：「君諱志道，字元閎，清河東武城人也。……妙年立節，卓爾不群。負笈從師，雖千里而無遠；集螢志學，歷三冬而有成。……惟公自少及長，懷貞踐義，出言有章，動則由禮。敦樸素，抑浮華，正衣冠視聽，閨庭之內肅如也。所以士林取則，雅俗欽風。」（《彙編》上冊永淳〇二二，頁 700）

選。」[1]身染胡俗的李唐皇室，即便算得上「數百年衣冠」，但就是因爲他們不能謹守中原禮法文化，閨門多有失禮之處，因此才被傳統的山東文化士族所輕視。

傳統山東士族雖然一直以保有儒業家學而自立於鄉黨，但從高宗時代起，他們如果想要通過科舉進入仕途，就必須轉而學習李唐政府頒佈的標準經學教材——《五經正義》。如此士族漸失其在學術文化上的壟斷地位，出身關隴集團的李唐皇室因此又得以借助學術一統而壓抑了山東士族大家的社會文化地位。顯然，唐初胡漢雜糅的李唐皇室從仕宦、儒業、婚姻這些士族得以成立的要害向山東高門發動了全面挑戰。

學者曾將北魏孝文帝施行的氏族政策與太宗之樹立新門閥比較，得出了以下幾點結論：一是二者皆欲憑藉政治地位以提高其社會地位，二是二者皆修氏族志，將本身隸屬之集團的地位加以提高；二者相異之處在於孝文帝出自胡族，其政策是借提高胡族的文化來提高胡族之社會地位，所以他的政策是要與漢人中的士族合作。而唐初諸帝本身的集團已有地位，他們的目的在打擊山東士族，所以和高門是不合作的。[2]其實，李唐皇室也是染有胡族血統，他們這一集團所代表的也不是傳統的儒家文化。所以，太宗時期關隴軍事貴族集團與山東傳統文化士族之間的社會地位，仍然反映了當時社會中漢化與非漢化之間的矛盾鬥爭。

---

[1] 《太平廣記》卷一八四〈氏族類〉「莊恪太子妃條」，頁 1379。
[2] 汪籛：〈唐太宗樹立新門閥的意圖〉，頁 162。

二、傳統山東士族高門勢力的減弱

　　關於山東士族的個案研究，中外學者已經多有精彩之論述，[1]
此不贅言。這裏只想以傳統山東士族中的趙郡李氏、博陵崔氏、
清河崔氏、范陽盧氏、滎陽鄭氏和太原王氏等爲例，來說明「安
史亂」前山東士族逐步遷移出河北地區的現象及影響。這其中，
又以趙郡李氏的案例最具代表性，茲先論述如下：

　　《隋書》卷四六〈李雄傳〉(《北史》卷三三《李裔附子
（子）雄傳》略同。《北史》「子雄」當作「雄」[2])：

> 雄少慷慨，有大志。家世並以學業自通，雄獨習騎射。其
> 兄子旦讓之曰：「棄文尚武，非士大夫之素業。」雄答曰：
> 「竊覽自古誠臣貴仕，文武不備而能濟其功業者鮮矣。雄
> 雖不敏，頗觀前志，但不守章句耳。既文且武，兄何病
> 焉。」子旦無以應之。

與前文所引《舊唐書·竇威傳》比較，可以發現山東士族是以學

---

[1] David Johnson, "The Last Years of Great Clan: The Li Family of Chao Chun in
Late T'ang and Early Sung", in *Harvard Journal of Asiatic Studies,* 37:1, 1977,
pp.5-102; Patricia Buckley Ebrey, *The Aristocratic Families of Early Imperial
China — A Case Study of the Po-Ling Ts'ui Family,* Chs.2-4, Cambridge:
Cambridge University Press, 1978, pp.15-86；愛宕元著：〈唐代范陽盧氏研究—
—婚姻關係を中心に〉，載礪波護編：《中國貴族制社會の研究》（京都：京
都大學人文科學研究所，1987），頁 151-241。

[2]《隋書》卷七〇〈楊玄感附李子雄傳〉。

業——儒業而自居的，這與關隴集團人士崇尚武力軍功恰好是相反的。

　　趙郡李氏是傳統山東高門，又嚴守家學禮法，自北魏以來便不乏以家學儒業顯名於世者。例如李曾「少以鄭氏《禮》、《左氏春秋》教授爲業。……（子）孝伯少傳父業，博綜群言，美風儀，動有法度。從兄言之太武（424－452 在位），征爲中散。」[1] 孝伯兄祥也是「學傳家業，鄉黨宗之。」[2] 李祥之孫謐更是「少好學，周覽百氏。初師事小學博士孔璠，數年後，璠還就謐請業」[3]。李謐卒於北魏道武帝延昌四年（515），死後謚曰貞靜處士，朝廷表其門閭以旌高節：門曰文德，里曰孝義。[4] 唐人墓誌中也稱趙郡李氏「或以文章冠代，或以禮樂匡時，休有令名，鬱爲著族。」[5] 而且直到唐代，李氏族人均不乏家傳儒業者，如時人稱讚東祖李系支李元確「入室密文自傳於家業，升堂奧義見推於國庠」[6]。可見趙郡李氏不僅是地方豪族，於儒業的傳承方面也同樣發揮著重要的作用。

---

[1]《北史》卷三三〈李孝伯傳〉，頁 1220。

[2]《北史》卷三三〈李孝伯傳〉，頁 1222。

[3]《北史》卷三三〈李孝伯傳〉，頁 1225。

[4]《北史》卷三三〈李孝伯傳〉，頁 1232。

[5]《彙編》下冊，開元三〇三〈唐大中大夫行定州長史上柱國李（謙）府君墓誌銘〉，頁 1364。

[6]《彙編》上冊，開元一〇三〈大唐故國子明經吏部常選贈趙州長史李（元確）墓誌銘〉，頁 1224－1225。

　　趙郡李氏自北朝以來又以地方豪強著稱，[1]如東祖李顯甫一支自北魏時起便是以「豪俠知名，集諸李數千家於殷州西山，開李魚川方五六十里居之，顯甫爲其宗主。……子元忠，少厲志操。粗覽書史及陰陽術數，有巧思，居喪以孝聞。……及葛榮起，元忠率宗黨作壘以自保，坐於大櫟樹下，前後斬違命者凡三百人。賊至，元忠輒卻之。」[2]到了隋代，趙郡李氏依然是「宗黨豪盛，每春秋二社，必高會極宴，無不沉醉喧亂」[3]。

　　學者指出趙郡李氏在趙州一帶聚族而居的情形在唐朝時似乎已經不多見了，自唐初開始趙郡李氏逐漸從趙郡一帶遷出，這種情形一直持續到了唐代中後期；迨至唐末宋初，更有開始瓦解之勢。[4]茲以《新唐書・宰相世系表》、兩《唐書》〈列傳〉所載趙郡李氏以及新出土之墓誌材料，考察趙郡李氏在唐代特別是「安史亂」前之遷徙和聚居[5]情況如下：

---

[1] David Johnson, "The Last Years of Great Clan: The Li Family of Chao Chun in Late T'ang and Early Sung"；陳爽著：《世家大族與北朝政治》（北京：中國社會科學出版社，1998）第六章第三節〈《關東風俗傳》中的「趙魏之豪」〉；王師小甫：〈試論北齊之亡〉。

[2] 《北史》卷三三〈李靈附曾孫元忠傳〉，頁1202。

[3] 《隋書》卷七七〈隱逸・李子謙傳〉，頁1752。

[4] David Johnson, "The Last Years of Great Clan: The Li Family of Chao Chun in Late T'ang and Early Sung", pp.32-33, pp.48-97；惜此文未就趙郡李氏在唐代之遷徙做出詳細解說。

[5] 毛漢光著：〈從士族籍貫遷移看唐代士族之中央化〉，載《中國中古社會史論》，頁234－333。毛氏重點檢索了趙郡李氏諸支死後歸葬地之變化。本文研究重點則在居住地之變化。

　　趙郡李氏定著六房，其中以東祖、西祖和南祖最盛。[1]據毛漢光的研究，南祖、東祖麵房靈支、東祖系支、東祖曾支等遷至洛陽一帶；南祖萬安支、東祖麵房均支、西祖隆支等遷至鄭（今河南鄭州附近）許（今河南許昌附近）一帶。[2]可見大部分的趙郡李氏均有向兩京即中央一帶遷居的傾向。此外根據新出土的墓誌，我們還可以發現趙郡李氏各支中不僅向兩京地區遷徙，其中更有由趙州北遷居至河朔之地和南移至長江以南者：

　　西祖李隆支李沖「趙郡人也，今家臨清縣（今河北臨西縣）焉。」[3]李沖父弘節，貞觀朝任并州長史、工部侍郎，[4]可知此支在唐朝初年便已經遷移出趙州一帶了。

　　〈（前涿）贈秘書少監趙郡李（休）府君墓誌銘〉載：「府君諱休字休烈，本望趙郡，因官北徙，今爲密雲人也。」[5]此支趙郡李氏以尙武著稱，墓誌主人「皇朝上柱國兵部常選贈幽州潞縣令（李）龍之子。並弓裘不墜，孝友承家。府君幼習群書，長精劍術。……充范陽節度經略副使兼節度都虞候，轉平盧節度副使兼都虞候。……天寶九載九月十一日溝疾，終於平盧官舍，春秋五十五。……以大曆十三年歲次戊午七月十七日庚申合祔於檀州密

[1]《新唐書》卷七二上〈宰相世系表〉二上，頁 2599。

[2]毛漢光：〈從士族籍貫遷移看唐代士族之中央化〉，頁 276－284。

[3]《彙編》上冊，永昌○○五〈□□□朝議郎行並州大都督府太原縣令李（沖）君墓誌銘〉，783 頁；又收入《補遺》第六輯，頁 331－332。

[4]參閱《舊唐書》卷一四六〈李若初傳〉，頁 3965；所載世系與墓誌合。

[5]《彙編》下冊，大曆○六七，頁 1807。

雲縣東七里之原，禮也。」[1]

東祖李系支李津「嘗舉明經，終不屬意。天寶末喪親之後，益寡官情。率然高飛，遠集吳地。遊覽江海，因而卒焉。」[2]

東祖房李潘於貞元（785－805）元和（806－820）時期「家於常山（今河北定州）。」[3]死後歸葬於洛陽。

西祖李盛支李翼大和六年（832）終於「京兆府鄠縣（今陝西戶縣）之別業。」墓誌載其：「幼以門蔭自崇文館明經調補太常寺奉禮郎，再授河中府虞鄉縣尉。秩滿，歸鄠縣之幽居，遂耽玩文史，脫棄榮宦，食貧樂道四十餘霜。公以相門之孫，郡守之子，家業豐厚，足自贍給。而宗族弟兄，遠近咸至。同居共食，無所間異。」[4]由此可知天寶之後趙郡李氏仍有聚族而居的情形，只是遷出了河北累世所居之地，而徙居於京兆一帶。

玄宗開元時代，河北地域的政治社會曾經發生了很大的變動，不少山東士族也因此受到了巨大的影響。其中最具代表性之事件，便是李棲筠一家自趙徙衛一事了。[5]自玄宗開元朝初至開元晚世，約二十年間，河北之地胡族入居者日益增多，甚至有喧賓奪主之勢：「數百載山東士族聚居之舊鄉，遂一變而爲戎區。辛有

[1] 《彙編》下冊，大曆〇六七，頁1807－1808。

[2] 〈大唐故李公（津）墓誌銘〉，《補遺》第一輯，頁198。

[3] 〈唐故朝議郎使持節光州諸軍事守光州刺史賜緋魚袋李公（潘）墓誌銘〉，《補遺》第一輯，頁320－322。

[4] 〈唐故朝散郎行河中府虞鄉縣尉李公（翼）墓誌銘〉，《補遺》第一輯，頁308。

[5] 參閱陳寅恪著：〈論李棲筠自趙徙衛事〉、〈李德裕貶死年月及歸葬傳說辨證〉，均載《金明館叢稿二編》，頁1－7、頁8－51。

見被髮野祭於伊川，實非先兆，而成後果矣。」又河北士族本是地方之豪強，「今則忽遇塞外善於騎射之胡族，土壤相錯雜，利害相衝突，卒以力量不能敵抗之故，惟有捨棄鄉邑，出走他地之一途。」[1]李棲筠一家所代表的正是玄宗開元晚年河北社會的特殊民族形勢。由前文所引各方墓誌材料還可以看出，素以雄武與文化著稱的地方豪強趙郡李氏，自唐初開始便已經南北遷移，其中李休一家更因官而入居河朔，個中原因應是與其家「弓裘不墜」「常精劍術」有關；至於本來「以文章冠代」「以禮樂匡時」著稱的趙郡李氏，也出現了「嘗舉明經，終不屬意」而遠走吳地的隱逸之士，而並非只是由於胡族之入侵才造成了趙郡李氏各支之遷徙。

學者在解釋李棲筠何以遷衛之後，始放棄其家世不求仕進之傳統而應進士舉時說：「李氏累代既爲地方土豪，安富尊榮，不必仕宦，故亦不必與其他自高宗武則天以降由進士詞科出身之人競爭於長安洛陽之間，作殊死之戰鬥，如元和以後牛李黨派之所爲者也。……夫李氏爲豪縱之強宗，棲筠又是才智不群之人，自不能屈就其他凡庸仕進之途徑，如明經科之類，因此不得不舉進士科。舉進士科，則與其他高宗武則天後進新興之士大夫階級利害衝突。」[2]可謂深具卓見。

通過趙郡李氏的個案研究，我們確實看到：中國「自漢代學校制度廢弛，博士傳授之風氣止息以後，學術中心移於家族，而家族復限於地域，故魏、晉、南北朝之學術、宗教皆與家族、地

---

[1]陳寅恪：〈論李棲筠自趙徙衛事〉，頁5。
[2]陳寅恪：〈論李棲筠自趙徙衛事〉，頁7。

域兩點不可分離。」[1]降至唐代，山東士族一旦失去累世所居之舊
壤，其社會文化勢力必然減弱，以至不得已轉而與其他社會群體
爭奪政治權益[2]，這背後確實與太宗朝便開始施行的文化政策有著
很大關係。

至於清河崔氏、博陵崔氏、范陽盧氏、滎陽鄭氏、太原王氏
等傳統山東士族在「安史亂」前也有類似的遷徙情形。據《新唐
書·宰相世系表》載此四姓五家的著房著支有：清河崔氏鄭州
房、許州鄢陵房、南祖烏水房君實支、南祖烏水房琰支、清河大
房、清河小房和青州房；博陵崔氏有安平房、大房當支、第二房
楷支、第二房孝芬支、第三房纂支；范陽盧氏有大房道將支、大
房道亮支、大房道虔支、第二房、第三房、第四房；滎陽鄭氏有
北祖、南祖和中祖；太原王氏則有大房、第二房、第三房和第四
房。其中：

(一)、清河崔氏鄭州房「中祖受賜田於鄭，今家管城（今河南
鄭州）焉」[3]，可見這一支很早便已經向中原洛陽一帶遷徙了。

南祖烏水房君實支崔融，武則天時期官至鳳閣舍人，史書載
其為「齊州全節（今山東章丘）」人[4]，可見此支當是在唐代初期

---

[1] 陳寅恪：《隋唐制度淵源略論稿》，頁 19。
[2] 有學者便直接將山東士族之中央化解釋為科舉制度的成功，見毛漢光：〈從
士族籍貫遷移看唐代士族之中央化〉。並參閱本章第一、二節之論述。
[3] 《彙編》下冊，開元四四九〈故河南府新安縣丞清河崔（謐）公墓誌銘〉，
頁 1467。
[4] 《新唐書》卷一一四〈崔融傳〉，頁 4195。

便已遷移至此了。南祖烏水房琰支「因官遂居上黨」[1]，又有崔穆祖「暉，揚州刺史，屯留侯。」崔穆高宗永徽（650－655）年間死後也葬在了「屯留（今山西屯留）故城西之高原」[2]；新出土墓誌所見有崔言「潞州屯留人……歸葬於縣城東南廿里平原，禮也」[3]；又崔義玄孫崔瑤天寶八載卒於「東京鼎門之南別業」[4]，知這一支中已有居於洛陽者。

清河大房崔隱甫一支「漢初自齊遷貝，隋末自貝遷洛。」[5]可見自唐初開始崔元彥、崔逸甫崔隱甫父子已經在洛陽一帶定居了。

其他非著房著支清河崔氏的遷徙也是頗爲常見，如《唐故崔（嚴）君墓誌銘》亦載：「遠祖徙官上黨，子孫因而家焉。」[6]《大唐崔（守約）府君墓誌銘》載「其先清河人。因遷□衛，子孫居之。」[7]

（二）、博陵崔氏中的第二房楷支和第二房孝芬之均隨宇文泰西入關，在西魏北周謀求發展，他們的子孫與關隴集團關係頗爲密切。[8]如墓誌記載第二房士謙支郡望時便說：「因官雍州家焉」[1]

---

[1] 《彙編續集》總章〇〇一〈唐故崔（穆）公墓誌銘〉，頁172。

[2] 《彙編續集》總章〇〇一〈唐故崔（穆）公墓誌銘〉，頁172。

[3] 〈大周故公士崔府君（言）墓誌銘〉，《補遺》第七輯，頁323。

[4] 盧僎〈唐故光祿卿崔公（瑤）墓誌銘〉，《補遺》第六輯，頁65。

[5] 《彙編》下冊，開成〇〇一〈唐故邑管招討判官試左清道率府兵曹參軍清河崔（洧）公墓誌銘〉，頁2169。

[6] 《彙編》下冊，開元二七二，頁1344。

[7] 《彙編》下冊，開元二七三，頁1345。

[8] 毛漢光：〈中古山東大族著房之研究〉，頁194－197。

「初安平公（暐）之曾祖（說）涼州刺史自河朔違葛榮之難，侍西魏，入宇文周，自涼州以降，二代葬於京兆咸陽北原。安平公之仕也，屬乘輿多在洛陽，故家復東徙。」[2]

博陵崔氏安平房崔仁師，高祖太宗時人，史書記載其爲「定州安喜（今河北定州）人」[3]；此房另外一支崔玄隱死後與夫人皆葬在「衛州衛縣（今河南浚縣）北宮唐村」；[4]崔日新景雲二年（711）卒於「河南承義里之私第」。[5]是知這一房的支系自唐初開始已有向黃河以南，向洛陽逐漸遷移者。

博陵崔氏大房伯謙支崔行功「恆州井陘人，北齊鉅鹿太守伯讓曾孫也，自博陵徙家焉。」[6]又這一房的崔沉貞觀十八年終於宋城縣（今河南商丘）欽賢里第，神龍二年（706）遷葬於邙山[7]。可見這二支均很早便由博陵徙家遷出了。

至於其他房支不可考的有博陵崔文修，「自大唐受命之初，封陳留縣侯，因封而家焉，子孫相傳已七代。」[8]崔文修卒於開元二

[1]《彙編》上冊，天授〇一四〈大唐故溱州司護崔（思古）府君墓誌銘〉，頁803。

[2]《彙編》下冊，大曆〇六二〈有唐朝散大夫守汝州刺史上柱國安平縣開國男贈衛尉少卿崔（暐）公墓志〉，頁1803。

[3]《舊唐書》卷七四〈崔仁師傳〉，頁2620；《新唐書》卷九九本傳同。

[4]《彙編》下冊，開元〇五一〈大唐故朝散大夫檢校尚書比部員外郎博陵崔（玄隱）府君墓誌銘〉，頁1500。

[5]蘇頲〈唐故司農寺主簿崔君（日新）墓誌銘〉，《補遺》第五輯，頁25。

[6]《舊唐書》卷一九〇上〈文苑上・崔行功傳〉，頁4996。

[7]《彙編》上冊，神龍〇三五〈大唐故文林郎崔（沉）君墓誌銘〉，頁1065。

[8]《彙編》下冊，大曆〇二九〈大唐故曹州成武縣丞博陵崔（文修）府君改葬墓誌銘〉，頁1778。

十八年。博陵崔素臣「秩滿居於河內之別業」，死後葬於太行山南。[1]

　　(三)、范陽盧氏大房道亮支盧思道「隋開皇六年春秋五十有二，終於長安，反葬故里。」[2]而唐代以後，這一支中歸葬故里的情形似乎越來越少。如盧思道孫盧承業、曾孫盧行毅便均葬在洛陽；[3]思道孫盧承福「以良家入徙，道高遷洛，又爲洛州洛陽人也」；[4]盧承基孫盧復天寶八載「暴卒於譙郡鹿邑（今河南鹿邑）縣里之私舍」後葬於洛陽，[5]當是因官而徙居於此；另有盧承業曾孫盧憕於天寶十載卒於「東京德懋里第，春秋廿三」[6]盧仲容「乾元（758）元年卒於緱氏縣（今河南偃師）之別莊」，[7]二人也均葬於洛陽。可見這一支盧姓族人，自唐初開始也逐漸向洛陽一帶遷徙。

　　范陽盧氏第三房盧從願「六世祖昶，仕後魏爲度支尚書，自范陽徙臨漳（今河北臨漳），故從願爲臨漳人」。[8]范陽盧氏第四房

---

[1] 《彙編續集》景雲〇〇四〈大唐故蘄州錄事參軍崔（素臣）君墓誌銘〉，頁444。

[2] 張說〈盧思道碑〉，《張說之文集》（四部叢刊初編本）卷二五。

[3] 毛漢光：〈從士族籍貫遷移看唐代士族之中央化〉，頁266－267。

[4] 王公理〈唐故益州大都督府司馬上騎都尉盧（承福）墓誌〉，《補遺》第七輯，頁11。

[5] 《彙編》下冊，天寶一五四〈大唐故譙郡城父縣尉盧（復）府君墓誌銘〉，頁1639。

[6] 《彙編》下冊，天寶一九四〈唐故孝廉范陽盧（憕）公墓誌銘〉，頁1666

[7] 《彙編》下冊，乾元〇〇九〈唐故兗州鄒縣尉盧（仲容）君墓誌銘〉，頁1740。

[8] 《新唐書》卷一二九〈盧從願傳〉，頁4478。

盧坦「河南洛陽人，其先自范陽徙焉」。[1]此二房亦均有遷徙之情形。

(四)、太原王氏自北朝後期以來便多聚居於兩京，有學者以爲這是因爲王氏在北方缺乏必要的社會根基，在地方不具備起碼的宗族勢力。[2]墓誌材料所見很多太原王氏都因官遷徙至洛陽，如王仲「父□，齊□饒安縣令，……先父即世，因乃家焉。……（隋末）棄彼滄瀛之域，卜居河洛之間，避地於此，五六餘年」[3]；如王進「并州太原人也，因官遷職，徙居浦洛，遂爲河南郡人焉」；[4]如王嘉「高祖罵，尚書右僕射，隨魏氏遷於洛邑，因而家焉」；[5]如王玄「祖在齊之日，□宦洛陽，情貴神州，遂家於此」；[6]墓誌材料中此類情形頗多，[7]說明太原王氏中不少人自北朝以來便逐漸遷出太原，移居洛陽一帶。

(五)、滎陽鄭氏三祖各支的遷徙，可以考察到的實例比較少。毛漢光〈從士族籍貫遷移看唐代士族之中央化〉一文，也沒有將

---

[1]《舊唐書》卷一五三〈盧坦傳〉，頁 4091。

[2]陳爽：《世家大族與北朝政治》，頁 73。

[3]《彙編》上冊，開明○○四〈鄭故處士王（仲）君墓誌〉，頁 7。

[4]《彙編》上冊，聖曆○二七〈大周故滄州東光縣丞公士王（進）府君墓誌銘〉，頁 946。

[5]《彙編》上冊，長安○二二〈大周昭武校尉右鷹揚衛平原府左果毅都尉上柱國王（嘉）公墓誌〉，頁 1005。

[6]〈唐故上柱國王君（玄）墓誌銘〉，《補遺》第五輯，頁 158。

[7]參閱《彙編》上冊長安○二八、景龍○二三、景龍○二八、景龍○二九、開元○三一、開元○九一；《彙編》下冊開元二六六、開元二六八等，此不贅列；並毛漢光：〈從士族籍貫遷移看唐代士族之中央化〉，頁 284－289。

榮陽鄭氏作爲研究對象之一。墓誌材料所見鄭氏族人有遷居於兩京一帶者，如鄭滿「父元守，相州鄴縣令、烏江縣開國公。時爲週齊鼎沸，各據方隅。……文軌既同，因居洛邑」；[1]鄭瞻「想潘令之閒居，還依洛浦；思仲長之大隱，即背邙山」，死後也是葬於此地；[2]鄭炅「未之官而遇疾，以開元九年七月十三日，棄背於東京綏福里之私第」。[3]然正如《唐國史補》卷上中所說：「四姓惟鄭氏不離榮陽」，比起其他山東士族，這一姓遷徙情形確不多見，其原因或與榮陽本就位處河南，地近東都洛陽有關吧。

傳統山東士族不僅陸續向中原兩京一帶遷徙，其子弟中甚至有棄儒而習武者。如博陵崔氏崔德武周朝任將仕郎武騎尉，「先崇武略，或振勇於山西；早御戎旃，亦□謀於漠北。……雖得拜於郎官，必從□於武職」。[4]博陵崔仁意「皇朝定遠將軍行陝郡河北府果毅都尉，惠而不貪，勇而能斷。」[5]又有清河崔湛「涿城府果毅祥業之子」，「制授陝州桃林府果毅，充兩番參謨子將」，從張守珪破兩蕃，「超授同州大亭府折沖兼河北節度經略副使」後又攝「常山郡司馬、恒陽軍副使」。[6]太原王氏一族中，習武之人更是

---

[1] 〈大唐故鄭君（滿）墓誌〉，《補遺》第六輯，頁244。

[2] 《彙編》上冊，永昌〇〇三〈大唐故瀛州束城鄭（瞻）明府君墓誌銘〉，頁782。

[3] 邊斐〈唐故睢陽郡穀熟縣丞鄭府君（炅）墓誌銘〉，《補遺》第六輯，頁85。

[4] 《彙編》上冊，長壽〇〇七〈大唐故崔（德）處士墓誌銘〉，頁837。

[5] 《彙編》下冊，天寶一六〇〈唐故夫人博陵崔氏墓誌銘〉，頁1643。

[6] 《彙編》上冊，天寶一八〇〈大唐故中散大夫行榮陽郡長史上柱國賞魚袋清河崔（湛）府君墓誌銘〉，頁1657。

常見：如王思訥「幼而倜儻，便稱千里之駒；長而縱橫，即學萬人之敵。⋯⋯朝鮮之靜，君有力焉」，高宗武后時期屢屢效力於邊疆，於證聖元年（695）卒於桂州軍幕；[1]如王建「道絕脩文，德存尚武」因功授「明威將軍」；[2]如王嘉「弧穿七劄，劍敵萬夫」其子元伯、元獎也均習武；[3]如王元貞王崇仙王重俊更是祖孫三代以武藝聞。[4]而《舊唐書》卷一五二〈張萬福傳〉載：「張萬福，魏州元城人。自曾祖至其父皆明經，止縣令州佐。萬福以父祖業儒皆不達，不喜爲書生，學騎射。年十七八，從軍遼東有功，爲將而還。」張萬福德宗貞元二十一年（805）卒，年九十。由此段史料看，正是因爲李唐皇室一系列的政治文化策，尤其是對山東士族的壓制以及對經學儒術的輕視，才迫使一些山東士族子弟不得不轉而從武以求取功名。

　　山東士族自唐初以來既受關隴集團之壓抑，再遭遇如趙郡李氏之離鄉它徙，故他們如欲在中央取得較高之政治地位，與關隴集團及其他新興群體一較高下，唯有選擇科舉一途。誠如李德裕所說：「臣無名第，不合言進士之非。然臣祖天寶末以仕進無他

---

[1]《彙編》上冊，天冊萬歲○○六〈大周故文林郎騎都尉王（思訥）君墓誌銘〉，頁881。

[2]《彙編》上冊，聖曆○四八〈周故明威將軍守右鷹揚衛貴安府折沖都尉上柱國王（建）君墓誌銘〉，頁963。

[3]〈大周昭武校尉右鷹揚衛平原府左果毅都尉上柱國王（嘉）公墓誌〉，頁1005。

[4]徐劍〈唐故鄜坊節度都營田使兼後軍兵馬使軍前討擊使同節度副使雲麾將軍試鴻臚卿兼試殿中監太原縣開國子食邑五百戶上柱國王府君（重俊）墓誌銘〉，《補遺》第七輯，頁67－68。

伎，勉強隨計，一舉登第。」[1]是知自唐代中期以後，對於傳統的
山東士族而言，想進入中央做官和維持官宦門第，參加科舉已成
爲了他們最重要的選擇。故「安史亂」後反對割據，支援中央之
統治人群主要「爲漢族或託名漢族之異種。其中尤以高等文化之
家族，即所謂山東士人者爲代表。此等人群推戴李姓皇室，維護
高祖太宗以來傳統之舊局面，崇尙周孔文教，用進士詞科選拔士
人，以爲治術。」[2]然而此時的高門大族，已經是舊士族與新興進
士群體結合的新統治人群了，傳統的山東文化士族慢慢失去了其
原本在地方上的獨尊地位。

　　關隴集團與山東士族，本是代表兩種截然不同文化傾向的社
會團體。唐初沾染胡化性質的關隴集團不僅在政治上取得了絕對
統治權，還試圖通過施行一系列的文化政策，來提高自己的社會
地位。唐太宗便是通過修訂《五經正義》從而在一定程度上限制
了山東士族的私學與家學發展，並借此將解釋儒學經典的權利收
歸中央政府，進而打破了山東士族在社會上的文化壟斷地位。此
後又借助修訂《氏族志》與下禁婚詔等政治文化手段，進一步打
擊山東士族之政治社會勢力。在這一系列政策的影響下，代表中
原正統文化的山東士族逐漸處於下風；而自魏晉南北朝以來便靠
傳統士族來傳習的文化──儒學，其發展也因此出現了停滯不前
的危機。

　　通過本節之論述，我們還可以看到：「安史亂」前一些傳統的

---

[1] 《舊唐書》卷十八上〈武宗本紀〉，頁 602－603。
[2] 陳寅恪：〈論李棲筠自趙徙衛事〉，頁 1。

山東士族，在李唐皇室文化政策的壓力與吸引下，逐漸遷出了累世所居的河北地區，不但使得這一地區內本土傳統文化勢力大大減弱；而且，傳統士族高門的向外遷移，又爲其他社會群體在這一地區謀求發展提供了政治、文化空間。如自唐初以來便不斷遷徙移居於河北一帶，尤其是河北北部的內附蕃人，便得以趁此機會發揮他們的軍事文化影響力。

概括而言，關隴集團與山東士族這二者之間自唐初以來的矛盾衝突，產生了更深層次的文化影響：華北社會因此出現了傳統文化相對低落，外來文化勢力高漲的局面。

第六章 河北北部
安史武裝集團的形成

第一節 論契丹李盡忠、孫萬榮之亂

「安史亂」前，幽州在中國東北地區防禦體系中的地位十分重要。《唐六典》記載唐玄宗開元年間河北道的北部邊州，有安東都護府以及平、營、檀、媯等四州。[1]唐政府在這一地區建立起了多層次的邊疆防衛系統：最外邊是加入作爲帝國藩屬的外族，如奚、契丹等；中間地帶則是以羈縻州形式統治的內附的外族部落降戶，如營州境內的各外族；內部則是唐朝駐有軍隊保護及文官管理的州縣地方，如幽州。[2]唐朝的周邊外蕃和羈縻都督府州都歸邊州管領，[3]幽州就是唐代前期東北防禦體系的中心。

但是這個多層次的防禦體系在武則天萬歲通天（696－697）年間被契丹李盡忠、孫萬榮的叛亂打破。萬歲通天元年（696）五

---

[1]《唐六典》卷三《尚書戶部》「戶部郎中員外郎」條，頁 64，上欄。

[2] 傅海波 崔瑞德編：《劍橋中國遼西夏金元史》（北京：中國社會科學出版社，1998），頁 10。

[3] 王師小甫著：《唐、吐蕃、大食政治關係史》（北京：北京大學出版社，1992），頁 8。

月契丹首領李盡忠、孫萬榮起兵叛唐，並且佔據了東北防禦體系中的前沿陣地——營州。戰爭持續了一年多的時間，奚、契丹的軍隊一直打到了河北道南部的冀州，武則天雖然平定了這場叛亂，但是此後唐朝在東北地區的防禦重點被迫從營州轉移到了幽州地區。幽州繼營州之後成爲了防禦兩蕃及其他東北諸族入侵的一道最主要防線，地位愈發重要。以後「安史之亂」的爆發、唐末五代形勢的形成，莫不與此有關。而幽州東北的廣大地區，則成了契丹族日後發展壯大的基地，其影響極爲深遠。

已經有學者對這次叛亂展開研究，日本學者松井等〈契丹勃興史〉詳細論述了唐朝對契丹的政策和契丹逐漸興起的外部原因，也指出了這次叛亂對營州、幽州兩地防禦形勢的影響；[1]黃永年〈唐代河北藩鎮與奚契丹〉指出契丹的叛亂使得控制奚、契丹的第一線據點營州失陷，第二線河北重鎮幽州也岌岌可危，之後河北藩鎮的出現也與奚、契丹的強大有關；[2]黃約瑟認爲此次契丹之亂影響了此後的東北亞政局，唐朝對高句麗舊地的控制因此出現嚴重危機。[3]但是此次契丹叛亂對整個唐代東北防線，特別是對幽州防禦地位的影響如何，[4]尚有待系統而深入地討論。本節目的

---

[1] 松井等著、劉鳳翥譯、邢復禮校：〈契丹勃興史〉，《民族史譯文集》（北京：北京社會科學院）第 10 期（1981），頁 1－50。

[2] 黃永年：《黃永年自選集》，頁 263－291。

[3] 黃約瑟著：〈武則天與朝鮮政局〉，載劉建明編：《黃約瑟隋唐史論集》（北京：中華書局，1997），頁 61－79。

[4] 蒲立本最早指出這次叛亂迫使朝廷改變了對東北防禦的態度，見 *The Background of The Rebellion of An Lu-Shan*, pp.79-80。

即是以李盡忠、孫萬榮之亂爲中心，探討這次契丹叛亂造成的深遠影響：唐代東北防線的被迫調整，「安史亂」前幽州防禦地位的提高和河北軍事勢力的坐大均是因此而來。

一、唐初的奚與契丹

隋文帝開皇五年（585）之後，契丹和奚相繼內附於中國，此後部落漸衆，實力益強，連突厥都對契丹畏懼三分。[1]隋煬帝大業初年，契丹便曾入寇營州。大業元年八月：「契丹寇營州，詔通事謁者韋雲起護突厥兵討之，啓民可汗發騎二萬，受其處分。」[2]到了唐朝，奚與契丹戶口愈豐、占地愈廣，逐漸成爲唐在東北邊境防禦的主要外寇。《舊唐書》卷一九九下〈北狄·契丹傳〉略云：

> 契丹，居潢水之南，黃龍之北，鮮卑之故地，在京城東北五千三百里。東與高麗鄰，西與奚國接，南至營州，北至室韋。地方二千里，其君長姓大賀氏，勝兵四萬三千人。武德初，數抄邊境。（武德）二年（619），入寇平州，貞觀二年（628），其君摩會率其部落來降。

同書同卷〈奚傳〉略云：

---

[1] 《隋書》卷八四〈北狄·突厥傳〉，頁1869。

[2] 《資治通鑑》卷一八〇隋煬帝大業元年（605）八月「契丹寇營州」條，頁5621－5622。

> 奚國,東接契丹,西至突厥,南拒白狼河,北至霫國。自
> 營州西北饒樂水以至其國。勝兵三萬餘人。萬歲通天年,
> 契丹叛後,奚衆管屬突厥,兩國常遞爲表裏,號曰「兩
> 蕃」。

可見在唐高祖武德初年,平州(今河北盧龍縣)也遭到了契丹的
侵擾。太宗貞觀十九年親征高句麗時,「至營州,會其(契丹)君
長及老人等,賜物各有差,授其蕃長窟哥爲左武衛將軍。」[1]乃是
採用懷柔的政策來安撫兩蕃。

二、李盡忠、孫萬榮之亂前的東北防線

　　唐朝爲了抵禦突厥、高句麗、奚、契丹等這些外族,到高宗
在位時(650－683)建立起了一種縱深的東北邊境防禦體系:自
東向西,自北向南,分別設有安東都護府以鎮撫高句麗舊地;營
州都督府以押兩蕃和靺鞨;幽州都督府則防禦突厥及兩蕃。但是
這一體系,到了武則天萬歲通天年間,便被契丹李盡忠、孫萬榮
的叛亂打破,以後終唐之世再也未能完全恢復原貌。

　　關於安東都護府的設置及變遷,《舊唐書》卷三九〈地理志〉
二:

> 總章元年(668)九月,司空李勣平高麗。高麗本五部,一

---

[1] 《舊唐書》卷一九九下〈北狄·契丹傳〉,頁5350。

百七十六城，戶六十九萬七千。其年十二月，分高麗地爲
九都督府，四十二州，一百縣，置安東都護府於平壤城以
統之。用其酋渠爲都督、刺史、縣令，令將軍薛仁貴以兵
二萬鎮安東府。上元三年（676）二月，移安東府於遼東郡
故城置。儀鳳二年（677），又移置於新城。聖曆元年
（698）六月，改爲安東都督府。神龍元年（705），復爲
安東都護府。開元二年（714），移安東都護於平州置。天
寶二年（743），移於遼西故郡城置。至德後廢。

爲統治高句麗舊地一百七十六城近七十萬的被征服人口，高宗在
總章元年只令薛仁貴以兵二萬鎮平壤城，明顯是一種羈縻性質的
統治，這是唐朝政府在東北地區勢力所及的最遠地方了。但八年
之後都護府治所便開始逐步向西北方向遷移，高宗上元三年治遼
東城（今遼寧省遼陽市老城）；儀鳳二年又北移置於新城（今遼寧
省撫順城北高爾山）；到了玄宗開元二年（714）再南移治所於平
州。可見唐朝對高句麗舊地的統治不是很穩定。[1]

　　有隋一代及唐初，對東北邊疆防線的經營，是以營州爲前沿

----

[1] 關於安東都護府的邊移原因和詳細情形，參閱黃約瑟：《武則天與朝鮮政
局》，頁 61－72；王師小甫著：〈新羅北界與唐朝遼東〉，載《「登州港與中韓
交流」國際學術討論會論文彙編》（山東蓬萊，2004 年 8 月 20－23 日），頁
149－155。

陣地展開的。[1]《舊唐書》卷三九〈地理志〉二：

> 營州上都督府　隋柳城郡。武德元年（618），改爲營州總
> 管府，領遼、燕二州，領柳城一縣。七年，改爲都督府，
> 管營、遼二州。貞觀二年，又督昌州。三年，又督師、崇
> 二州。六年，又督順州。十年，又督慎州。今督七州。萬
> 歲通天二年，爲契丹李萬榮所陷（案：應爲萬歲通天元
> 年，爲李盡忠所陷）。神龍元年（705），移府於幽州界
> 置，仍領漁陽、玉田二縣。開元四年〔案：應爲五年
> （717）〕，復移還柳城。八年，又往就漁陽。十一年，又
> 還柳城舊治。天寶元年（742），改爲柳城郡。乾元元年
> （758），復爲營州。

直到玄宗天寶（742－756）年間，營州境內唐朝的編戶齊民仍然
不多，只有「戶九百九十七，口三千七百八十九。」[2]在此地居住
的多是內附的外族降戶，營州也因此表現出與中原地區不同的文
化特徵。

自隋代開始，這一帶便有不同的民族聚居：「（隋）煬帝初與

---

[1] 王師小甫：〈隋初與高句麗及東北諸族關係試探——以高寶寧據營州爲中
心〉中說：營州「其地位於遼西走廊，北通契丹、鞨鞨，東接高句麗，西鄰
突厥，地理形勢及戰略地位都十分重要，歷來是中原王朝經營東北地區的前
沿陣地。」（《國學研究》第四卷（1997 年），頁 164。此文後收入《盛唐時
代與東北亞政局》，頁 34－53）。

[2]《舊唐書》卷三九〈地理志〉二，頁 1521。

高麗戰，頻敗其（靺鞨）衆。渠帥度地稽率其部來降。拜爲右光祿大夫，居之柳城，與邊人來往。悅中國風俗，請被冠帶。」[1]「（武德四年）三月，庚申，以靺鞨渠帥突地稽（度地稽）爲燕州總管。」[2]此外「契丹有別部酋帥孫敖曹，初仕隋爲金紫光祿大夫。武德四年，與靺鞨酋長突地稽（度地稽）俱遣使內附，詔令於營州城傍安置，授雲麾將軍，行遼州總管。」[3]除了靺鞨族與契丹，「（貞觀四年八月）突厥既亡，營州都督薛萬淑遣契丹酋長貪沒折說諭東北諸夷，奚、霫、室韋等十餘部皆內附。」[4]而且早自北周（557－581）時期，營州地區的民族關係便相當複雜，高句麗、靺鞨、契丹等相繼與中原王朝發生衝突。[5]因此要確保東北邊境的安全，維持營州地區防禦形勢的穩定便十分重要。

　　爲更好地統治內附之諸族降戶，唐政府在營州地區設立了不少的羈縻州。《新唐書》卷四三下〈地理志〉七下：「唐興，初未暇於四夷，自太宗平突厥，西北諸蕃及蠻夷稍稍內屬，即其部落列置州縣。其大者爲都督府，以其首領爲都督、刺史，皆得世襲。雖貢賦版籍，多不上戶部，然聲教所暨，皆邊州都督、都護所領，著於令式。」根據《舊唐書》卷三九〈地理志〉二和《新唐書》卷四三下〈地理志〉七下所記，「安史亂」前營州和幽州先

---

[1] 《隋書》卷八一〈東夷・靺鞨傳〉，頁 1822。

[2] 《資治通鑑》卷一八九唐高祖武德四年（621）三月庚申條，頁 5906。

[3] 《舊唐書》卷一九九下〈北狄・契丹傳〉，頁 5350。

[4] 《資治通鑑》卷一九三唐太宗貞觀四年（630）四月「突厥既亡」條，頁 6082。

[5] 王師小甫：〈隋初與高句麗及東北諸族關係試探〉。

後共管有二十二個羈縻州。[1]計有：契丹族十州，奚族四州，靺鞨族四州，突厥族兩州，胡一州及海外新羅一州。其中又以契丹族戶口最多（參看本書附表二）。除了安置契丹的玄州、青山州；安置新羅的歸義州和降胡的凜州這四個州外，其餘各州在最初設置時均在營州界內，隸營州都督管轄。李盡忠、孫萬榮亂後，營州陷於契丹，這些羈縻州多數暫時南遷於河南道徐、宋等州內，[2]中宗神龍（705－707）時雖然又北還，卻並非還治於營州界內，而是悉數寄治於幽州內，改隸幽州都督了。這就使得幽州成了繼營州之後外族降戶最多的一境。而且營州既陷，安東都護府與營州都督府均不能發揮其正常、穩定的防禦作用，幽州地區的軍事防禦力量便不得不加強。

唐太宗平定突厥後，契丹與奚也相繼稱臣，太宗曾在其故地設松漠和饒樂兩都督府以安置各部。關於松漠都督府與饒樂都督府之設置，《唐會要》卷七三「營州都督府條」略云：「貞觀二十二年十一月二十三日，契丹酋長窟哥、奚帥可度者並率其部內屬。以契丹部爲松漠都督府，拜窟哥爲持節十州諸軍事松漠都督府。各以其酋長辱紇主爲刺史。以奚部置饒樂都督府，拜可度者（者）爲持節六州諸軍事饒樂都督府。二十三年，於營州兼置東夷都護，以統松漠饒樂之地。」與營州、幽州界內設置的羈縻州不同，由松漠、饒樂兩都督府所領州均是在其部落故地，又一切

---

[1] 劉統著：《唐代羈縻府州研究》（西安：西北大學出版社，1998）第六章第四節〈營州都督府管下羈縻府州的設置與遷徙〉，頁100－108；馬馳著：〈唐幽州境僑治羈縻州與河朔藩鎮割據〉，《唐研究》第四卷，頁200－203。

[2] 《新唐書》卷四三下〈地理志〉七下，頁1128。

依其舊俗，均以其本部酋長爲刺史，並沒有納入唐朝的正式版籍
之中。爲管轄此二都督府，唐朝另設「東夷都護」以監理之。這
些內屬之部落，並非唐之編戶齊民，只是名義上臣服唐廷而已，
可以「外蕃」或「生番」視之；而前面所述僑治於河北道邊界以
內的羈縻州則可視爲「內蕃」或「熟番」。[1]

　　以營州爲中心建立起來的防禦體系，到高宗初年便已經發揮
了效用。史書載：「永徽五年（654），高麗遣其將安固將高麗、靺
鞨兵擊契丹；松漠都督李窟哥禦之，大敗高麗於新城。」[2]四年之
後，即高宗顯慶三年（658）「六月，營州都督兼東夷都護程名
振、右領軍中郎將薛仁貴將兵攻高麗之赤峰鎮，拔之，斬首四百
餘級，捕虜百餘人。高麗遣其大將豆方婁帥衆三萬拒之，名振以
契丹逆擊，大破之，斬首二千五百級。」[3]可知在平定高句麗之
前，營州與松漠、饒樂都督府牛角相犄，共拒高句麗以及靺鞨之
侵邊，出力頗多。同時，營州又可隨時查知兩蕃之動靜，防其反
叛。所以總章元年高句麗被平定，營州及松漠、饒樂都督府應該

---

[1]「外蕃」「內蕃」之定義，可參看譚其驤著：〈唐代羈縻州述論〉，載《長水
粹編》（石家莊：河北教育出版社，2000），頁 136－162。關於唐代內外蕃之
最新研究，參閱王師小甫著：〈族際流動與社會變邊──唐五代華北北部的
內外蕃問題〉，載北京大學中國古代史研究中心「3 至 14 世紀中國歷史的多
元文化研究」課題組、北京大學歷史系民族史教研室編印：《紀念北京大學
歷史學科建立 105 周年學術討論會》第二組〈中心與邊緣──民族史視野中
的中國歷史〉，頁 19－24。

[2]《資治通鑑》卷一九九唐高宗永徽五年（654）十月「高麗遣其將安固將高
麗靺鞨兵擊契丹」條，頁 6286。

[3]《資治通鑑》卷二○○唐高宗顯慶三年（658）六月條，頁 6309。

發揮了不少的作用。

　　唐朝在幽州境內設置了軍、鎮、城、戍等各級軍事機構，[1]目的也是要擔負防禦、安撫北方諸族的任務。而且幽州境內又戶口殷實，《舊唐書》卷三九〈地理志〉二：「幽州大都督府 隋爲涿郡。武德元年，改爲幽州總管府，管幽、易、平、檀、燕、北燕、營、遼等八州。……舊領縣十，戶二萬一千六百九十八，口十萬二千七十九。天寶：縣十，戶六萬七千二百四十二，口十七萬一千三百一十二。今領縣九。」可見到了玄宗天寶時唐之編戶齊民已經有十七萬多口，再加上李盡忠、孫萬榮之亂後，原營州界內之羈縻州又悉寄治於幽州界內，蕃族戶口也因而比以前有了大幅增加。

　　由前面的論述我們可以看出，到了高宗總章年間（668－670），唐朝東北邊境已經較爲安定。高句麗被平定，其故地由安東都護府統治，[2]契丹、奚、靺鞨等族內附之降戶，被置於營州界內，由營州都督府管轄；營州西北的廣闊地帶，則有松漠、饒樂二都督府，共同爲唐抵禦高句麗、靺鞨、突厥等外族的侵邊。有了週邊這兩道防線，幽州才可避免與入寇的東北外族直接衝突。可是這種邊疆秩序，只維持了不到三十年（668－696）的時間便被契丹李盡忠、孫萬榮的叛亂打破，唐代東北的邊防政策被迫進行了調整：失去了安東和營州這兩道週邊防線的保護和協助，幽

---

[1]《新唐書》卷三九〈地理志〉三，頁 1019。

[2]從總章元年至萬歲通天元年，安東都護府的治所雖然有兩次邊徙（見《舊唐書》卷三九〈地理志〉二安東都護府條），但是其勢力範圍，仍然在營州之東北。

州遂成爲東北防禦體系中最重要的一個州，軍事地位愈發重要。

三、李盡忠、孫萬榮之亂的經過和影響

關於李盡忠、孫萬榮之亂，《資治通鑑》記載最爲詳細[1]，茲略述如下：

> 萬歲通天元年（696），夏，五月，壬子，營州契丹松漠都督李盡忠、歸誠州刺史孫萬榮舉兵反，攻陷營州。……盡忠尋自稱無上可汗，據營州，以萬榮爲前鋒，略地，所向皆下，旬日，兵至數萬，進圍檀州，清邊前軍副總管張九節擊卻之。……八月，丁酉，曹仁師、張玄遇、麻仁節與契丹戰於硤石谷，唐兵大敗。……冬，十月，辛卯，契丹李盡忠卒，孫萬榮代領其衆。孫萬榮收合餘衆，軍勢復振，遣別帥駱務整、何阿小爲前鋒，攻陷冀州，殺刺史陸寶積，屠吏民數千人；又攻瀛州，河北震動。……神功元年（697），春，三月，戊申，清邊道總管王孝傑、蘇宏暉等將兵十七萬與孫萬榮戰於東硤石谷，唐兵大敗，孝傑死之。……武攸宜軍漁陽，聞孝傑等敗沒，軍中震恐，不敢進。契丹乘勝寇幽州，攻陷城邑，剽掠吏民，攸宜遣將擊之，不克。……（六月）武懿宗軍至趙州，聞契丹將駱務

---

[1] 見《資治通鑑》卷二〇五、卷二〇六，頁 6505－6522 中有關李盡忠、孫萬榮之亂的記載。

> 整數千騎將至冀州，懿宗懼，欲南遁。或曰：「虜無輜重，
> 以抄掠爲資，若按兵拒守，勢必離散，從而擊之，可有大
> 功。」懿宗不從，退據相州，委棄軍資器仗甚衆。契丹遂
> 屠趙州。……（六月）甲午，孫萬榮爲奴所殺。

李盡忠時爲松漠都督，乃是唐初就內附的契丹君長窟哥的後裔。[1]
而孫萬榮則是羈縻州歸誠州的刺史，其先輩也早在唐高祖武德初
年便歸附，[2]唐朝對二人俱授以官職。孫萬榮更曾做爲侍子入朝，
因此熟知中原險易。[3]此次叛亂，有以下幾點値得注意：

首先是時間長。從六九六年五月直至六九七年六月，戰爭持

---

[1] 《舊唐書》卷一九九下〈北狄·契丹傳〉載：「（貞觀）二十二年，窟哥等
部咸請內屬，乃置松漠都督府，以窟哥爲左領軍將軍兼松漠都督府、無極縣
男，賜姓李氏。顯慶初，又拜窟哥爲左監門大將軍。其曾孫祐莫離，則天時
歷左衛將軍兼檢校彈汗州刺史，歸順郡王。……盡忠即窟哥之胤，歷位右武
衛大將軍兼松漠都督。」（頁 5350）；然《新唐書》卷二一九〈北狄·契丹
傳〉記祐莫離和李盡忠俱爲窟哥之孫：「窟哥死，與奚連叛，行軍總管阿史
德樞賓等執松漠都督阿卜固獻東都。窟哥有二孫：曰枯莫離，爲左衛將軍、
彈汗州刺史，封歸順郡王；曰盡忠，爲武衛大將軍、松漠都督。」（頁
6168）而非《舊唐書》所載爲曾孫。未詳孰是。

[2] 《舊唐書》卷一九九下〈北狄·契丹傳〉：「又契丹有別部酋帥孫敖曹，初
仕隋爲金紫光祿大夫。武德四年，與靺鞨酋長突地稽俱遣使內附，詔令於營
州城傍安置，授雲麾將軍，行遼州總管。至曾孫萬榮，垂拱初累授右玉鈐衛
將軍、歸誠州刺史，封永樂縣公。萬歲通天中，萬榮與其妹婿松漠都督李盡
忠，俱爲營州都督趙文翽所侵侮，二人遂舉兵殺翽，據營州作亂。」（頁
5350）；而《新唐書》卷二一九〈北狄·契丹傳〉則曰：「而敖曹有孫曰萬
榮，爲歸誠州刺史。」（頁 6168）未詳孰是。

[3] 《新唐書》卷二一九〈北狄·契丹傳〉，頁 6168。

續了一年零一個月的時間，唐朝軍隊兩次大敗於平州，主將或是被擒，或是陣亡，士兵更是傷亡慘重。

其次是範圍廣。此次契丹之入寇，不同於以往僅僅限於邊境之抄略，而是最南攻到了河北道的冀州，使得整個「河北震動」。李盡忠、孫萬榮二人，在六九六年五月佔領了營州之後，當年七月便「進圍檀州」；八月又大敗唐兵於平州西硤石谷，進而又圍安東；十月攻陷冀州，「屠吏民數千人」；次年（697）三月，又大敗王孝傑於平州東硤石谷，「（王）孝傑死之」；之後進寇幽州；六月「屠趙州」。可見李盡忠、孫萬榮不但佔領了遼西營州，而且攻掠了河北道北部的檀州、平州、幽州、定州[1]、易州[2]、冀州、趙州等多處州縣。契丹、奚屠城掠貨，造成了河北道這幾個州縣生命財產的極大損失。如果不是突厥默啜從背後夾擊契丹，單憑唐軍之實力，想要一舉掃平此次叛亂，恐怕很難成功。史書載：「（萬歲通天元年）冬，十月，辛卯，契丹李盡忠卒，孫萬榮代領其眾。突厥默啜乘間襲松漠，虜盡忠、萬榮妻子而去。太后進拜默啜爲頡跌利施大單于、立功報國可汗。」[3]及「（孫）萬榮之破王孝傑也，於柳城西北四百里依險築城，留其老弱婦女，所獲器仗

---

[1]《新唐書》卷三九〈地理志〉三「定州博陵郡條」載：「義豐 萬歲通天二年以拒契丹更名立節，神龍元年復故名。北平 萬歲通天二年以拒契丹更名徇忠，神龍元年復故名。」（頁1018－1019）

[2]《新唐書》卷三九〈地理志〉三「易州上谷郡條」載：「容城，上。本道。……聖曆二年（案：應爲萬歲通天二年）以拒契丹更名全忠，神龍二年復故名，天寶元年又更名。」（頁1019）

[3]《資治通鑑》卷二〇五則天后萬歲通天元年（696）九月「突厥默啜請爲太后子」條，頁6510。

資財，使妹夫乙冤羽守之，引精兵寇幽州。恐突厥默啜襲其後，遣五人至黑沙，語默啜曰：『我已破王孝傑百萬之眾，唐人破膽，請與可汗乘勝共取幽州。』三人先至，默啜喜，賜以緋袍。二人後至，默啜怒其稽緩，將殺之，二人曰：『請一言而死。』默啜問其故，二人以契丹之情告。默啜乃殺前三人而賜二人緋，使爲向導，發兵取契丹新城，殺所獲涼州都督許欽明以祭天；圍新城三日，克之，盡俘以歸。使乙冤羽馳報萬榮。時萬榮方與唐兵相持，軍中聞之，恟懼。奚人叛萬榮，神兵道總管楊玄基擊其前，奚兵擊其後，獲其將何阿小。萬榮軍大潰，帥輕騎數千東走。前軍總管張九節遣兵邀之於道，萬榮窮蹙，與其奴逃至潞水東，息於林下，歎曰：『今欲歸唐，罪已大。歸突厥亦死，歸新羅亦死。將安之乎！』奴斬其首以降，梟之四方館門。其餘眾及奚、霫皆降於突厥。」[1]

最後，也是最重要的一點。這次契丹叛亂之後，東突厥默啜的崛起對唐朝東北的軍事防禦體系構成了極大的威脅，兩蕃又依附於突厥，從而成爲此時中國東北方之大患。《舊唐書》卷一九四上〈突厥傳〉上：

> 萬歲通天元年，契丹首領李盡忠、孫萬榮反叛，攻陷營府。默啜遣使上言：「請還河西降戶，即率部落兵馬爲國家討擊契丹。」制許之。默啜遂攻討契丹，部眾大潰，盡獲

---

[1]《資治通鑑》卷二〇六則天后神功元年（697）六月「武懿宗軍至趙州」條，頁 6521－6522。

其家口，默啜自此兵衆漸盛。……契丹及奚，自神功之
後，常受其征役，其地東西萬餘里，控弦四十萬，自頡利
之後最爲強盛。

由前面的論述可知，在平定李盡忠、孫萬榮之亂時，默啜曾立下
大功。但在孫萬榮被平定後一年，即聖曆元年（698）八月，突厥
便入寇河北，攻陷定州，殺刺史孫彥高。「（九月）癸未，突厥默
啜盡殺所掠趙、定等州男女萬餘人，自五迴道去，所過，殺掠不
可勝紀。……默啜還漠北，擁兵四十萬，據地萬里，西北諸夷皆
附之，甚有輕中國之心。」[1] 此後兩蕃臣服於突厥，俘虜了唐朝軍
將便獻於默啜：「（孫）佺、（周）以悌爲虜所擒，獻於突厥，默啜
皆殺之。」[2] 即使在平定契丹叛亂之後，逃散的奚、契丹也是降於
默啜，而非向唐臣服。直至開元四年（716）六月突厥默啜敗亡，
[3] 奚、契丹暫時無所依附，才降於唐朝。[4] 玄宗也是在此時才先後
復置松漠、饒樂二都督府，[5] 以及復置營州於柳城舊址。東北邊疆

---

[1] 《資治通鑑》卷二〇六則天后聖曆元年（698）九月癸未條，頁 6535。

[2] 《資治通鑑》卷二一〇唐玄宗先天元年（712）六月庚申條，頁 6673。

[3] 《資治通鑑》卷二一一唐玄宗開元四年（716）六月癸酉條，頁 6719。

[4] 《舊唐書》卷一九九下〈北狄·契丹傳〉，頁 5351；同書同卷〈奚傳〉，頁
5355。

[5] 《資治通鑑》卷二一一唐玄宗開元四年（716）七月辛未條，頁 6720。

諸族政治關係和軍事實力的改變，[1]給了唐玄宗再次安定這一地區的機會。

契丹亂時，渤海靺鞨也乘機興起。高句麗被平定後九年即高宗儀鳳二年（677），由於高句麗舊地南境被新羅所占，高句麗與百濟的民衆散入靺鞨及突厥境內，此後靺鞨戶口漸衆。[2]契丹的叛亂，恰好又給了靺鞨進一步發展壯大的機會。《舊唐書》卷一九九下〈北狄·渤海靺鞨傳〉：

> 渤海靺鞨大祚榮者，本高麗別種也。高麗既滅，祚榮率家屬徙居營州。萬歲通天年，契丹李盡忠反叛，祚榮與靺鞨乞四比羽各領亡命東奔，保阻以自固。盡忠既死，則天命右玉鈐衛大將軍李楷固率兵討其餘黨，先破斬乞四比羽，又度天門嶺以迫祚榮。祚榮合高麗、靺鞨之衆以拒楷固，王師大敗，楷固脫身而還。屬契丹及奚盡降突厥，道路阻絕，則天不能討，祚榮遂率其衆東保桂婁之故地，據東牟山，築城以居之。……地方二千里，編戶十餘萬，勝兵數萬人。

---

[1] 關於這段時期內突厥、兩蕃、渤海、新羅之間的關係，可參看黃約瑟著：〈讀《曲江集》所收唐與渤海及新羅敕書〉，載《黃約瑟隋唐史論集》，頁 81－113；王師小甫著：〈唐朝與新羅關係史論——兼論統一新羅在東亞世界中的地位〉，《唐研究》第六卷，頁 155－171；後收入《盛唐時代與東北亞政局》，頁 326－342。

[2] 《資治通鑑》卷二〇二唐高宗儀鳳二年（677）正月「初劉仁軌引兵自熊津還」條，頁 6382－6383。

自高句麗滅亡到契丹叛亂，大祚榮在營州居住了近三十年，又借此次契丹叛亂之際「各領亡命東奔，保阻以自固」。武則天在平定李盡忠、孫萬榮之亂後，雖然派兵討其餘黨，卻大敗而回，大祚榮遂據地而王。到了玄宗朝，渤海靺鞨也入寇東北：開元二十年九月「武藝遣其將張文休率海賊攻登州刺史韋俊。詔遣門藝往幽州徵兵以討之，仍令太僕員外卿金思蘭往新羅發兵以攻其南境。」[1]可見渤海靺鞨與奚、契丹一樣，都成了唐朝在東北要防禦的外患。

最後，也是最重要的一點，就是唐朝多年經營建立起來的東北邊疆防線被打破：塞外營州與安東都護府這兩道防禦屏障失守，使得此後唐朝東北防線的重心被迫南移到了幽州一帶，玄宗不得不在此地大力加強軍事防禦力量，以確保東北邊疆防線的穩定。

營州在 696 年陷於契丹之後，幽州東北的廣大地區，唐朝已經不能完全有效控制了：中宗神龍元年（705）被迫「移（營州都督）府於幽州界治，仍領漁陽、玉田二縣。」[2]而且幽州東北的屬縣也受到了外族的入侵。睿宗景雲元年（710）十二月，「奚、霫犯塞，掠漁陽、雍奴，出盧龍塞而去。幽州都督薛訥追擊之，弗克。」[3]幽州都督此時直接負起了防禦外蕃入侵的責任。睿宗時也曾令幽州都督主動出擊討伐兩蕃，卻失敗而回：延和元年（712）

---

[1]《舊唐書》卷一九九下〈北狄・渤海靺鞨傳〉，頁 5361。

[2]《舊唐書》卷三九〈地理志〉二，頁 1521。

[3]《資治通鑑》卷二一○唐睿宗景雲元年（710）十二月壬辰條，頁 6659－6660。

六月「幽州大都督孫佺與奚酋李大酺戰於冷陘，全軍覆沒。」[1]玄宗即位，努力想恢復營州這一前沿陣地，發揮其與幽州的犄角作用。開元二年（714）正月，玄宗派兵擊契丹，欲復置營州於舊地。《資治通鑑》卷二一一：

> 初，營州都督治柳城以鎮撫奚、契丹，……是後寄治於幽州東漁陽城。或言：「靺鞨、奚、霫大欲降唐，正以唐不建營州，無所依投，爲默啜所侵擾，故且附之；若唐復建營州，則相帥歸化矣。」并州長史、和戎·大武等軍州節度大使薛訥信之，奏請擊契丹，復置營州；上亦以冷陘之役，欲討契丹。群臣姚崇等多諫。（正月）甲申，以訥同紫微黃門三品，將兵擊契丹，群臣乃不敢言。

可是這次軍事行動依然沒有成功，[2]唐軍還是大敗而回。玄宗要直到開元五年，突厥政亂衰落，兩蕃降服，才成功復置營州於柳城舊地。《舊唐書》卷一八五〈宋慶禮傳〉：

> 開元五年，奚、契丹各款塞歸附，玄宗欲復營州於舊城，侍中宋璟固爭以爲不可，獨慶禮甚陳其利。乃詔慶禮及太子詹事姜師度、左驍衛將軍邵宏等充使，更於柳城築營州

---

[1]《資治通鑑》卷二一〇唐玄宗先天元年（712）六月庚申條，頁6672。
[2]《資治通鑑》卷二一一唐玄宗開元二年（714）七月「薛訥與左監門衛杜賓客」條，頁6702-6703。

城，興役三旬而畢。俄拜慶禮御史中丞，兼檢校營州都
督。開屯田八十餘所，追拔幽州及漁陽、淄青等戶，並招
輯商胡，爲立店肆，數年間，營州倉稟頗實，居人漸殷。

但玄宗辛苦得回和經營的營州，不到三年即到了開元八年（720）
再次被契丹攻佔，得而復失，「又往就漁陽」。[1]營州都督府在西元
六九六到七一七這二十多年間，沒能起到唐朝初期那樣的重要作
用，而開元八年之後在東北邊境中所起到的防禦作用也不穩定。
如在開元十一年營州曾經還柳城舊治，[2]但是到了開元十三年，契
丹松漠郡王吐干因爲與可突于不睦，「攜公主來奔，便不敢還，改
封遼陽郡王，因留宿衛。可突于立李盡忠弟邵固爲主。」[3]可突于
更是在開元十八年叛唐而降於突厥，玄宗立即命令幽州長史趙含
章討伐之。[4]可見此時防禦奚與契丹入侵的重任直接由幽州承擔
了。玄宗因此加強了幽州地區的軍事力量，以確保東北邊疆之安
全。史載：先天元年（712）八月「乙巳，於鄚州北置渤海軍，
恒、定州境置恒陽軍，嬀、蔚州境置懷柔軍，屯兵五萬。」[5]同年
十一月「奚、契丹二萬騎寇漁陽，幽州都督宋璟閉城不出，虜大

---

[1]《舊唐書》卷三九〈地理志〉二，頁 1521；《舊唐書》卷一九九下〈北狄·
契丹傳〉，頁 5352。

[2]《舊唐書》卷三九〈地理志〉二，頁 1521。

[3]《舊唐書》卷一九九下〈北狄·契丹傳〉，頁 5352。

[4]《資治通鑑》卷二一三唐玄宗開元十八年（730）五月「初契丹王李邵固」
條，頁 6789。

[5]《資治通鑑》卷二一三唐玄宗先天元年（712）八月乙巳條，頁 6675。

掠而去。」[1]可見在幽州地區加強防禦力量是很有必要的。

經過開天年間對幽州和營州的建設,「安史亂」前東北邊境上范陽(幽州)節度使已經統兵九萬一千四百人,統經略、威武、清夷、靜塞、恒陽、北平、高陽、唐興、橫海等九軍;平盧(營州)節度統平盧、盧龍二軍,榆關守捉,安東都護府,屯營、平二州之境,兵三萬七千五百人。[2]已經身兼兩鎮的安祿山又於天寶十載(751)求兼河東節度使,這樣一人統領范陽、平盧、河東三道兵馬。唐朝本想用來防禦突厥、兩蕃以及渤海靺鞨等東北諸族的軍隊,反而被安祿山驅之為寇,入侵中原。

《資治通鑑》在論述安祿山叛亂原因時,有這樣的記載:「自唐興以來,邊帥皆用忠厚名臣,不久任,不遙領,不兼統,功名著者往往入為宰相。其四夷之將,雖才略如阿史那社爾、契苾何力猶不專大將之任,皆以大臣為使以制之。及開元中,天子有吞四夷之志,為邊將者十餘年不易,始久任矣;皇子則慶、忠諸王,宰相則蕭嵩、牛仙客,始遙領矣;蓋嘉運、王忠嗣專制數道,始兼統矣。李林甫欲杜邊帥入相之路,以胡人不知書,乃奏言:『文臣為將,怯當矢石,不若用寒畯胡人;胡人則勇決習戰,寒族則孤立無党,陛下誠以恩洽其心,彼必能為朝廷盡死。』上悅其言,始用安祿山。至是,諸道節度盡用胡人,精兵咸戍北邊,天下之勢偏重,卒使祿山傾覆天下,皆出於林甫專寵固位之

---

[1] 《資治通鑑》卷二一三唐玄宗先天元年(712)十一月乙酉條,頁 6678。
[2] 《資治通鑑》卷二一五唐玄宗天寶元年(742)春正月壬子條,頁 6847–6851。

謀也。」[1]其實，李盡忠、孫萬榮叛亂後，東北兩蕃的實力逐漸增強。到了玄宗朝更是時降時叛，對幽州甚至河北道其他諸州均威脅極大。玄宗爲確保東北邊界之安全，恢復東北防線上營州、幽州兩地的犄角之勢，在努力經營營州的同時，又加強幽州的軍事力量，本乃不得已而爲之，不料卻給了安祿山專制河北精兵，發動叛亂以傾天下的機會。因此西元六九六年爆發的這場契丹叛亂便不能不引起我們的特別注意。

四、結語

契丹李盡忠、孫萬榮叛亂之後，唐朝被迫在東北邊境實行退守防禦的政策。經過玄宗朝時期對河北幽州地區的建設，唐代東北邊防體系中幽州的軍事中心地位形成了，營州則成了幽州的從屬配合力量。范陽節度常兼平盧軍使，權利也因而十分強大，這便爲安祿山發動叛亂，提供了優越的政治軍事條件。

萬歲通天元年的契丹叛亂，猶如「安史之亂」的前奏。由於這場叛亂，使得唐朝前期辛苦經營多年的東北防禦重鎮——營州一度陷入契丹之手，唐朝被迫將東北經營的重心轉移到了幽州一線，並大力加強此地的軍事防禦力量，以確保東北邊境甚至河北道的安全。孰料卻養虎爲患，最終導致了安祿山在幽州的坐大。隨後又有「河朔割據」，遂開中晚唐直至五代之政治格局。故契丹

---

[1] 《資治通鑑》卷二一六唐玄宗天寶六載（747）十二月己巳條，頁 6888－6889。

李盡忠、孫萬榮的這次叛亂，影響可謂深遠。

第二節　燕山緣關五州的地域文化特色

唐玄宗天寶十四載十一月，范陽節度使安祿山率所部同羅、契丹、奚、室韋等蕃將胡兵十五萬人，以幽州（今北京）爲基地起兵叛唐。學者研究已經指出玄宗之世（712－756）河北之地已成爲一胡化嚴重之區域，「安史之亂」的爆發即與此地的胡族武力有關。[1]此後對河北道的特殊地位與此地胡化之問題也繼續吸引了中外學者的關注。[2]然而我們以爲欲進一步研究「安史之亂」爆發的社會文化背景，有必要特別注意河北道北部的軍事邊區：即燕山山脈一線幽州（范陽郡）、媯州（媯川郡）、檀州（密雲郡）、薊州（漁陽郡）和平州（北平郡）等五州的社會文化發展情況，因爲這裏正是安史叛亂的大本營，而且歷來是農耕與遊牧不同民族文化的交匯線。

---

[1]陳寅恪：《唐代政治史述論稿》上篇〈統治階級之氏族及其升降〉，頁 27－43；陳寅恪著：〈論唐代之蕃將與府兵〉，載《金明館叢稿初編》，頁 264－276。

[2]如谷霽光著：〈安史亂前之河北道〉，頁 197－209；Edwin Pulleyblank, *The Background of The Rebellion of An Lu-Shan*, pp.75-81；榮新江：〈安祿山的種族與宗教信仰〉；森部豐著：〈唐前半期河北地域における非漢族の分佈安史軍淵源の一形態〉，《唐代史研究》第 5 號（2002），頁 22－45。

本節之目的，便是通過探討「安史亂」前燕山緣關五州[1]內的胡漢混居情況及生活在這一地區內的安史蕃將之關係，追溯此地區胡化之淵源；從而揭示玄宗之世此地區形成特殊之胡化武裝集團並最終成爲安祿山、史思明叛亂基地的歷史背景。

一

嚴耕望先生指出：「中國東北有燕山山脈自西徂東，盡於海濱，分割南北爲截然不同之兩種地貌，而賴連山中斷之谷陘爲南北交通之道口。陘道之顯名史冊者，有居庸、古北、盧龍、渝關（今山海關）四道，而在中古前期，盧龍之名尤著，與飛狐、句注（雁門）並稱爲北方之首險，『天下之阻，所以分內外也』。」[2]唐代河北地區以燕山爲界，緣居庸、古北、盧龍、渝關四關，唐朝自西向東設置了媯州（治所在今河北省懷來縣東）、幽州（治所在今北京市）、檀州（治所在今北京市密雲縣）、薊州（治所在今天津市薊縣）、平州（治所在今河北省盧龍縣）等五州。[3]此五州不僅是「安史亂」前唐朝東北和華北地區的軍事地理防線，也是

---

[1] 天寶元年（742），玄宗改州爲郡。本文所論時間斷限爲玄宗開天（713－756）之際；所論地區爲幽州（范陽郡）、媯州（媯川郡）、檀州（密雲郡）、薊州（漁陽郡）和平州（北平郡）等五地。爲行文方便，簡稱此五州爲「燕山緣關五州」，且仍以州名稱之。

[2] 嚴耕望著：《唐代交通圖考》（台北：中央研究院歷史語言研究所專刊之八十三，1986）第五卷〈河東河北區〉，頁 1741。

[3] 譚其驤主編：《中國歷史地圖集》（北京：中國地圖出版社，1982）第五冊〈隋唐五代十國時期〉，頁 48－49。

北方草原文化與中原農耕文化的分界線，[1]有著軍事與文化的雙重意義。[2]尤可注意者，玄宗之世東北諸異族降附唐朝後大量僑居羈縻於此一地區，[3]不少蕃人更是長期任職於華北邊防軍中。長時期的多民族混居，使得這一地區到了玄宗開天之際表現出其特有的地域文化特徵。

　　茲將玄宗之世上述五州轄下的州縣郡望以及境內羈縻之內蕃異族[4]分述如下，以便考察「安史亂」前蕃族任職於華北邊境之情

---

[1] 史念海著：〈唐代河北道北部農牧地區的分佈〉，載《唐代歷史地理研究》（北京：中國社會科學出版社，1998），頁 111－130。

[2] 參范恩實著：〈石敬瑭割讓燕雲（幽薊）的歷史背景〉，載《盛唐時代與東北亞政局》，頁 306－323。此五州又是東北邊境上的軍事屯田重地，見馮金忠著：〈試論唐代河北屯田〉，《中國農史》2001 年第 2 期，頁 16－22。

[3] 關於此地區內羈縻州情形，參閱譚其驤：〈唐代羈縻州述論〉，頁 136－162；劉統：《唐代羈縻府州研究》第六章第四節〈營州都督府管下羈縻府州的設置與遷徙〉，頁 100－108；馬馳：〈唐幽州境僑治羈縻州與河朔藩鎮割據〉；李松濤著：〈論契丹李盡忠、孫萬榮之亂〉，載《盛唐時代與東北亞政局》，頁 94－115。

[4] 譚其驤〈唐代羈縻州述論〉曰：「（唐代）羈縻州基本上分兩種：一種設置於邊外各國、族原住地；一種設置於邊外各族遷入內地後的僑居地。」（頁 148）以奚、契丹為例，《資治通鑑》卷一九九唐太宗貞觀二十二年（648）：「十一月，庚子，契丹帥窟哥、奚帥可度者並帥所部內屬。以契丹部為松漠府，以窟哥為都督；又以其別帥達稽等部為峭落等九州，各以其辱紇主為刺史。以奚部為饒樂府，以可度者為都督；又以其別帥阿會等部為弱水等五州，亦各以其辱紇主為刺史。辛丑，置東夷校尉官於營州。」（頁 6263）至武則天萬歲通天元年（696）五月「營州城傍契丹首領松漠都督李盡忠與其妻兄歸誠州刺史孫萬榮殺都督趙文翽，舉兵反，攻陷營州。」（《舊唐書》卷六〈則天皇后本紀〉，頁 125）可見自貞觀設府至契丹叛亂這四十八年間，這些奚、契丹的部落，均受營州都督府管轄。開元四年，玄宗雖復置松漠、饒

形。

嬀州（嬀川郡）

　　高祖武德七年二月，高開道手下將領張金樹殺開道降，高祖
以其地置北燕州，以張金樹爲北燕州都督。[1]貞觀八年，太宗改北
燕州爲嬀州，以有嬀水之故。天寶元年，改名爲嬀川郡。嬀州治
所在懷戎（今河北懷來縣）。《新唐書》卷三九〈地理志〉三（本
節簡稱《新志》）載：「懷戎。上。天寶中析置嬀川縣，尋省。嬀
水貫中。北九十里有長城，開元中張說築。東南五十里有居庸
塞，東連盧龍、碣石，西屬太行、常山，實天下之險。」長安二
年（702）四月，爲防禦突厥之入侵，武則天便以幽州刺史張仁愿
「專知幽、平、嬀、檀防禦」。[2]可見嬀州與幽、檀、平州一樣，
亦是東北邊境上的軍事關隘和交通要道。[3]

　　「安史亂」前的嬀州，境內一直有不少外族居住，新出土的
墓葬材料也證明了這一點。二○○三年在今北京延慶縣城嬀河南
岸發掘出墓葬十七座：磚室墓七座、土坑墓十座。其中磚室墓以
漢唐爲主，而無論是唐墓還是漢墓，此地出土的文物及墓葬形制
與北京地區其他區縣出土的同期遺存明顯不同，帶有鮮明的遊牧

樂二都督府，封其首領爲王，並以宗室女妻之。但兩蕃時降時叛，且已不受
營州或幽州都督府管轄。參閱王師小甫：〈族際流動與社會變邊〉。

[1]《資治通鑑》卷一九○唐高祖武德七年（624）二月己未條，頁 5977。

[2]《資治通鑑》卷二○七則天后長安二年（702）二月「突厥寇鹽、夏二州」
條，頁 6558。

[3]嚴耕望：《唐代交通圖考》第五卷篇肆玖。

文化遺迹。[1] 這說明自漢代以來這一地區就有塞外民族居住，風俗文化也是受到了中原漢族文明與北方草原文明的共同影響。

幽州（范陽郡）

《舊唐書》卷三九〈地理志〉二（本節簡稱《舊志》）記玄宗天寶時幽州「所領縣九：薊、幽都、廣平、潞、武清、永清、安次、良鄉、昌平。」然涿州所領之范陽、歸義、固安三縣玄宗時亦屬幽州都督府管轄，大曆四年（769）才置爲涿州。[2] 故玄宗之世幽州先後所領縣爲薊、幽都、廣平、潞、武清、永清、安次、良鄉、昌平、范陽、歸義、固安等十二縣。

薊縣（今北京市西南）。[3]「自晉至隋，幽州刺史皆以薊爲治所。」[4]《太平寰宇記》[5] 卷六九〈河北道〉載：「（幽州城）南北九里，東西里。」可見當時之幽州城並不是很大。[6] 薊縣附近有安

---

[1] 〈媯河南岸發現漢唐至明清古墓 56 座〉，《北京晚報》（北京），2003 年 6 月 4 日，第 10 版。

[2] 《新志》：「大曆四年，節度使朱希彩表析幽州之范陽、歸義、固安置。」（頁 1020）。

[3] 楊志玖著：〈關於漁陽、范陽、薊縣的方位問題——並論《重修薊縣志》的錯誤〉，載《陋室文存》（北京：中華書局，2002）。此文考證唐代的薊縣即今北京市、范陽縣即今河北涿縣、漁陽縣即今天津薊縣（頁 176－180）。

[4] 《舊志》，頁 1516。

[5] 〔宋〕樂史撰：《太平寰宇記》（台北：台灣文海出版社影印本，1980）。

[6] 唐代幽州城之四至，今已大致確定，見北京市文物研究所編：《北京文物考古四十年》（北京：燕山出版社，1990）第三篇第三章第二節〈隋唐〉，頁 126－128；並參閱曹文西主編：《北京通史》（北京：中國書店，1994）第二卷，頁 99－103。

置契丹的沃州。《舊志》載：「沃州，載初（689）中析昌州置，處契丹松漠部落，隸營州。州陷契丹，乃遷於幽州，隸幽州都督。天寶領縣一，戶一百五十九，口六百一十九。」《新唐書》卷四三下《地理志》七下又云：「萬歲通天元年（696）沒於李盡忠，開元二年復置。後僑治薊之南回城。」

　幽都縣（今北京市內），德宗建中二年（781）時置，本薊縣之地，管郭下西界，與薊分理。[1]《新志》：「幽都縣」條曰：「隋於營州之境汝羅故城置遼西郡，以處粟末靺鞨降人。武德元年（618）曰燕州，領縣三：遼西、瀘河、懷遠。土貢：豹尾。是年，省瀘河。六年自營州遷於幽州城中，以首領世襲刺史。貞觀元年（627）省懷遠。開元二十五年徙治幽州北桃谷山。天寶元年曰歸德郡。戶二千四十五，口萬一千六百三。」[2]可知燕州自武德六年以來，一直是安置粟末靺鞨降人的羈縻州。開元年間移治於幽州北桃谷山（今北京順義一帶[3]），天寶時改爲歸德郡。突地稽、李瑾行、李多祚、李希烈等均爲出身於此地區的靺鞨族人。

　廣平縣（今北京西）。「天寶元年，分薊縣置。三載復廢。至德後，復分置。」[4]

　安次（今河北廊坊市）。附近有安置契丹的昌州。《舊志》

---

[1]《舊志》，頁1516。

[2]《新志》，頁1020；並參《太平寰宇記》卷六九〈河北道〉十八「幽州幽都縣」條。

[3]據《中國歷史地圖集》第五冊，頁48－49；嚴耕望：《唐代交通圖考》第五卷，圖二十二。

[4]《舊志》，頁1516。是知廣平縣之建制，只存在了三年。

載：「昌州 貞觀二年置，領契丹松漠部落，隸營州都督。萬歲通天二年（697），遷於青州安置。神龍初還，隸幽州。舊領縣一〔龍山〕，戶一百三十二，口四百八十七。天寶，戶二百八十一，口一千八十八。」

潞縣（今北京通州區），《舊志》載：「後漢縣，屬漁陽郡，隋不改。武德二年，於縣置玄州，仍置臨洵縣。玄州領潞、臨洵、漁陽、無終四縣。貞觀元年，廢玄州，省臨洵、無終二縣，以潞、漁陽屬幽州。」是自貞觀元年始，潞縣屬幽州。

境內有安置奚族的崇州和鮮州。

崇州，「武德五年，分饒樂郡都督府置崇州、鮮州，處奚可汗部落，隸營州都督。舊領縣一〔昌黎〕，戶一百四十，口五百五十四。天寶，戶二百，口七百一十六。……契丹陷營州，徙治於潞縣之古潞城。」[1]

鮮州，「武德五年，分饒樂郡都督府奚部落置，隸營州都督。萬歲通天元年，遷於青州安置。神龍（705－707）初，改隸幽州。天寶領縣一〔賓從〕，戶一百七，口三百六十七。……賓從，初置營州界，自青州還寄治潞縣之古潞城。」[2]

良鄉（今北京房山區東南）。武則天聖曆元年（698）曾經改爲固節，神龍元年（705）復故名。[3]此地僑治的羈縻州最多：有安置契丹的威州、師州；先後安置新羅降戶和奚族的歸義州；安

---

[1]《舊志》，頁 1522－1523。

[2]《舊志》，頁 1522－1523。

[3]《新志》，頁 1020。

置靺鞨的慎州、夷賓州、黎州以及安置突厥的瑞州等七州。

威州，《舊志》載：「武德二年，置遼州總管，自燕支城徙寄治營州城內。七年，廢總管府。貞觀元年，改爲威州，隸幽州大都督。所領戶，契丹內稽（怒）部落。舊領縣一〔威化〕，戶七百二十九，口四千二百二十二。天寶，戶六百一十一，口一千八百六十九。」

師州，「貞觀三年置，領契丹、室韋部落，隸營州都督。萬歲通天元年，遷於青州安置。神龍初，改隸幽州都督。舊領縣一〔陽師〕，戶一百三十八，口五百六十八。天寶，戶三百一十四，口三千二百一十五。陽師，貞觀置州於營州東北廢陽師鎮，故號師州。神龍中，自青州還寄治於良鄉縣之故東閭城，爲州治，縣在焉。」

歸義州，《新唐書》卷四三下〈地理志〉七下載：「歸義州歸德郡，總章（668－670）中以新羅戶置，僑治良鄉之廣陽城。縣一：歸義。後廢。開元中，信安王褘降契丹（奚）李詩部落五千帳，以其衆復置。」又據《資治通鑑》卷二一三：「（開元二十年三月）信安王褘帥裴耀卿及幽州節度使趙含章分道擊契丹，……己巳，褘等大破奚、契丹，俘斬甚衆，可突于帥麾下遠遁，餘黨潛竄山谷。奚酋李詩瑣高帥五千餘帳來降。褘引兵還。賜李詩爵歸義王，充歸義州都督，徙其部落置幽州境內。」可知歸義州高宗時爲安置新羅降戶之羈縻州，到了玄宗開元二十年後則改爲安置奚李詩瑣高部。

　　《安祿山事跡》載安祿山有女婿歸義王李獻誠，[1]以其爵號推測，應是奚族，未知是否即奚王李詩之後。然由此可推見安祿山與內附奚的關係當是頗為密切。[2]

　　慎州，「武德初置，隸營州，領涑沬靺鞨烏素固部落。萬歲通天二年，移於淄、青州安置。神龍初，復舊，隸幽州。天寶領縣一〔逢龍〕，戶二百五十，口九百八十四。逢龍，契丹陷營州後南遷，寄治良鄉縣之故都鄉城，為逢龍縣，州所治也。」[3]

　　夷賓州，「乾封（666－668）中，於營州界內置，處靺鞨愁思嶺部落，隸營州都督。萬歲通天二年，遷於徐州。神龍初，還隸幽州都督。領縣一〔來蘇〕，戶一百三十，口六百四十八。來蘇，自徐州還寄於良鄉縣之古廣陽城，為縣。」[4]

　　黎州，「載初（689）二年，析慎州置，處浮渝靺鞨烏素固部落，隸營州都督。萬歲通天元年，遷於宋州管治。神龍初還，改隸幽州都督。天寶領縣一〔新黎〕，戶五百六十九，口一千九百九十一。新黎，自宋州遷寄治於良鄉縣之故都鄉城。」[5]

---

[1] 《安祿山事跡》，頁 10。

[2] 如《新唐書》卷六六〈方鎮表〉三載：「開元二十九年，幽州節度副使領平盧軍節度副使，治順化州。」（頁 1836）；《安祿山事跡》卷上載：「……（開元二十九年）時（張）利貞歸朝，盛稱祿山之美，遂授營州都督，充平盧軍節度使，知左廂兵馬使，度支、營田、水利、陸運使副，押兩蕃、渤海、黑水四府經略〔使〕，順化州刺史。」（頁 2-3）順化州即為安置奚族之羈縻州（參閱本書附表二）。

[3] 《舊志》，頁 1522。

[4] 《舊志》，頁 1523。

[5] 《舊志》，頁 1524。

　　瑞州，「貞觀十年，置於營州界，隸營州都督，處突厥烏突汗達干部落。咸亨（670－674）中，改爲瑞州。萬歲通天二年，遷於宋州安置。神龍初還，隸幽州都督。舊領縣一〔來遠〕，戶六十，口三百六十五。天寶，戶一百九十五，口六百二十四。來遠，舊縣在營州界。州陷契丹，移治於良鄉縣之故廣陽城。」[1]

　　良鄉縣在唐初已經是村落戶口衆多，[2]土地適宜耕種和遊牧。故時人墓誌亦云：「（韓仁惠）父如意，隋任滑州司戶參軍，唐任幽州良鄉縣令；匡字滑台，戶滋人億；撫臨幽部，羊馬成群。」[3]到了玄宗天寶時期良鄉縣內可確考的羈縻州人口約有九千三百餘人（不包括歸義州奚族部落），種族衆多，蕃族戶口在幽州諸縣中最爲殷阜。

　　昌平（今北京昌平縣）。有安置契丹的帶州。

　　帶州，「貞觀十九年，於營州界內置，處契丹乙失革部落，隸營州都督。萬歲通天元年，遷於青州安置。神龍初，放還，隸幽州都督。天寶領縣一〔孤竹〕，戶五百六十九，口一千九百九十。孤竹，舊治營州界。州陷契丹後，寄治於昌平縣之清水店，爲州治。」[4]

　　范陽縣（今河北省涿州市）。《舊志》載：「隋爲涿縣。武德七

---

[1] 《舊志》，頁 1525。

[2] 參閱尹鈞科著：《北京郊區村落發展史》（北京：北京大學出版社，2001）第四章第三節。

[3] 《彙編》上冊，萬歲通天○二七〈大周文林郎上護軍韓（仁惠）府君墓誌銘〉，頁 906－907。墓誌主人韓仁惠辛於武則天萬歲通天元年（696）。

[4] 《舊志》，頁 1524。

年，改爲范陽縣。」此處羈縻州有安置契丹的玄州、青山州、信州；安置降胡的凜州。

玄州，「隋開皇（581－600）初置，處契丹李去閭部落。萬歲通天二年，移於徐、宋州安置。神龍元年，復舊。今隸幽州。天寶領縣一〔靜蕃〕，戶六百一十八，口一千三百三十三。靜蕃，州治所，范陽縣之魯泊村。」[1]

青山州，「景雲元年（710），析玄州置，隸幽州都督。領縣一〔青山〕，戶六百二十二，口三千二百一十五。青山，寄治於范陽縣界水門村。」[2]

史籍可考的契丹李去閭部落族人，有李永定一族。〈唐故雲麾將軍左威衛將軍兼青山州刺史上柱國隴西李（永定）公墓誌銘〉云：

> 公諱永定，……曾祖延，皇朝本蕃大都督兼赤山州刺史。祖大哥，雲麾將軍左鷹揚大將軍兼玄州刺史。……父仙禮，寧遠將軍、玄州昌利府折沖。……（開元二十一年）（李永定）仍襲伯父青山州刺史。……至天寶五載，節度使安公以公閑於撫理，差攝嫣川郡太守、兼知雄武城使。……俄而轉攝漁陽郡太守、兼知靜塞軍使。……以

---

[1] 《舊志》，頁 1522。
[2] 《舊志》，頁 1526。

（天寶）拾載四月拾伍日，薨於范陽郡之私第。[1]

由墓誌可知李永定一家，實出自契丹李去閭部落，墓誌主人更是長期任職於安祿山麾下。[2]

信州，「萬歲通天元年置，處契丹（乙）失活部落，隸營州都督。二年，遷於青州安置。神龍初還，隸幽州都督。天寶領縣一〔黃龍〕，戶四百一十四，口一千六百。黃龍，州所治，寄治范陽縣。」[3]

凜州，「天寶初置於范陽縣界，處降胡。領縣一，戶六百四十八，口二千一百八十七。」[4]〈唐故華州潼關鎮國軍隴右節度支度營田觀察處置臨洮軍等使開府儀同三司檢校尚書左仆射兼華州刺史御史大夫武康郡王贈司空李（元諒）公墓誌銘〉記：「公本安姓，諱元光，其先安西王之胄也。……考塞多，易州遂城（今河北）府折沖，贈幽州大都督。……（公）少居幽薊，歷職塞垣。」[5]不知此支安姓族人，是否即在此時居於幽州境內。又《顏魯公文集》卷六〈特進行左金吾衛大將軍上柱國清河郡開國公贈開府儀同三司兼夏州都督康公神道碑〉云：「公諱阿義屈達干，姓康氏，柳城人。其先世爲北蕃十二姓之貴種。……天寶元年，公

---

[1] 《彙編續集》天寶〇七三，635 頁；並參閱樊衡〈爲幽州長史薛楚玉破契丹露布〉，《全唐文》卷三五二，頁 3570。

[2] 〈爲幽州長史薛楚玉破契丹露布〉，頁 3568－3571。

[3] 《舊志》，頁 1526。

[4] 《舊志》，頁 1526。

[5] 《彙編續集》貞元〇三〇，頁 754。

與四男及西殺妻子，默啜之孫勃德支特勒、毗伽可汗女大洛公主、伊然可汗小妻余塞匐、登利可汗女余燭公主及阿不思阿史德等部落五千餘帳，並駝馬羊牛二十餘萬款塞歸朝。屬范陽節度使安祿山潛懷異圖，庶爲己用，密奏公充部落都督，仍爲其先鋒使。」司馬溫公將此事繫於天寶元年八月，[1]因此有學者便懷疑此支康姓胡人歸降後便居於涿州境內。[2]

其餘武清（今天津市武清縣）、永清（今河北省永清）、歸義（今河北省雄縣）、固安（今河北省固安）等四縣境內則暫時沒有檢索到設置羈縻州的記載。

萬歲通天元年營州城旁的契丹叛唐，唐朝東北的塞外重鎮——營州失陷於契丹，迫使原來寄治於營州境內的羈縻州，全部遷入了幽州境內。此後突厥默啜的入侵河北，更造成了河北北部人口的大量南移，[3]隨之而來的便是塞外胡族的湧入。以安祿山一家爲例，史書云：「祿山起兵反翌日，至城北，辭其祖考墳墓，遂發。」[4]據此可知幽州城北有安祿山祖考墳墓。以三十年爲一世計算，祿山族人當於武則天時便已居住於幽州附近。

幽州自唐初以來便是東北邊境上的重要軍鎮，因此由於戰爭的需要，居於此地的士子甚至有棄文從武者。如〈唐故朝議大夫

---

[1] 參閱《資治通鑑》卷二一五唐玄宗天寶元年（742）八月「突厥拔悉蜜」條。

[2] 森部豐：〈唐前半期河北地域における非漢族の分佈と安史軍淵源の一形態〉，頁31。

[3] Edwin Pulleyblank , *The Backgroud of The Rebellion of An Lu-Shan*, p.27.

[4]《安祿山事跡》卷中，頁24。

行兗州龔丘縣令程（思義）墓誌銘〉載：「（程思義）年十八，幽
州貢明經及第，於時鯨鑿久波，鼷頭未截。天子按劍，聞鉅鹿而
輟寢；將軍仗鉞，想漁陽而罷蓋。君負幽朔之勁悍，爲筆硯而徒
然，委質戎韜，控弦遼碣。」[1]墓誌主人卒於長安三年（703）終
年七十五歲。以此上推則其明經及第時爲唐太宗貞觀二十年
（646）。到了玄宗天寶之際，更有不少異族移居此地，其中確切
可考的羈縻內蕃便有四萬三千六百七十五人。[2]數量已然不少，對
當地的民風習俗之影響更是巨大，幽州一地的民風遂也變得尚武
而強悍，士民反而多不識中原之禮樂文化。《安祿山事跡》卷下
載：「〔史思明〕又令其妻爲親蠶之禮於薊城東郊，以官屬妻爲命
婦，燕羯之地不聞此禮，看者填街塞路。燕薊閑軍士都不識京官
名品，見稱黃門侍郎者曰：『黃門何得有髭須？』皆此類也。」儒
家之祭祀禮儀，本是中原正統文化之象徵，自漢魏以來便以中原
正統文化自居之河北山東一地，此時此地的百姓反而「不聞此
禮」，儒學禮法的影響無疑是減弱了。

　　《資治通鑑》卷二二二唐代宗上元二年（761）又載：「（三
月）（史）朝義即皇帝位，改元顯聖。密使人至范陽，敕散騎常侍
張通儒等殺〔史〕朝清及朝清母辛氏並不附己者數十人。其黨自
相攻擊，戰城中數月，死者數千人。」溫公《考異》引《薊門紀
亂》云：「……（高）鞫仁兵皆城旁少年，驍勇勁捷，馳射如
飛；……自暮春至夏中，兩月間，城中相攻殺凡四五，死者數

[1]《彙編》上冊，長安○三○，頁1012。
[2]史念海：〈唐代河北道北部農牧地區的分佈〉，頁117。

千，戰鬥皆在坊市閭巷間。但兩敵相向，不入人家剽劫一物，蓋家家自有軍人之故，又百姓至於婦人小童，皆閑習弓矢，以此無虞。」[1]所謂「城旁少年」便是幽州城郊的異族羈縻部落；[2]而城內的居民也是戶戶有壯丁從軍，無論老幼男女皆「閑習弓矢」。由此可見玄宗開天之際幽州一隅，不僅有大量崇尚武力之胡人，居住於此地的漢人也已經是深染胡風。

檀州（密雲郡）

《舊志》載：「隋置安樂郡，分幽州燕樂、密雲（今北京密雲縣）二縣隸之。武德元年，改爲檀州。天寶元年，改爲密雲郡。乾元元年，復爲檀州。舊領縣二，戶一千七百三十七，口六千四百六十八。天寶，戶六千六十四，口三萬二百四十六。」

高宗時檀州更是唐朝出兵高句麗的主要道路之一，《舊唐書》卷一八五上〈良吏傳上・韋（弘）機傳〉：

> （韋弘機）顯慶（656－661）中爲檀州刺史。邊州素無學校，機敦勸生徒，創立孔子廟，圖七十二子及自古賢達，皆爲之贊述。會契苾何力東討高麗，軍衆至檀州，而灤河泛漲，師不能進。〔機〕供其資糧，數日不乏。何力全師

---

[1] 《資治通鑑》卷二二二唐肅宗上元二年（761）三月「史思明猜忍好殺」條，頁7110－7111。

[2] 李錦銹著：《唐代制度史略論稿》（北京：中國政治大學出版社，1998），頁256－294。關於「城傍兵」的最新討論，參閱王師小甫：〈族際流動與社會變遷〉註4。

・226・

還，以其事聞。

可知自唐初開始檀州便是東北邊境上的一個重要軍事基地，而不似中原多學校文教之事。

至玄宗時，已有大量外族蕃戶居於此地。孫逖〈爲宰相賀檀州界破奚賊表〉：「張守珪果奏副將安祿山於檀州界破奚賊，擒生斬級，並獲馬牛，計至數千。」[1]是知開元後期檀州已經是幽州守軍與奚交戰的重要戰場了。又《舊唐書》卷一○○〈裴寬傳〉載：「尋而范陽節度李適之入爲御史大夫，除（裴）寬范陽節度兼採訪使河北替之。其年（天寶元年），又加御史大夫，時北平軍使烏承恩恃以蕃酋與中貴通，恣求貨賄，寬以法按之。檀州刺史何僧獻生口數十人，寬悉命歸之，故夷夏感悅。」刺史何僧所獻「生口數十人」恐即是居於檀州及其附近之蕃族。

「安史亂」起，嬀州和檀州的軍士也一直是安、史倚仗的精銳以及最有力的支持者。嬀、檀軍士既多叛亂元從之人，故至德元載（756）張巡擒獲安史叛軍「嬀、檀及胡兵，悉斬之；滎陽、陳留脅從兵，皆散令歸業」[2]。次年安史叛軍將領尹子奇圍張巡、許遠於睢陽，所率之兵也是嬀、檀之衆及同羅、奚兵。[3]

---

[1] 《全唐文》卷三一一，頁3158，下欄。

[2] 《資治通鑑》卷二一八唐肅宗至德元載（756）七月「令狐潮圍張巡於雍丘」條，頁6988－6989。

[3] 參《資治通鑑》卷二一九唐肅宗至德二載（757）正月「〔安〕慶緒以尹子奇爲汴州刺史」條，頁7016－7107。

薊州（漁陽郡）

開元十八年前無此州，其所領三縣漁陽（今天津薊縣）、三河（今河北三河）和玉田（今河北玉田）此前均隸幽州。開元十八年五月，可突于殺親唐的契丹大賀氏末主邵固，叛降於突厥，並擁立了遙輦氏的屈烈。[1] 玄宗立即命幽州長史兼幽州節度使趙含章率兵討之，「（六月）丙子以單于大都護忠王浚領河北道行軍元帥，以御史大夫李朝隱、京兆尹裴伷先副之，帥十八總管以討奚、契丹」。[2] 因爲此次契丹的反叛，營州都督府治所又再次移入幽州境內。於是玄宗割漁陽、玉田、三河等三縣置薊州，[3] 幽州節度使從這一年起增領薊、滄二州。[4] 史書載：「漁陽，神龍元年，改屬營州。開元四年，還屬幽州。十八年於縣置薊州，乃隸。玉田，神龍元年，割屬營州。開元四年，還屬幽州。八年，又割屬營州。十一年，又屬薊（幽）州。」[5] 可見玄宗時代如果鎮撫東北諸夷的塞外重地營州一旦失陷，其屬縣便會割歸渝關之內的幽州。

平州（北平郡）

《新志》載：「平州北平郡，下。初治臨渝（今河北灤縣西

---

[1] 陳述著：《契丹政治史稿》（北京：人民出版社，1986），頁 51。

[2] 《資治通鑑》卷二一三唐玄宗開元十八年（730）五月「初契丹王李邵固遣可突干（于）入貢條「條，頁 6790。

[3] 《舊志》，頁 1518。

[4] 《新唐書》卷六六〈方鎮表〉三，頁 1834。

[5] 《舊志》，頁 1518。

北），武德元年徙治盧龍（今河北盧龍縣）。土貢：熊鞹、蔓荆實、人參。戶三千一百一十三，口二萬五千八十六。」平州因爲扼守渝關重地，所以軍事地位非常重要。開元二年安東都護府徙於平州境內，天寶二年才遷出。[1]以此推測，應該有不少高句麗、百濟遺民在此生活和居住。出土的墓誌材料還證明，高宗儀鳳（676－679）年間便有康國人後裔任職於平州境內。〈大唐故平□□□戌主康（續）君墓誌銘〉載：「授平州平夷戌主。……以儀鳳二年十二月十二日寢疾，終於平夷之官邸。」[2]可知平州很早便是一個華夷雜處之地。

二

　　燕山緣關五州境內除了上述所論契丹、奚、靺鞨、突厥、胡人、高句麗、百濟等族外，烏羅護族人在這一帶的活動也頗值得注意。《舊唐書》卷一九九下〈北狄・烏羅渾傳〉：「烏羅渾國，蓋後魏之烏洛侯也，今亦謂之烏羅護，其國在京師東北六千三百里。東與靺鞨，西與突厥，南與契丹，北與烏丸接。風俗與靺鞨同。貞觀六年，其君長遣使獻貂皮焉。」而《新唐書》卷七五下〈宰相世系表〉五下云：「烏氏出自姬姓。黃帝之後，少昊氏以烏鳥名官，以世功命氏。齊有烏之餘，裔孫世居北方，號烏洛侯，後徙張掖。」蓋中文史料中烏羅渾、烏羅護、烏洛侯，均指同一

---

[1]《新志》，頁 1023。

[2]《彙編》上冊，調露〇〇八，頁 658。

族而言，只是音譯不同而已。韓愈的〈烏氏廟碑銘〉云：「烏氏著
於《春秋》，譜於《世本》，列於《姓苑》，在莒者存，在齊有余枝
鳴，皆爲大夫。秦有獲，爲大官，其後世之江南者，家鄱陽；處
北者，家張掖；或入夷狄爲君長。唐初，察爲左武衛大將軍，實
張掖人。其子曰令望，爲左領軍衛大將軍。孫曰蒙，爲中郎將
軍，是生贈尙書，諱承玼，字某。烏氏自莒、齊、秦大夫已來，
皆以才力顯。及武德以來，始以武功爲名將家。」[1]是知烏羅護族
人中有徙居張掖者，故唐代史料記烏承玼爲「張掖人」。[2]

　　唐太宗貞觀二十一（647）年六月丁丑詔：「隋末喪亂，邊民
多爲戎、狄所掠，今鐵勒歸化，宜遣使詣燕然等州，與都督相
知，訪求沒落之人，贖以貨財，給糧遞還本貫；其室韋、烏羅
護、靺鞨三部人爲薛延陀所掠者，亦令贖還。」[3]在此次遷徙過程
中，當有烏氏族人因而寓居於幽薊一帶。武則天時，烏薄利爲
「源州都督、良鄉縣開國男」[4]，證明烏薄利一族應在此前已經居
住於幽州良鄉縣境內。又唐烏善智墓誌云：「君諱善智，北代人
也。……葉散枝分，居燕去鄴。……〔開元十一年〕卒於遂城縣
之私第，……（天寶十載）葬於上谷郡城（今河北易縣）西北洳
河北原。」[5]可見直到玄宗時期，一直有烏羅護人居於幽、易一

---

[1]《韓昌黎文集校注》，頁 396－397。
[2]《新唐書》卷一三六〈李光弼附烏承玼傳〉，頁 4596。
[3]《資治通鑑》卷一九八唐太宗貞觀二十一年（647）六月丁丑條，頁 6248。
[4] 李嶠〈授烏薄利左金吾衛大將軍制〉，《全唐文》卷二四二，頁 2448，下
欄。
[5]《彙編》下冊天寶一九一〈唐故逸人烏（善智）君墓誌〉，頁 1664。

帶。

安祿山、史思明與烏羅護人烏知義烏承恩父子[1]的關係更是密切。烏知義開元二十一年時任幽州節度副使，[2]開元二十二年至二十六年期間任平盧軍使，[3]可知這一族人早在開元時代便在東北邊境居住和任職，安祿山、史思明此時均效力於烏知義麾下。《新唐書》卷二二五上〈逆臣上・安祿山傳〉載：「與史思明俱爲捉生。知山川水泉處，嘗以五騎禽契丹數十人。」《舊唐書》卷二○○上〈史思明傳〉則云：「與安祿山同鄉里，先祿山一日生，思明除日生，祿山歲日生。及長，相善，俱以驍勇聞。初事特進烏知義，每令騎覘賊，必生擒以歸。又解六蕃語，與祿山同爲互市郎。」《資治通鑑》載：「初，史思明以列將事平盧軍使烏知義，知義善待之。知義子承恩爲信都太守，以郡降思明，思明思舊恩而全之。」[4]

至於烏承恩、烏承玼兄弟當時也和安祿山、史思明一起任職平盧軍中。《新唐書》卷一三六〈李光弼附烏承玼傳〉：

> 烏承玼，字德潤，張掖人。開元中，與族兄承恩皆爲平盧

---

[1] 《新唐書》卷七五下〈宰相世系表〉下記烏承玼（玼）、烏承恩均爲烏蒙之子，烏蒙當即是烏知義（頁 3463－3464）。同書卷一三六〈李光弼附烏承玼傳〉載：「烏承玼字德潤，張掖人。開元中，與族兄承恩皆爲平盧先鋒，沈勇而決，號『轅門二龍』。」（頁 4596）

[2] 樊衡〈爲幽州長史薛楚玉破契丹露布〉，頁 3570。

[3] 參閱〔清〕吳廷燮撰：《唐方鎮年表》（北京：中華書局，1980）卷八。

[4] 《資治通鑑》卷二二○唐肅宗乾元元年（758）六月「初史思明以列將事平盧軍使烏知義」條，頁 7057。

　　先鋒，沈勇而決，號「轅門二龍」。契丹可突于殺其王邵固
　　降突厥，而奚亦亂，其王魯蘇挈族屬及邵固妻子自歸。是
　　歲，奚、契丹入寇，詔承玼擊之，破於捺祿山。二十二
　　年，詔信安王禕率幽州長史趙含章進討，承玼請含章曰：
　　「二虜固劇賊，前日戰而北，非畏我，乃誘我也。公宜畜
　　銳以折其謀。」含章不信，戰白城，果大敗。承玼獨按隊
　　出其右，斬首萬計，可突于奔北矣。

「安史之亂」爆發，烏承玼委身史思明帳下，任職裨將，期間曾
勸服史思明降唐。其兄烏承恩因此入范陽招降，又欲借機誅殺史
思明，事敗而被殺。烏承玼幸而走免，史思明因此而復叛於唐，
河北州縣遂再次爲叛軍佔領。[1] 安祿山、史思明在開元年間效力於
烏知義麾下，深受烏知義之器重。故當烏承恩、烏承玼在天寶年
間又任職於安祿山幕下時，也爲安、史二人所信用。

　　除了上述幽州境內之蕃將外，安史帳下還有不少粟特將領。[2]
東北邊境上蕃將間累年形成的官宦關係，使得安祿山可以處心積
慮地建立起一獨立而善戰的胡人軍事集團，誠如陳寅恪先生所
云：「安史之徒乃自成一系統最善戰之民族，在當日軍事上本來無
與之爲敵者也。」[3]

---

[1] 《資治通鑑》卷二二〇唐肅宗乾元元年（758）六月「初史思明以列將事平
盧軍使烏知義」條，頁7057-7059。
[2] 榮新江：〈安祿山的種族與宗教信仰〉，頁232。
[3] 陳寅恪：《唐代政治史述論稿》上篇，頁28。

結語

　　早自唐太宗朝開始，已有塞外民族入居河朔一代，至唐玄宗開天之際，河北道北部生活有契丹、奚、靺鞨、突厥、新羅、高句麗、百濟遺民、粟特胡人和烏羅護等多個內附外族。安祿山利用自己任職東北邊境軍事長官的機會，以胡人身份和相近的宗教信仰，籠絡諸不同之善戰胡族，[1]並與這些內附外族建立了緊密的官宦和姻親關係，從而鞏固了自己的軍事集團首長地位。安史叛軍的主力，正是其麾下的幽、媯、檀等州的蕃漢將領和胡漢士卒。

　　而「安史亂」前的燕山緣關諸州，不僅是中古時期中原地區與東北塞外的交通要道，還是唐朝東北地區的軍事防禦屏障。羈縻在此的內蕃諸族，不但在唐朝東北邊防軍中身居要職，更進而深刻影響了這一地區的民俗民風。故「安史之亂」爆發於河北幽州，是與這裏特殊的軍事地理形勢和種族文化背景有著深刻關係的。

---

[1] 陳寅恪：《唐代政治史述論稿》上篇，頁 32；最新研究參閱王師小甫：〈拜火宗教與突厥興衰〉。

第七章 「安史亂」前
中央政府與華北社會之關係

第一節 論唐太宗之欲行封建

　　「安史亂」前李唐中央政府與河北山東境內不同社會群體之間的關係，也是學界研究的焦點之一。谷霽光以爲因爲河北自北朝以來的特殊地位，唐代中央政府自唐初開始便對這一地區施行了壓抑和歧視的政治軍事政策，結果是造成了山東地區百姓對李唐中央政府的離心力，「安史之亂」的爆發，直接或間接都與這種心理有關；[1]陳寅恪先生更是明確指出：「但隋唐兩朝繼承宇文氏之遺業，仍舊實行『關中本位政策』，其統治階級自不改其歧視山東人之觀念」[2]；此後蒲立本先生也接受了上述二位先生的論點，且特別論述了河北在唐初的特殊政治經濟地位；[3]汪籛先生又從當時的社會文化背景出發，論述了唐太宗對山東文化高門和山東寒

---

[1] 谷霽光：〈安史亂前之河北道〉，頁 197－209。
[2] 陳寅恪：《唐代政治史述論稿》上篇，頁 16。
[3] Edwin Pulleyblank, *The Backgroud of The Rebellion of An Lu-Shan*, pp.75-81.

門的不同態度。[1]唐初各種社會集團之間的關係，是頗爲複雜的。

自唐初開始，李唐中央政府面對的問題之一，就是如何吸引和利用不同區域內尤其是河北境內各種社會群體，[2]以鞏固帝國的統一。近來有學者借助比較社會學的相關理論，從社會資源流動與社會秩序整合角度對唐五代華北北部的民族關係問題進行了新的理論探討，[3]這爲我們繼續研究唐朝統治者的政策目標以及和區域社會群體之間的互動提供了嶄新的理論視角。本節嘗試借用艾森斯塔得（S.N. Eisenstadt）比較社會學理論[4]，重點分析中央集權的官僚帝國如何爭取境內，特別是河北山東境內不同社會群體的支持，揭示「安史亂」前河北山東境內社會群體流動和社會結構與秩序變遷的深刻意義。

一

武德九年（626）八月太宗即位後，立即封賞不同區域內各集團的有功人士，以爭取各不同社會群體對新興中央政權的支持。

---

[1]汪籛：〈唐太宗拔擢山東微族與各集團人士之並進〉、〈唐太宗樹立新門閥的意圖〉。

[2]本書依文化性質，將其歸納爲山東豪傑，傳統士族和內附蕃人三大類。

[3]王師小甫：〈族際流動與社會變遷〉。

[4]關於艾森斯塔得（S.N. Eisenstadt）比較社會學理論中對中國歷代中原王朝的文化取向政策之定義，以及社會資源與社會秩序關係的論述，見其 *The Political Systems of Empires,* New York: Free Press of Glencoe,1963. 中文譯本見閻步克譯：《帝國的政治體系》（貴陽：貴州人民出版社，1992）第九章第二至六節。

《舊唐書》卷二〈太宗本紀〉：

> （武德九年十月）癸酉，裴寂食實封一千五百戶，長孫無
> 忌、王君廓、尉遲敬德、房玄齡、杜如晦一千三百戶，長
> 孫順德、柴紹、羅藝、趙郡王孝恭一千二百戶，侯君集、
> 張公謹、劉師立一千戶，李世勣、劉弘基九百戶，高士
> 廉、宇文士及、秦叔寶、程知節七百戶，安興貴、安修
> 仁、唐儉、竇軌、屈突通、蕭瑀、封德彝、劉義節六百
> 戶，錢九隴、樊世興、公孫武達、李孟常、段志玄、龐卿
> 惲、張亮、李藥師、杜淹、元仲文四百戶，張長遜、張平
> 高、李安遠、李子和、秦行師、馬三寶三百戶。

在這份四十三人的功臣實封名單中，裴寂、長孫無忌、杜如晦、
長孫順德、柴紹、羅藝、李孝恭、侯君集、劉弘基、高士廉、宇
文士及、安興貴、安修仁、竇軌、屈突通、公孫武達、李靖、杜
淹、張長遜、張平高、李安遠李子和、馬三寶等二十三人出身於
關隴地區；李世勣、王君廓、尉遲敬德、房玄齡、張公謹、劉師
立、秦叔寶、程知節、唐儉、劉義節、李孟常、段志玄、龐卿
惲、張亮、元仲文和秦行師等十七人出身於山東；蕭瑀、錢九
隴、樊世興等三人則出身於江左。太宗的這次分封，明顯是要兼
顧唐初三大地域內不同社會群體的比重和利益要求。而由此份名

單也可以看出，貞觀初期太宗依然是以關隴人士爲統治重心，[1]並積極拉攏其他地域群體，尤其是山東境內之人士（主要是山東豪傑）。[2]因爲太宗得以成功奪位的重要條件之一，就是取得了關隴集團與山東豪傑的共同支持。[3]

太宗一方面適當地給予功臣榮譽與威望，另一方面卻試圖對李唐皇室內部無功勳的貴族權力加以一定的限制。史書載：「高祖受禪，以天下未定，廣封宗室，以威天下。皇從弟及姪、年始孩童者，數十人皆封爲郡王。太宗即位，因舉屬籍問侍臣曰：『封宗子，於天下便乎？』尚書右僕射封德彝對曰：『不便。歷觀往古封王者，今日最多。兩漢以降，唯封帝子及親兄弟。若宗室遠疏者，非有功如周之郇滕、漢之賈澤，並不得濫叨名器，所以別親疏也。先朝敦睦九族，一切封王。爵命既崇，多給力役。蓋以天下爲私，殊非至公馭物之道也。』太宗曰：『然。朕理天下，本爲百姓，非欲勞百姓以養己之親也。』」[4]太宗於是按照親疏依次降

[1] 也有學者以爲此份名單反映出關隴集團在隋代開始解體，至唐初已經不復存在，見黃永年：〈從楊隋中樞政權看關隴集團的開始解體〉、〈關隴集團到唐初是否繼續存在〉等。然而由此份名單中人物以及本文此後之論述可以看出，唐帝國初期的統治階層中，關隴集團人士依然是重要的政治力量之一。其最終瓦解應如陳寅恪先生所論是在武后之世，見陳寅恪：《唐代政治史述論稿》上篇。至於山東文化高門社會文化勢力之減弱、出身寒族之文人群體的逐漸形成也正是發生在太宗至武后時期。
[2] 太宗之擔心不是沒有道理的，貞觀元年九月，幽州都督王君廓便企圖謀叛參閱《資治通鑑》卷一九二唐太宗貞觀元年（627）九月辛未條，頁6038。
[3] 陳寅恪：〈論隋末唐初所謂「山東豪傑」〉，頁224－228；並參閱本書第二章之論述。
[4] 《唐會要》卷四六〈封建〉，頁816。

爵，唯有功者數人才得以封王。

此時朝廷中還有文武功臣邀功之爭：「貞觀元年，封中書令房玄齡爲邗（邢）國公，兵部尚書杜如晦爲蔡國公，吏部尚書長孫無忌爲齊國公，並爲第一等，食邑實封一千三百戶。皇從父淮安王神通上言：『義旗初起，臣率兵先至，今玄齡等刀筆之人，功居第一，臣竊不服。』太宗曰：『國家大事，惟賞與罰。賞當其勞，無功者自退；罰當其罪，爲惡者咸懼。則知賞罰不可輕行也。今計勳行賞，玄齡等有籌謀帷幄、畫定社稷之功，所以漢之蕭何，雖無汗馬，指蹤推轂，故得功居第一。叔父於國至親，誠無愛惜，但以不可緣私濫與勳臣同賞矣。』由是諸功臣自相謂曰：『陛下以至公，賞不私其親，吾屬何可妄訴。』」[1]可見貞觀初期，太宗必須要處理好帝國政府怎樣安置與獎賞文武功臣和皇室貴族的問題。所有這些政策，都是要爲統治者建立和維持統一的中央政權服務。

然而有時被統治者也會向統治者主动爭取更長久甚至世襲的政治權力，以鞏固自己的既得利益。[2]「太宗以宇內清晏，思以致理。謂公卿曰：『朕欲使子孫長久，社稷永安，其理如何？』尚書右僕射宋國公瑀對曰：『臣觀前代，國祚所以長久者，莫不封建諸侯，以爲磐石之固。秦併六國，罷侯置守，二世而亡；漢有天下，衆建藩屏，年踰四百；魏晉廢之，不能永久。封建之法，實

---

[1] 《貞觀政要》卷三〈封建〉，頁 98。
[2] 閻步克：《帝國的政治體系》第八章，頁 160－168。

可遵行。』上然之，始議分封裂土之制」[1]。入主中原王朝的歷代帝國，無不是以儒家的意識形態作爲統治基礎，故《唐會要》云：「蘇冕所載封建篇，蓋以貞觀初，太宗文皇帝嘗欲法周漢故事，分圭以王子弟；裂地以封功臣。諸儒議論紛紜，事卒停寢。」[2]參與這次的討論主要還是當時的儒臣，其中宋國公蕭瑀是贊成封建的。其他如李百藥、魏徵等人則表達了不同的意見。

李百藥以爲帝王自有命，國祚之長短不緣封建；[3]魏徵則從唐初社會實情出發，指出唐承大亂，民人雕喪，此時行封建恐有未當。[4]而顏師古則認爲應該封建與州縣制並行：「間以州縣，雜錯而居，互相維持，永無傾奪。使各守其境，而不能爲非；協力同心，則足扶京室。階下然後命分諸子，各就封之，爲置官僚，皆一省選用。法令之外，不得擅作威刑。朝貢禮儀，具爲條式。一定此制，萬世永久。則狂狡絕暴慢之心，本朝無怵惕之慮。」[5]漢初雖然施行過封建制與郡縣制並行政策，但背後的原因之一，應該是爲了解決關中與東方地區社會文化風俗差異，避免重蹈亡秦

---

[1]《唐會要》卷四六〈封建〉，頁 824。《唐會要》記載此事在貞觀二年，而司馬溫公將此事系於貞觀五年；另外《貞觀政要》則記載是貞觀十一年。案：論封建當在貞觀初年，十一年乃是議世襲刺史之制，《貞觀政要》誤，並參閱《貞觀政要》卷三〈封建〉，頁 111-112 校勘記〔五〕。

[2]《唐會要》卷四六〈封建〉，頁 815。

[3]《唐會要》卷四六〈封建〉；《舊唐書》卷七二〈李百藥傳〉。

[4]參閱《唐會要》卷四六〈封建〉。

[5]顏師古〈論封建表〉，《全唐文》卷一四七，頁 1491。

之跡。[1]

自漢武帝以來，儒家禮樂教化和大一統思想成爲了統治者治國的思想基礎。[2]中央已經是一個獨尊儒術的漢化政府了，尤其是大一統的思想一直是中原集權帝國奉行的根本理念。之後雖然有五胡亂華和北朝後期以來胡化潮流的反覆，但至隋文帝時終於又重新建立了一個統一的中央帝國。隋朝建國，也是以統一大業作爲施政主要目標，反映在刑律上就是強化君權爲至高。[3]

唐帝國雖是承襲楊隋政權而來的統一的中央集權國家，然而太宗此時卻想施行封建，無疑是對漢代以來中央漢化政策的一次倒退。太宗與群臣議論封建，反映了太宗繼位初期想以某種形式如利用山東豪傑，壓抑山東高門等手段與地方勢力妥協，轉而言之即是要協調中央與地方關係。這與當時中央威權尚未完全樹立也是頗有關係的，太宗此舉也是爲了緩和唐初關中與山東地區的文化矛盾，是想在中央集權與封建之間作出妥協。

但是帝國境內最終並沒有實行封建，這其中的原因史書沒有明確說明。筆者以爲應該是魏徵的反對意見最終說服了太宗，魏徵說：

　　自隋氏亂離，百殃俱起，黎元塗炭，十不一存。始蒙數至

---

[1] 陳蘇鎮：《漢代政治與〈春秋〉學》第一章第三節〈郡國並行及其意義〉，頁 66－98。

[2] 陳蘇鎮：《漢代政治與〈春秋〉學》，頁 195 以下。

[3] 參閱高明士著：〈從律令制的演變看唐宋間的變革〉，《台大歷史學報》第 32 期，2003 年 12 月。

仁以流元澤，沐春風而霑夏雨。一朝棄之，爲諸侯之隸，
眾心未定，或致逃亡，其未可一也；既立諸侯，當建社
稷，禮樂文物，儀衛左右，頓闕則理必不安，粗修則事有
未暇，其未可二也；大夫卿士，咸資祿俸，薄賦則官府困
窮，厚斂則人不堪命，其未可三也；王畿千里，地稅不
多，至於貢賦所資，在於侯甸之外，今並分爲國邑，京師
府藏必虛，諸侯朝宗，無所取給，其未可四也；今燕秦趙
代，俱帶蕃夷，黜羌旅拒，匈奴未滅，追兵內地，遠赴邊
庭，不堪其勞，將有他變，難安易動，悔或不追，其不可
五也。原夫聖人舉事，貴在相時；時或未可，理資通變。
敢進芻蕘之議，惟明主擇焉。[1]

這五「不可」都是根據當時實際情況做出的準確判斷，且魏徵道
出了歷代君主最擔心的問題：即實行封建制後會有中央與地方之
間對立的可能。而這一結果恰好與太宗分封諸王而欲永保社稷的
初衷相違背。

二

太宗繼位初期，對帝國內不同地域集團之人士，其實是心存
偏頗的。史書載：「（貞觀元年）上（太宗）嘗語及關中、山東
人，意有同異。殿中侍御史義豐（今河北安國縣）張行成跪奏

---

[1]《唐會要》卷四六〈封建雜錄〉上，頁 826-827。

曰:『天子以四海爲家,不當有東西之異;恐示人以隘。』[1]上善其言,厚賜之。」太宗心中還是偏向關隴集團人士的,不然出身山東的張行成不會說出「天子以四海爲家,不當有東西之異;恐示人以隘」之類的話。且上文所引貞觀初年四十三人的功臣實封名單,也說明了自唐初開始太宗便在努力安撫關中、山東與江左三大區域內的各種社會群體,調整中央統治集團與他們之間的關係。[2]

貞觀十一年,太宗再次想並行封建制與州縣制,廣封宗室與功臣世襲刺史。[3]在太宗欲封世襲刺史的人中,李唐皇室的宗室佔據了很大的比例,計有鄂州刺史江夏郡王道宗、觀州刺史河間郡王孝恭、荊州都督荊王元景、梁州都督漢王元昌、徐州都督徐王元禮、潞州都督韓王元嘉、遂州都督彭王元則、鄭州刺史鄭王元懿、絳州刺史霍王元軌、虢州刺史虢王鳳、豫州刺史道王元慶、鄧州刺史鄧王元裕、壽州刺史舒王元名、幽州都督燕王靈夔、蘇州刺史許王元祥、安州都督吳王恪、相州都督魏王泰、齊州都督

---

[1] 《資治通鑑》卷一九二唐太宗貞觀元年(627)「上嘗語及」條,頁6044。

[2] 陳寅恪先生在〈論隋末唐初所謂「山東豪傑」〉一文中亦指出:「太宗雖痛惡山東貴族,而特重用(魏)徵者,正以其非山東盛門,而爲山東武裝農民集團即所謂山東豪傑之聯絡人耳。在太宗心目中,徵既非山東貴族,又非山東武人,其責任僅在接洽山東豪傑監視山東貴族及關隴集團,以供分合操縱諸政治社會勢力之妙用。……但如歷來史家論魏徵之事功,頗忽視社會團體之關係,則與當時史實不能通解。」(頁228)

[3] 參閱《舊唐書》卷六五〈長孫無忌傳〉;《全唐文》卷六〈功臣世襲刺史詔〉;《舊唐書》卷六四〈高祖二十二子傳〉;《全唐文》卷六〈荊王元景等子孫代襲刺史詔〉。

齊王裕、益州都督蜀王、襄州刺史蔣王惲、揚州都督越王貞、并
州都督晉王治、秦州都督紀王慎等二十三人；功臣則只有長孫無
忌、房玄齡、杜如晦、李靖、高士廉、侯君集、尉遲敬德、李
勣、段志玄、程知節、劉宏基、張亮等十二人，[1]且全部都是貞觀
初實封功臣名單中人物。這十二人中出身關中與出身山東地區的
人士各有一半，關隴集團與山東豪傑依然是當時朝廷中最主要的
兩大政治勢力，太宗對他們都要著意加以安撫利用。

然而長孫無忌與房玄齡等人卻上表「不願違離，而乃世牧外
州。」[2]太宗覽表後曰：「割地以封功臣，古今通義，意欲公之後
嗣，翼朕子孫，長為籓翰，傳之永久。而公等薄山河之誓，發言
怨望，朕亦安可強公以土宇耶？」[3]可見太宗一直在為統一的中央
帝國謀求長治久安的政治文化政策，而這次則是想以李唐宗室為
主，而以貞觀功臣為輔，廣立藩屏。

及至貞觀末年，太宗更是苦心積慮地為高宗奠定一個關隴集
團與山東豪傑共同支持的統治基礎。史書載：「（貞觀二十三年）
上謂太子曰：『李世勣才智有餘，然汝與之無恩，恐不能懷服。我
今黜之，若其即行，俟我死，汝於後用為僕射，親任之；若徘徊
顧望，當殺之耳。』五月，戊午，以同中書門下三品李世勣為疊
州都督；世勣受詔，不至家而去。」「上苦利增劇，太子晝夜不離
側，或累日不食，髮有變白者。上泣曰：『汝能孝愛如此，吾死何

---

[1] 參閱《舊唐書》卷六四〈高祖二十二子傳〉；《全唐文》卷六〈功臣世襲刺
史詔〉。

[2] 《舊唐書》卷六五〈長孫無忌傳〉，頁 2449－2450。

[3] 《舊唐書》卷六五〈長孫無忌傳〉，頁 2450。

恨！』（五月）丁卯，疾篤，召長孫無忌入含風殿。上臥，引手捫
無忌頤，無忌哭，悲不自勝；上竟不得有所言，因令無忌出。己
巳，復召無忌及褚遂良入臥內，謂之曰：『朕今悉以後事付公輩。
太子仁孝，公輩所知，善輔導之！』謂太子曰：『無忌、遂良在，
汝勿憂天下！』又謂遂良曰：『無忌盡忠於我，我有天下，多其力
也。我死，勿令讒人間之。』」[1]此年六月高宗繼位，立即以長孫
無忌爲太尉兼檢校中書令，知尚書門下二省事；以英國公李勣爲
開府儀同三司、同中書門下三品；九月再用李勣爲左僕射。[2]高宗
也深知要維持帝國的穩定，尤其是在自己繼位初期，必須取得以
長孫無忌爲首的關隴集團和以李勣爲首的山東豪傑集團的支持。
故史家云：「無忌與褚遂良同心輔政，上亦尊禮二人，恭己以聽
之，故永徽之政，百姓阜安，有貞觀之遺風。」[3]

　　永徽六年（655）出身寒微的武則天在李勣爲首的山東人士的
支持下，擊敗了關隴集團人士扶持的王皇后，得以被高宗立爲皇
后。[4]對於此時各社會群體之間的关系，陈寅恪先生有精彩論述：
「後來高宗欲立武曌爲后，當日山東出身之朝臣皆贊助其事，而

---

[1]《資治通鑑》卷一九九唐太宗貞觀二十三年（649）五月「上謂太子」條，
　頁6266－6267、同書同卷同年同月「上苦利增劇」條，頁6267。

[2]《資治通鑑》卷一九九唐太宗貞觀二十三年（649）六月「先是」條，頁
　6268；並參閱《舊唐書》卷四〈高宗本紀〉上。

[3]《資治通鑑》卷一九九唐高宗永徽六年（650）正月辛酉條，頁 6270－
　6271。

[4]參閱陳寅恪：〈論隋末唐初所謂「山東豪傑」〉；汪籛：〈唐高宗王武二后廢
　立之爭〉；萬繩楠著：〈武則天與進士新階層〉，《中國史研究》1994 年第 3
　期，頁93－98。

關隴集團代表之長孫無忌及其附屬系統之褚遂良等則竭力諫阻，
高宗當時雖欲立武氏爲后，以元舅大臣之故有所顧慮而不敢行，
惟有取決於其他別一集團之代表人即世勣之一言，而世勣竟以武
氏爲山東人贊成其事（見《冊府元龜》卷三三六〈宰輔部依違
門〉)，論史者往往以此爲世勣個人道德之污點，殊不知其社會關
係有以致之也。」[1]可見此時山東豪傑集團在朝廷中的影響力是多
麼的強大。

　　弘道元年（683）十二月高宗崩，次年二月武后臨朝稱制。同
年九月就發生了李勣孫李敬業領導的反對武則天的叛亂，其中魏
思溫的一段話有助於我們了解當時的政治文化關係：「思溫曰：
『山東豪傑以武氏專制，憤惋不平，聞公舉事，皆自蒸麥飯爲
糧，伸鋤爲兵，以俟南軍之至。不乘此勢以立大功，乃更蓄縮自
謀巢穴，遠近聞之，其誰不解體！』敬業不從，使唐之奇守江
都，將兵渡江攻潤州。思溫謂杜求仁曰：『兵勢合則強，分則弱，
敬業不並力渡淮，收山東之眾以取洛陽，敗在眼中矣！』」[2]武則
天在與王皇后的鬥爭中，已經大大打擊了關隴集團在朝中的政治
勢力；[3]然而此時山東豪傑集團，卻不再象當初那樣全力支持她。
武則天必須要尋求與吸納新的社會自由流動資源（人力與物力），
來鞏固她的新統治。正如艾森斯塔得所說：「他們（統治者）企圖
削弱傳統的（特別是貴族的）群體和階層的力量和獨力地位，鼓

---

[1] 陳寅恪：〈論隋末唐初所謂「山東豪傑」〉，頁 227。

[2] 《資治通鑑》卷二〇三則天后光宅元年（684）九月「魏思溫」條，頁 6426
－6425。

[3] 汪籛：〈唐高宗王武二后廢立之爭〉。

勵更爲靈活的群體、或至少是與貴族對立的階層的發展。」[1]武氏著意引用一些文章之士、大崇科舉之選，[2]正是她維護新政權的手段之一。

　　前文已論，唐代前期傳統的山東士族正受到李唐文化政策的影響而逐漸遷徙出累世所居的河北一帶，並與新興的社會群體一起爭奪在中央入仕的機會，於是在華北爲蕃人活動留下了政治、文化空間，東北邊境上蕃族群體的流動因而也對唐朝的山東政策產生了重大的影響。武則天萬歲通天元年夏居於東北營州城傍的契丹松漠都督李盡忠、歸誠州刺史孫萬榮又舉兵反，攻陷營州。李盡忠的祖父窟哥，在唐太宗貞觀年間便舉部內屬；孫萬榮則是唐初便內附的契丹酋帥孫敖曹之後。是知這時此二部均已成爲了唐朝羈縻制下的內蕃部落，本是帝國極力安撫利用的社會資源之一；然而也正是這些熟悉唐朝體制文化的內蕃，其政治自主性較從前有了很大地增長，甚至於以叛亂的形式向唐朝的中央政權發起挑戰。[3]唐朝東北的邊防政策也隨之發生大改變：李唐皇室的山東政策由原本的政治文化性取向轉入到了積極防禦兩蕃與東突厥的軍事目標上。

　　誠如學者指出的那樣：「由於外蕃契丹等族群的活動，拉動帝國的政策目標在東北部分由文化性向政治——集體性發生轉變，安全問題的重要性上升，統治者對戰鬥力的需要壓倒了對內蕃其

[1] 閻步克：《帝國的政治體系》第七章，頁 134－135。

[2] 相關論述可參閱陳寅恪：《唐代政治史述論稿》上篇；萬繩楠：〈武則天與進士新階層〉。

[3] 王師小甫：〈族際流動與社會變遷〉，頁 20。

他流動資源的需求。」[1]契丹的叛亂以及由此而引起的邊境異族對帝國邊防的威脅，使得中央帝國內相應的社會功能群體——軍隊的地位和作用大大提高；尤其是東北邊境上那些內附唐朝、以弓馬爲能事的蕃將，得以由本來屬於羈縻性質的邊緣流動異民族群體，正式介入到了帝國的政治軍事體系之中。

三

　　唐初統治者無疑是想在山東地區重新整合社會結構分層與社會秩序，從而爲統一的中原帝國服務。而爲達致這一目標，又需要通過施行一系列的政治、文化——尤其是文化——政策而實現。如果說太宗時實施的山東政策改變了唐初的社會結構，那麼武則天大量引用出身寒門的文人，可以說是主要影響了資源主體自身的文化特性：一些出身寒門的文章辭學之士，得以借此而廁身於中央政治權力核心之中。至於玄宗時代帝國邊緣異族群體成功融入帝國軍事體系之後，則對帝國的政治產生了更大更深遠的影響。

　　「安史亂」前，李唐政府在華北地區拉攏山東豪傑、壓抑山東高門、提拔擢用山東微族、[2]利用歸附蕃人；然而中央帝國政治

---

[1] 王師小甫：〈族際流動與社會變遷〉，頁 22。

[2] 艾森斯塔得指出：「君主經常致力於官僚機構中的功能性官銜和指示官員在等級體制中的一般身份的榮銜之間區別的確立和維護。即使這二者之間有些相近之處，它們卻從來不是一致的。這二者之間的區別成了統治者的手段，被用以控制官僚和貴族，使這二者同時依賴於他，並使他們無法對身份和行

本質還是漢化體制，因此隨著集權的恢復發展，李唐中央初期的既定政策即陳寅恪先生所說「關中本位政策」走向了自己的反面——有胡化傾向的統治政策造成了的文化繁榮，卻是以本土文化低落爲代價，並最終造成了安史的叛亂。而這也正是北朝以來政治文化發展趨勢的必然結果。

第二節 幽州（范陽）節度使的設置及其政治文化性質

　　關於唐代節度使的研究，中外學者論述頗多，[1]此不贅引。本節是想繼續借助艾森斯塔得（S.N. Eisenstadt）比較社會學之結構分析理論，通過對幽州（范陽）節度使[2]設立經過的史實考察，解

政職位加以壟斷。有些時候，統治者用榮銜來補償某些人的權力損失，或創造更直接地依附於他的新貴族」，見閻步克譯：《帝國的政治體系》，頁 165。以此理論來審視唐代前期之史實，可知太宗樹立新門閥的意圖也正是要創造直接依附帝國政府的新權貴。

[1] 如蒲立本解釋了討擊使、兵馬使、防禦使、經略使、節度使之間的區別演進並介紹了早期中外學者對「節度使」這一稱號由來的研究，見其 *The Background of The Rebellion of An Lu-Shan*, Chapter2, n.13, pp.106-109 and Chapter 5, n. 32, pp.149-152；唐長孺著：《唐書兵志箋正》（北京：科學出版社，1957）考證了節度使設立之源起，以及節度使與總管、都督等職務的關係（頁 75－81）；黃永年：〈唐代河北藩鎮與奚契丹〉指出了河北兵制變化與節度使設置的關係（頁 263－291）。

[2] 玄宗天寶元年（742）改州爲郡，更幽州節度使爲范陽節度使。本書所用「幽州節度使」，時間斷爲天寶元年更名前，而「范陽節度使」則爲天寶年間所用名稱。通稱時爲「幽州（范陽）節度使」。

讀唐玄宗時期中央集權帝國如何吸納東北邊境上自由流動的社會人力資源，以及這些本屬於中央帝國邊緣的少數族群在進入官僚政治體系之後又是如何影響了唐代前期的政治文化。

一

《舊唐書》卷四四〈職官志〉三載：「天寶（742－756）中，緣邊禦戎之地，置八節度使。受命之日，賜之旌節，謂之節度使，得以專制軍事。」節度使最初職責無疑是以掌管邊境軍務爲主，唯其名稱和職責均有一個演變的過程，而不是如《舊唐書》所說是在玄宗天寶年間才突然設置的。[1]貞觀四年（630）太宗平定突厥後，安置其降眾，東自幽州，西至靈州（今寧夏靈武），[2]從這時起幽州便已經是華夷雜居的北疆重地了。而且自萬歲通天元年契丹李盡忠、孫萬榮之亂後，兩蕃的勢力都益見強盛，唐朝政府必須要加強在這一地區的軍事部署，以確保整個河北地區的

---

[1]「節度使」一職設立的具體時間，學界歷來有不同的意見。有景雲元年（710）和景雲二年兩種說法，參賀次君著：〈《唐會要》節度使考釋〉，《禹貢》第五卷七期，1936 年，頁 11－30；王壽南著：《唐代藩鎮與中央關係之研究》（台北：大化書局，1978）第一章第三節〈方鎮建制沿革〉，頁 15－33；張國剛著：《唐代藩鎮研究》（長沙：湖南教育出版社，1987）附錄：〈唐節度使始置年代考定〉，頁 235－238。也有學者以爲考證節度使的設立時間並不重要，它的設立只是反映了唐代邊境軍事形勢的改變，見黃永年著：《六至九世紀中國政治史》（上海：上海辭書出版社，2004），頁 298。

[2]《資治通鑑》卷一九三唐太宗貞觀四年（630）三月「突厥頡利可汗至長安」條，頁 6077。

安全。[1]六九六年契丹叛亂時，因爲河北軍力不足，武則天「大發
河東道及六胡州綏延丹隰等州稽胡精兵，悉赴營州」，[2]並在萬歲
通天元年九月令「山東近邊諸州置武騎團兵」[3]；聖曆二年
（699）十二月更在「河南、河北置武騎團以備突厥」。[4]《唐會
要》卷七八〈諸使中·諸使雜錄〉下記載此種武騎團：「每一百五
十戶，共出兵十五人，馬一匹。」可見契丹叛亂之後，武則天正
在努力擴充新的兵源，以加強這一地區的防禦。而且爲平定叛
亂，更調發了大量的「稽胡精兵」遠赴河北前線。

爲了更好的領導河北境內的各種兵力，武則天在長安二年
（702）設「山東防禦大使」一職，專掌這一地區的防禦。《新唐
書》卷四〈則天皇后本紀〉載：「（長安）二年正月，突厥寇鹽
州。三月丙戌，李迴秀安置山東軍馬，檢校武騎兵。庚寅，突厥

---

[1]關於唐初河北是否設立府兵的問題，中外學者歷來有不同的意見。綜合評
述見孟憲實著：〈略論唐代前期河北地區的軍事問題〉，《中國史研究》2003
年第3期，頁101－103。其中毛漢光利用石刻史料發現了貞觀時期河北設立
府兵的資料，指出「玄宗時爲了防禦奚、契丹兩個強盛邊族，置府兵以備
之，但置於河北的這些軍府（指河北北端軍府）專職禦寇，不必赴京師番
上」。見毛漢光著：〈唐代軍衛與軍府之關係〉，《中正大學學報》第五卷第一
期，1994年，頁119。
[2]陳子昂〈上軍國機要事〉，《陳子昂集》，頁179。
[3]《資治通鑑》卷二〇五則天后萬歲通天元年（696）夏五月條，頁6507。
[4]《資治通鑑》卷二〇六則天后聖曆元年（699）十二月「河南北」條，頁
6539。有學者指武騎團爲一新的兵制，即後來的「團結兵」。參閱濱口重國
著：〈從府兵制度到新兵制〉，《秦漢隋唐史研究》（東京：東京大學出版會，
1971）上卷，頁3－83；方積六著：〈關於唐代團結兵的探討〉，《文史》第
25輯（1985年），頁95－108。

寇并州，雍州長史薛季昶持節山東防禦大使以備之。」四月又
「以幽州刺史張仁愿專知幽、平、嬀、檀防禦，仍與〔薛〕季昶
相知，以拒突厥。」[1]中宗神龍二年（706）閏正月，突厥默啜再
次入寇幽州，中宗以山東空虛慮有變故，任命閻虔福為河北道諸
軍州防禦大使，[2]抵禦突厥之侵邊。到了睿宗景雲元年（710）
「（十月）丁酉，以幽州鎮守經略節度大使薛訥為左武衛大將軍兼
幽州都督。」[3]先天元年（712）八月睿宗更是在河北境內諸州增
設軍鎮：「於鄚州北置渤海軍，恒、定州境置恒陽軍，嬀、蔚州境
置懷柔軍，屯兵五萬」[4]。最初設立的「山東防禦大使」只是臨時
統兵，後來因應邊境形勢的需要，正式設置了幽州節度使。此後
又在河北地區增加軍鎮數量，所有這些都體現出了唐朝政策目標
的轉變，東北邊防安全已經成為了帝國政府在這一地區必須率先
考慮的因素。

二

延和元年（712）六月幽州大都督孫佺率左驍衛將軍李楷洛、

---

[1] 《資治通鑑》卷二〇七則天后長安二年（702）正月「突厥」條，頁6558。
[2] 《彙編》上冊，景龍〇〇二〈唐故雲麾將軍右金吾將軍上柱國漁陽縣開國
子閻（虔福）公墓誌銘並序〉，頁1077－1078。
[3] 《資治通鑑》卷二一〇唐睿宗景雲元年（710）十月丁酉條，頁6656。
[4] 《資治通鑑》卷二一〇唐玄宗先天元年（712）八月乙巳條，頁6675。

左威衛將軍周以悌等與奚首領李大輔戰於冷陘，全軍覆沒。[1]
「（先天元年）十一月，乙酉，奚、契丹二萬騎寇漁陽，幽州都督
宋璟閉城不出，虜大掠而去。」[2]因此玄宗即位初期，首先要加強
帝國邊境的軍事力量：「上皇誥遣皇帝巡邊，西自河、隴，東及
燕、薊，選將練卒。（先天元年十一月）甲午，以幽州都督宋璟爲
左軍大總管，并州長史薛訥爲中軍大總管，朔方大總管、兵部尙
書郭元振爲右軍大總管。」[3]玄宗並一直想重新恢復營州都督府治
所於柳城（今遼寧省朝陽市）舊址，以鎮撫東北諸夷。[4]開元二年
玄宗正式以幽州節度使領幽、易、平、檀、嬀、燕等六州，治幽
州；[5]而且幽州節度使更要負責處理東北邊疆民族事務。[6]開元四
年，突厥默啜死，骨篤祿子毗伽可汗立，突厥又出現了短暫的內

---

[1] 《資治通鑑》卷二一○唐玄宗先天元年（712）六月庚申條，頁 6672－
6673。

[2] 《資治通鑑》卷二一○唐玄宗先天元年（712）十一月乙酉條，頁 6678。

[3] 《資治通鑑》卷二一○唐玄宗先天元年（712）十一月「上皇」條，頁
6678。

[4] 《資治通鑑》卷二一一唐玄宗開元二年（714）：「初，營州都督治柳城以鎮
撫奚、契丹，則天之世，都督趙文翽失政，奚、契丹攻陷之，是後寄治於幽
州東漁陽城。或言：靺鞨、奚、霫大欲降唐，正以唐不建營州，無所依投，
爲默啜所侵擾，故且附之；若唐復建營州，則相帥歸化矣。并州長史、和
戎・大武等軍州節度大使薛訥信之，奏請擊契丹，復置營州；上亦以冷陘之
役，欲討契丹。群臣姚崇等多諫。（正月）甲申，以訥同紫微黃門三品，將
兵擊契丹，群臣乃不敢言。」（頁 6695）

[5] 《資治通鑑》卷二一一唐玄宗開元二年（714）「是歲」條，頁 6707。

[6] 參閱黎虎著：〈唐代的押蕃使〉，《文史》第 59 輯（2002 年），頁 115－
130；村井恭子著：〈押蕃使の設置について——唐玄宗期にずける對異民族
政策の転換〉，《東洋學報》第 84 期第 4 號（2003：3），頁 29－60。

亂，玄宗也因而得以復置松漠、饒樂二都督府，[1]東北邊境有了一段短暫的和平期。次年三月，玄宗終得以恢復營州都督府於柳城舊址，[2]置平盧軍，由營州都督「兼平盧軍使，管內州縣鎮戍皆如其舊；以太子詹事姜師度爲營田、支度使」。[3]可見對待東北邊境上降唐的外蕃部落，玄宗還是努力的將其納入帝國羈縻體系中，期望這些帝國邊緣的流動資源能夠爲中央政權所用。同時玄宗也嘗試用和親的政策拉攏兩蕃，[4]而這些外蕃特別是契丹也因爲與唐朝中央的關係日益緊密，從而促成了其本身政治文化上的改變。[5]

至於吸引帝國邊疆流動資源的另一重要政策，便是任用居於此地區的內附蕃人，爲大唐帝國守邊。《舊唐書》卷一〇六〈李林甫傳〉載：「國家武德、貞觀已來，蕃將如阿史那社爾、契苾何力，忠孝有才略，亦不專委大將之任，多以重臣領使以制之。開元中，張嘉貞、王晙、張說、蕭嵩、杜暹皆以節度使入知政事。林甫固位，志欲杜出將入相之源，嘗奏曰：『文士爲將，怯當矢石，不如用寒族、蕃人，蕃人善戰有勇，寒族即無黨援。』帝以爲然。」陳寅恪先生說：「玄宗之用蕃將，乃用此蕃將及其統領之

---

[1]《資治通鑑》卷二一一唐玄宗開元四年（716）八月辛未條，頁6720。

[2] 參閱《舊唐書》卷一八五下〈良吏下・宋慶禮傳〉；《唐大詔令集》卷九九〈置營州都督府制〉。

[3]《資治通鑑》卷二一一唐玄宗開元五年（717）三月「奚契丹既內附」條，頁6727。

[4] 參閱《舊唐書》卷一九九下〈北狄・契丹傳〉；同書同卷〈北狄・奚傳〉；《唐會要》卷六〈和蕃公主〉。

[5] 王師小甫：〈族際流動與社會變遷〉，頁20。

諸種不同之部落也」。[1]大約在開元三、四年前後，祿山隨家人入
降唐朝，乃冒姓安氏，此後遂居住在東北邊境一帶。[2]安祿山也正
是以雜種胡人的身份組織起各種不同蕃族之部落，結成自己的軍
事武裝集團。

　　開元八年，突厥毗伽復強，盡有默啜之衆，[3]契丹牙官可突于
[4]殺契丹王娑固，復叛，營州再失。但是玄宗還是力求與兩蕃保持
良好的關係，開元十四年正月，玄宗更立契丹松漠王李邵固爲廣
化王，奚饒樂王李魯蘇爲奉誠王；並繼續與兩蕃和親。[5]但是在開
元十八年五月，可突于殺親唐的契丹大賀氏末主邵固叛降於突
厥，玄宗遂命幽州長史兼幽州節度使趙含章率兵討之：「（六月）
丙子，以單于大都護忠王浚領河北道行軍元帥，以御史大夫李朝
隱、京兆尹裴伷先副之，帥十八總管以討奚、契丹。」[6]由這一年
起，玄宗致力於征討兩蕃，以維護東北的邊境安全。其原因當如
時人所形容的：兩蕃「既納我子女，復蠹我邊境。王赫斯怒，有

[1]陳寅恪：〈論唐代之蕃將與府兵〉，頁 268。

[2]《安祿山事跡》卷上，頁 1；Edwin Pulleyblank, *The Backgroud of The Rebellion of An Lu-Shan*, p.77。

[3]《資治通鑑》卷二一二唐玄宗開元八年（720）十一月辛未條，頁 6742－6743。

[4]姚薇元考證「可突于」即「屈突于」，屈氏本奚種。見《北朝胡姓考》，頁 137－142。

[5]《資治通鑑》卷二一三唐玄宗開元十四年（726）春正月癸未條，頁 6770。

[6]《資治通鑑》卷二一三唐玄宗開元十八年（730）六月「初契丹王」條，頁 6790。

命遄征。」[1]對於常懷反覆的奚與契丹，玄宗從此不再姑息。

　　兩年後唐朝取得了對兩蕃的重大勝利：「〔開元二十年三月〕信安王禕帥裴耀卿及幽州節度使趙含章分道擊（奚）、契丹，含章與虜遇，虜望風遁去。平盧先鋒將烏承玼言於含章曰：『二虜，劇賊也。前日遁去，非畏我，乃誘我也，宜按兵以觀其變。』含章不從，與虜戰於白山　果大敗。承玼別引兵出其右，擊虜，破之。己巳，禕等大破奚、契丹，俘斬甚眾，可突于帥麾下遠遁，餘黨潛竄山谷。奚酋李詩瑣高帥五千餘帳來降。禕引兵還。賜李詩爵歸義王，充歸義州都督，徙其部落置幽州境內。」

　　隨後玄宗便繼續加強幽州節度使的權力：「幽州節度使兼河北採訪處置使，增領衛、相、洺（洺）、貝、冀、魏、深、趙、恒、定、邢、德、博、棣、營、鄚十六州及安東都護府。」[2]加上開元二年時所領幽、易、平、檀、媯、燕等六州以及開元十八年所領的薊、滄二州，[3]至此幽州節度使共領有二十四州軍馬及安東都護府，[4]管轄的州縣增多軍力也大幅增強了。

　　這時唐朝東北邊防軍隊之中，已經有了許多蕃人兵將及其部落。開元二十一年六月至二十二年三月薛楚玉任幽州節度使，[5]在

---

[1]《彙編續集》天寶〇七三〈唐故雲麾將軍左威衛將軍兼青山州刺史上柱國隴西李（永定）公墓誌銘〉，頁635。

[2]《資治通鑑》卷二一三唐玄宗開元二十年（732）「是歲」條，頁6799。

[3]《新唐書》卷六六〈方鎮表〉三，頁1834。

[4]時安東都護府治所在平州境內。安東都護府開元二年徙於平州境內，天寶二年才遷出（見《新唐書》卷三九〈地理志〉三，頁1023）。

[5]參閱本書附錄〈安祿山（史思明）年譜〉。

對契丹的一次戰役中，其麾下便有剛剛歸降唐朝的奚王李詩及其
銜官可支刺史伊覓昏燭祿等、有黑水扶餘、東胡雜種等部落、有
出自烏洛侯族的烏知義與烏承恩烏承珽、[1]以及出自契丹李去閭部
落的李永定[2]等，其他如鎮高、康太和、白延宗等恐也有蕃將之
嫌。[3]安祿山、史思明也是在這個時候開始效力於東北軍隊中。
《新唐書》卷二二五上〈逆臣傳〉上：「張守珪節度幽州，祿山盜
羊而獲，守珪將殺之，呼曰：『公不欲滅兩蕃邪？何殺我？』守珪
壯其語，又見偉而晢，釋之，與史思明俱爲捉生。知山川水泉
處，嘗以五騎禽契丹數十人，守珪異之，稍益其兵，有討輒克，
拔爲偏將。守珪醜其肥，由是不敢飽，因養爲子。」安祿山深知
此時唐代東北的大患就是兩蕃，朝廷需要象他這樣驍勇的蕃將從
軍服役。開元二十二年張守珪大破契丹，斬契丹王屈烈及可突
于，傳首東都。[4]安祿山遂得以入京奏事。「中書令張九齡見之，
謂侍中裴光庭曰：『亂幽州者，必此胡也。』」[5]

　　開元二十五年五月，玄宗「以方隅底定，令中書門下與諸道
節度使量軍鎮閒劇利害，審計兵防定額，於諸色征人及客戶中召
募丁壯，長充邊軍，增給田宅，務加優恤。」[6]幽州節度使也得以
在邊境長久掌兵，並終成尾大不掉之勢。開元二十九年，安祿山

---

[1] 參閱本書附表三。

[2] 參閱本書附表三。

[3] 樊衡〈爲幽州長史薛楚玉破契丹露布〉，頁 3569－3570。

[4] 《舊唐書》卷八〈玄宗本紀〉上，頁 202。

[5] 《安祿山事跡》卷上，2 頁。

[6] 《資治通鑑》卷二一四唐玄宗開元二十五年（737）五月癸未條，頁 6829。

任「營州刺史,充平盧軍節度副使,押兩番、渤海、黑水四府經略使。」[1]「幽州節度副使兼順化州刺史」[2]。天寶元年玄宗又分平盧別爲節度,以安祿山爲節度使。[3]同年十月「除裴寬爲范陽節度使,經略河北支度營田河北海運使,已後遂爲定額。」[4]天寶三載三月,裴寬入爲戶部尙書,以安祿山爲范陽大都督府長史,兼范陽節度使。[5]安祿山在天寶三載至九載這七年間,一直身兼平盧與范陽二節度使的重任,在東北邊境上也數度討平叛唐的兩番,遏制了兩番的擾邊和穩定了東北邊境局勢。[6]故天寶七載,安祿山被「賜實封三百戶,並賜鐵卷,封柳城郡開國公。」[7]九載五月,玄宗以安祿山立功邊疆,賜爵東平郡王。[8]同年八月,又加其「河北道採訪處置等使」[9]。至天寶十載二月,安祿山又兼任雲中太

---

[1] 《舊唐書》卷九〈玄宗本紀〉下,頁 213-214。

[2] 《安祿山事跡》卷上,頁 3。順化州爲安置奚部落之羈縻州(參閱本書附表二),《新唐書》卷六六〈方鎭表〉三:「開元二十九年,幽州節度副使領平盧軍節度〔副〕使,治順化州。」(頁 1836)

[3] 《資治通鑑》卷二一五唐玄宗天寶元年(742)正月壬子條,頁 6847-6851。

[4] 《唐會要》卷七八〈諸使〉中,頁 1691;另參《舊唐書》卷一○○〈裴寬傳〉。

[5] 《安祿山事跡》卷上,頁 3。

[6] 參閱《新唐書》卷二二五上〈逆臣上·安祿山傳〉;《安祿山事跡》卷上;並參閱本書附錄〈安祿山(史思明)年譜〉。

[7] 《安祿山事跡》卷上,頁 7。

[8] 《舊唐書》卷九〈玄宗本紀〉下,頁 224。

[9] 《安祿山事跡》卷上,頁 8。

守、河東節度使，[1]專制范陽、平盧、河東三道軍馬。

三

天寶盛世之時，玄宗似乎也看出了中央與邊鎮之間形成了文、武殊途的政治文化傾向，而此二者的矛盾更預示著帝國的統治危機。「上嘗謂高力士曰：『朕今老矣，朝事付之宰相，邊事付之諸將，夫復何憂！』力士對曰：『臣聞雲南數喪師，又邊將擁兵太盛，陛下將何以制之！臣恐一旦禍發，不可復救，何得謂無憂也！』上曰：『卿勿言，朕徐思之。』」[2]此時的中央政府「時無軍旅之事，方脩俎豆之儀。」[3]防禦邊疆之事均交給了武將，尤其是蕃將。

至於幽州一帶更是「北近林胡，俗皆止戈，人多棄筆。」[4]尚武的風氣尤爲盛行。《舊唐書》卷一三二〈李抱玉傳〉載：「李抱玉，武德功臣安興貴之裔。代居河西，善養名馬，爲時所稱。群從兄弟，或徙居京華，習文儒，與士人通婚者，稍染士風。抱玉少長西州，好騎射，常從軍幕，沉毅有謀，小心忠謹。」可見，

---

[1] 《舊唐書》卷九〈玄宗本紀〉下，頁225。

[2] 《資治通鑑》卷二一七唐玄宗天寶十三載（754）六月「侍御史」條，頁6927。

[3] 《補遺》第一輯〈唐故特進行虔王傅扶風縣開國伯上柱國兼英武軍右廂兵馬使蘇公（日榮）墓誌銘〉，頁232。

[4] 《補遺》第一輯〈大唐故上谷郡司功參軍張府君（肅珪）墓誌銘〉，頁156。

那些繼續留在邊疆軍隊之中的胡族依然保留了騎射勇武之風。李唐帝國似乎又要重蹈北魏末年六鎮叛亂之覆轍。

　　玄宗朝唐代山東政策的調整，特別是在東北邊疆上軍事安全取向政策的實行，使得原本居住在帝國邊疆之諸尚武蕃人部落，得以有機會進入帝國政治體系內部發揮作用。陳寅恪先生說：「蓋玄宗時默啜帝國崩潰後，諸不同胡族之小部落紛雜散居於中國邊境，或漸入內地。安祿山以雜種胡人之故，善於撫綏諸胡種，且其武力實以同一血統之部落爲單位，如併吞阿布思之同羅部落及畜義子爲『曳落河』，即收養諸雜類勇壯之人，編成軍隊，而視爲同一血統之部落。」[1]；「唐代中央政府若欲羈縻統治而求一武力與權術兼具之人才，爲此複雜胡族方隅之主將，則柘羯與突厥合種之安祿山者，實爲適應當時環境之唯一上選也。」[2]自武則天萬歲通天元年至玄宗天寶年間，爲了防禦兩蕃和突厥對東北邊境的侵擾，歷代皇帝均要不斷充實和發展東北幽州的軍事力量。這些在帝國邊疆活動的蕃人群體，逐乘機以尚武的特長得以進入帝國的政治體系之中。

結語

　　《資治通鑑》卷二一七唐玄宗天寶十三載：「上欲加安祿山同平章事，已令張垍草制。楊國忠諫曰：『祿山雖有軍功，目不知

---

[1] 陳寅恪：〈論唐代之蕃將與府兵〉，頁270。
[2] 陳寅恪：《唐代政治史述論稿》，頁47。

書，豈可爲宰相！制書若下，恐四夷輕唐。』上乃止。」此段史料清楚表明：安祿山不能出將入相，並不是由於他的種族血統，乃是因爲他「目不知書」——沒有文化！這裏所指「文化」，無疑是指中原傳統儒家文化而言。這一點恰恰是雜種胡人安祿山不具備的！故此，他只能以蕃將的身份爲唐朝守禦邊疆，而決無進入中央決策權力核心的可能。李唐皇室與內附蕃人之間的種族文化關係，在唐代前期也正是一種中央和地方關係的表現。

安祿山如果想要突破原有的社會秩序再繼續向上（即向中央）流動，便不得不打破現有的社會結構與社會分層。而此時在唐朝東北邊境上積聚自主政治軍事力量的安史武裝集團，客觀上也具備了發動叛亂的可能。從這個角度來重新考察「安史之亂」爆發的歷史背景，可以說是源自於北朝以來的族際流動與政治文化演變，發端於中央對山東地方政策改變，以及由此而引起的帝國境內各種社會資源之流動演進。

附錄：安祿山（史思明）年譜

武則天聖曆三年庚子（700）

五月改元久視。復以正月爲十一月，一月爲正月。

武則天長安二年壬寅（702）十二月三十日，史思明生，一歲。

三月，突厥寇并州，雍州長史薛季昶持節山東防禦大使以備之。[1]

四月，以幽州刺史張仁愿專知幽、平、媯、檀防禦，仍與薛季昶相知，以拒突厥。[2]

長安三年癸卯（703）正月一日，祿山生，一歲。

《安祿山事跡》卷上：「〔天寶〕十載（751）正月一日，是祿山生日。」同書卷下：「祿山以天寶十四年乙未十一月反，至至德二年丁酉（757）正月被殺，僭竊三年，年五十五。」《舊唐書》卷二〇〇上〈史思明傳〉：「〔史思明〕與祿山同鄉里，先祿山一日

---

[1] 《新唐書》卷四〈則天皇后本紀〉，頁102–103。
[2] 《資治通鑑》卷二〇七則天皇后長安二年（702）三月「突厥寇鹽夏二州」條，頁6558。

生，思明除日生，祿山歲日生。」

以此推之，史思明生在長安二年年末，祿山生在長安三年歲首。[1]

長安四年甲辰（704）兩歲。

八月，武則天以契丹入寇，復拜唐休璟夏官尚書兼檢校幽、營等州都督，兼安東都護。[2]

唐中宗神龍元年乙巳（705）三歲。

二月，復國號唐。改正朔。

十一月，武則天薨。[3]

神龍二年丙午（706）四歲。

十二月，突厥寇鳴沙，掠隴右牧馬。[4]

是歲，因契丹叛亂而南移的諸羈縻州北還，並改隸幽州都督府。[5]

---

[1] 楊志玖：〈安祿山、史思明生年考辨〉，頁181－184。

[2] 《舊唐書》卷九三〈唐休璟傳〉，頁2979。

[3] 《舊唐書》卷六〈則天皇后本紀〉，頁132。

[4] 《資治通鑑》卷二〇八唐中宗神龍二年（706）十二月己卯條，頁6608。

[5] 《新唐書》卷四三下〈地理志〉七下：「右初皆隸營州都督，李盡忠陷營州，乃遷玄州於徐、宋之境，威州於幽州之境，昌、師、帶、鮮、信五州於青州之境，崇、慎二州於淄、青之境，夷賓州於徐州之境，黎州於宋州之境，在河南者十州，神龍初乃使北還，二年皆隸幽州都督府。」（頁1128）

神龍三年丁未（707）五歲。

景龍二年戊申（708）六歲。

　　三月，朔方道大總管張仁愿築三受降城於黃河之上，[1]以絕突厥南寇之路。

景龍三年乙酉（709）七歲。

唐睿宗景雲元年庚戌（710）八歲。

　　七月，改元景雲。

　　十月，以幽州鎮守經略節度使薛訥爲左武衛大將軍兼幽州都督。

　　是年，唐置河西節度支度營田等使，領涼、甘、肅、伊、瓜、沙、西七州，治涼州[2]。

景雲二年戊申（711）九歲。

　　四月，分瀛州置鄚州。[3]

　　是年，薛訥任幽州節度使。[1]

---

[1]《舊唐書》卷九三〈張仁愿傳〉，頁 2982。

[2]《資治通鑑》卷二一〇唐睿宗景雲元年（710）十二月「置河西節度」條，頁 6660。

[3]《舊唐書》卷七〈睿宗本紀〉，頁 157。

景雲三年壬子（712）十歲。

三月，以孫佺爲幽州大都督、幽州鎮守經略節度使；徙薛訥爲并州大都督府長史。[2]

五月，改元延和。

六月，幽州大都督孫佺與奚戰，全軍覆沒，孫佺爲突厥所殺。[3]

八月，改元先天。

於鄭州北置渤海軍，恒、定州境置恒陽軍，嬀、蔚州境置懷柔軍。[4]

---

[1] 薛訥此時依然爲幽州節度使。其被孫佺所代，時間爲景雲三年三月。郁賢皓著：《唐刺史考全編》（合肥：安徽大學出版社，2000）卷一一六記景雲二年幽州都督爲裴懷古（頁 1597），誤。案《舊唐書》卷九三〈薛訥傳〉載：「其後突厥入寇河北，則天以（薛）訥將門，使攝左武威衛將軍、安東道經略。臨行，於同明殿召見與語，訥因奏曰：『醜虜恁凌，以廬陵爲辭。今雖有制升儲，外議猶恐未定。若此命不易，則狂賊自然款伏。』則天深然其言。尋拜幽州都督，兼安東都護。」按突厥以廬陵王爲辭入侵河北，事在聖曆元年（698）八月。故《資治通鑑》卷二一〇云：「幽州大都督薛訥鎮幽州二十餘年，吏民安之。未嘗舉兵出塞，虜亦不敢犯。與燕州刺史李璡有隙，璡毀之於劉幽求，幽求薦左羽林將軍孫佺代之。（太極元年）（712）三月，丁丑，以佺爲幽州大都督，徙訥爲并州長史。」（頁 6672）由 698 年至 712 年，正合「二十餘年」之語。

[2] 《資治通鑑》卷二一〇唐玄宗先天元年（712）三月「幽州大都督」條，頁 6672。

[3] 《資治通鑑》卷二一〇唐玄宗先天元年（712）六月庚申條，頁 6672－6673。

[4] 《資治通鑑》卷二一〇唐玄宗先天元年（712）八月乙巳條，頁 6675；參閱《唐會要》卷七八〈諸使〉中。

十一月，奚、契丹二萬騎寇漁陽，幽州都督宋璟閉城不出。[1]

唐玄宗先天二年癸丑（713）十一歲。

七月，玄宗誅太平公主。[2]

十二月，改元開元。

開元二年甲寅（714）十二歲。

六月，以宋王成器兼岐州刺史，申王成義兼幽州刺史，豳王守禮兼虢州刺史，令到官但領大綱，自餘州務，皆委上佐主之。是後諸王爲都護、都督、刺史者並准此。[3]

并州長史薛訥與左臨門衛將軍杜賓客、定州刺史崔宣道等將兵六萬出檀州擊契丹，大敗。七月庚子，敕免薛訥死，削除其官爵。[4]

十月，改平州爲安東都護府。[5]

十二月，置隴右節度大使，領鄯、奉、河、渭、蘭、臨、武、洮、岷、郭、疊、宕十二州，以隴右防禦副使郭知運爲隴右節度使，兼鄯州都督，河源軍使。[6]

---

[1] 《資治通鑑》卷二一〇唐玄宗先天元年（712）十一月乙酉條，頁 6678。

[2] 《資治通鑑》卷二一〇唐玄宗開元元年（713）七月「太平公主」條，頁 6681－6686。

[3] 《資治通鑑》卷二一一唐玄宗開元二年（714）六月「宋王成器」條，頁 6700－6701。

[4] 《資治通鑑》卷二一一唐玄宗開元二年（714）月「薛訥」條，頁 6702。

[5] 《唐會要》卷七三〈安東都護府〉，頁 1563。

[6] 《資治通鑑》卷二一一唐玄宗開元二年（714）十二月甲子條，頁 6706。

是年，置幽州節度、諸軍州管內經略、鎮守大使，領幽、易、平、檀、嬀、燕[1]六州，治幽州；[2]甄道一爲幽州節度使[3]

開元三年乙卯（715）十三歲，冒姓安氏。

開元三年至四年之際，祿山隨家人入降唐朝，乃冒姓安氏。[4]

四月，以右羽林大將軍薛訥爲涼州鎮大總管，赤水等軍並受節度，居涼州；左衛大將軍郭虔瓘爲朔州鎮大總管，和戎等軍並受節度，居并州，勒兵以備默啜。[5]

十一月，以左羽林大將軍郭虔瓘兼安西大都護、四鎮經略大使。[6]

甄道一爲幽州節度使。[7]

---

[1] 燕州，《新唐書》卷三九〈地理志〉三載：「隋於營州之境汝羅故城置遼西郡，以處粟末鞨降人。武德元年曰燕州，領縣三：遼西、瀘河、懷遠。……是年，省瀘河。六年自營州遷於幽州城中，以首領世襲刺史。貞觀元年省懷遠。開元二十五年徙治幽州北桃谷山。天寶元年曰歸德郡。」（頁1019－1020）可知燕州此時仍然寄治於幽州城內，是一個安置粟末鞨降戶的羈縻州。

[2] 《新唐書》卷六六〈方鎮表〉三，頁1832。

[3] 《唐方鎮年表》卷四，頁543。

[4] 《安祿山事跡》卷上，頁 1；Edwin Pulleyblank, *The Backgroud of The Rebellion of An Lu-Shan*, p.77。

[5] 《資治通鑑》卷二一一唐玄宗開元三年（715）三月條，頁6710。

[6] 《資治通鑑》卷二一一唐玄宗開元三年（715）十一月丁酉條，頁6714。

[7] 《唐方鎮年表》卷四，頁544。

開元四年丙辰（716）安祿山十四歲。

正月，以鄖王嗣真爲安北大都護、安撫河東、關內、隴右諸蕃大使，以安北大都護張知運爲之副。陝王嗣升爲安西大都護、安撫河西四鎮諸蕃大使，以安西都護郭虔瓘爲之副。二王皆不出閣。諸王遙領節度自此始。[1]

六月，突厥默啜敗死，毗伽可汗繼位[2]。

七月，奚、契丹降，復置松漠、饒樂二都督府[3]。

開元五年丁巳（717）十五歲。

三月，唐復置營州都督府於柳城舊址，[4]營州置平盧軍。[5]

七月，置天兵軍於并州。[6]

是年，與奚、契丹和親。[7]

開元六年戊午（718）十六歲。

正月，突厥毗伽可汗請和。

十一月，吐蕃奉表請和。

---

[1]《資治通鑑》卷二一一唐玄宗開元四年（716）正月丙午條，頁6716。

[2]《舊唐書》卷一九四上〈突厥傳〉上，頁5173頁。

[3]《資治通鑑》卷二一一唐玄宗開元四年（716）七月辛未條，頁6720。

[4]《舊唐書》卷一八五下〈良吏·宋慶禮傳〉，頁4814。

[5]《新唐書》卷六六〈方鎮表〉三，頁1832。

[6]《資治通鑑》卷二一一唐玄宗開元五年（717）七月「并州長史」條，頁6728。

[7]參閱《舊唐書》卷一九九下〈北狄·契丹傳〉；同書同卷〈北狄·奚傳〉。

張說任幽州節度使。[1]

開元七年己未（719）十七歲。

是年，置劍南節度使，領益、彭等二十五州。[2]

張說任幽州節度使。

開元八年庚申（720）十八歲。

秋，并州長史、天兵軍節度大使張說，持節慰撫拔曳固、同羅二部。[3]

以御史大夫王晙爲兵部尚書兼幽州都督，[4]復充朔方軍大總管。[5]

十一月，突厥毗伽復強，盡有默啜之衆。[6]

是年契丹牙官可突干（于）殺契丹王娑固，復叛，營州再

---

[1] 孫逖〈唐故幽州都督河北節度使燕國文貞張公遺愛頌並序〉：「開元六祀，宅於幽朔。……先是，公之未至也，軍實耗斁，邊儲匱少。帑藏乏中人之產；革車無百駟之群。將欲豐之，不其難也。公問以謠俗，因而化之。……一年而財用肅給，二年而蓄聚饒羨。軍聲武備，百倍於往時矣。」（《全唐文》卷三一二，頁 3173 上欄。）至開元八年，張說邊爲并州長史、天兵軍節度大使。

[2] 《資治通鑑》卷二一二唐玄宗開元七年（719）「是歲」條，頁 6738。

[3] 《資治通鑑》卷二一二唐玄宗開元八年（720）七月「突厥降戶」條，頁 6741。

[4] 《舊唐書》卷八〈玄宗本紀〉上，頁 181。

[5] 《舊唐書》卷九三〈王晙傳〉，頁 2988。

[6] 《資治通鑑》卷二一二唐玄宗開元八年（720）十一月辛未條，頁 6742－6743。

失。

是年幽州節度使兼本軍州經略大使，並節度河北諸軍大使。[1]

開元九年辛酉（721）十九歲。

九月，貶幽州都督王晙爲梓州刺史。[2]

裴迪先爲幽州節度使。[3]

置朔方節度使，領單于都護府，夏、鹽等六州，定遠、豐安二軍，三受降城。[4]

---

[1] 《新唐書》卷六六〈方鎮表〉三，頁 1833。

[2] 《資治通鑑》卷二一二唐玄宗開元九年（721）九月「康待賓之反也」條，頁 6746－6747。

[3] 《唐方鎮年表》卷四，頁 545。又據葛承雍 李穎科著：〈西安新發現唐裴迪先墓誌考述〉（《唐研究》第五卷，1999 年，頁 453－462）載：「〔裴迪先〕遷幽州都督，河北道節度使。無何，以飛語受謗，復授廣州都督。」（頁 454）；又《資治通鑑》卷二一二記：「〔開元十年十一月〕前廣州都督裴伷先下獄，上與宰相議其罪。張嘉貞請杖之，張說曰：『臣聞刑不上大夫，爲其近於君，且所以養廉恥也。故士可殺不可辱。臣向巡北邊，聞杖姜皎於朝堂。皎官登三品，亦有微功，有罪應死則死，應流則流，奈何輕加笞辱，以卑隸待之！姜皎事往，不可復追，伷先據狀當流，豈可復蹈前失！』上深然之。」（頁 6754）此與《新唐書·裴迪先傳》所記「遷廣州都督。坐累且誅，張說右之，免官。」吻合。因此可知裴迪先任幽州都督的時間只能在開元九年九月王晙被貶之後至開元十年十一月下獄之前。《唐方鎮年表》卷四（頁 545）與郁賢皓《唐刺史考全編》卷一一六，頁 1600 都以爲裴迪先開元九年至十二年任幽州都督，皆誤。

[4] 《資治通鑑》卷二一二唐玄宗開元九年（721）「置朔方節度使」條，頁 6749。

河東、河北節度使兼充支度、營田使[1]。

是歲，諸王爲都督、刺史者，悉召還京師[2]。

開元十年壬戌（722）二十歲。

張守珪任幽州良杜（社）府果毅，見賞於節度使盧齊卿。[3]

四月，兵部尚書張說兼知朔方軍節度使。[4]

唐與奚、契丹和親。[5]

開元十一年癸亥（723）二十一歲。

二月，罷天兵、大武等軍，以大同軍爲太原以北節度使，領太原、遼、石、嵐、汾、代、忻、朔、蔚、雲十州。[6]

---

[1] 參閱《通典》卷三二〈職官〉十四〈州郡〉上。

[2] 《資治通鑑》卷二一二唐玄宗開元九年（721）「是歲」條，頁6749。

[3] 《舊唐書》卷一〇三〈張守珪傳〉：「守珪以功特加遊擊將軍，再轉幽州良社府果毅。守珪儀形瑰壯，善騎射，性慷慨，有節義。時盧齊卿爲幽州刺史，深禮遇之，常共榻而坐，謂曰：『足下數年外必節度幽、涼，爲國之良將，方以子孫相托，豈得以僚屬常禮相期耶。』」（頁3193）《舊唐書》卷八一〈盧承慶傳〉：「〔盧〕齊卿，開元初爲幽（幽）州刺史，時張守珪爲果毅，齊卿禮接之，謂曰：『十年內當知節度。』果如其言，時人謂齊卿有人倫之鑑。」（《新唐書》卷一〇六〈盧承慶附盧齊卿傳〉同。）按此年裴迪先下獄免官，而張守珪任幽州節度使在開元二十一年，與《舊唐書》本傳所記：「不十年，子當節度是州」合。故將盧齊卿任幽州刺史時間繫於此年。

[4] 《資治通鑑》卷二一二唐玄宗開元十年（722）夏四月條，頁6749。

[5] 參閱《舊唐書》卷八〈玄宗本紀〉上；《舊唐書》卷一九九下〈東夷・契丹傳〉

[6] 《資治通鑑》卷二一二唐玄宗開元十一年（723）二月己巳條，頁6755。

五月，以王晙兼朔方軍節度大使。[1]

是年，營州還治柳城舊址。[2]

開元十二年甲子（724）二十二歲。

開元十三年乙丑（725）二十三歲。

正月，升幽州為大都督府。[3]

二月，更命長從宿衛為彍騎。[4]

可突干立李盡忠弟邵固為契丹主。[5]

開元十四年丙寅（726）二十四歲。

正月，玄宗更立契丹松漠王李邵固為廣化王，奚饒樂王李魯蘇為奉誠王；並與兩蕃和親。[6]

開元十五年丁丑（727）二十五歲。

五月，上悉以諸子慶王潭等領州牧、刺史、都督、節度大使、大都護、經略使，實不出外。[7]

---

[1] 《資治通鑑》卷二一二唐玄宗開元十一年（723）五月乙丑條，頁6755。

[2] 《舊唐書》卷三九〈地理志〉二，頁1521。

[3] 《舊唐書》卷八〈玄宗本紀〉上，頁187。

[4] 《資治通鑑》卷二一二唐玄宗開元十三年（725）二月乙亥條，頁6763。

[5] 《資治通鑑》卷二一二唐玄宗開元十三年（725）「先是」條，頁6769。

[6] 《資治通鑑》卷二一三唐玄宗開元十四年（726）春正月癸未條，頁6770。

[7] 《資治通鑑》卷二一三唐玄宗開元十五年（727）夏五月癸酉條，頁6777。

李尚隱爲幽州節度使，[1]兼河北支度營田使。[2]

開元十六年戊辰（728）二十六歲。

開元十七年己巳（729）二十七歲。

開元十八年庚午（730）二十八歲。

五月，可突干殺契丹王邵固，叛降突厥，營州又失，玄宗改變以往與兩蕃和親的安撫政策，不再姑息，致力討伐。[3]

以趙含章爲幽州節度使，[4]割幽州漁陽[5]、玉田、三河置薊州，幽州節度使增領薊州、滄州。[6]

---

[1] 任期由開元十五年至十七年，見〈唐方鎮年表〉卷四，頁 545。

[2] 《新唐書》卷六六〈方鎮表〉三，頁 1834。

[3] 《資治通鑑》卷二一三唐玄宗開元十八年（730）「初契丹王」條，頁 6789－6790；陳述：《契丹政治史稿》曰：「此被殺的契丹王邵固，即大賀氏末主，可突于於是擁立遙輦新汗的。」（頁 51）；又《彙編》開元五二四〈大唐故冠軍大將軍行右武衛大將軍啜祿夫人鄭氏墓誌銘〉載：「夫人諱實活，本洹加落鮮卑人也。……夫人去開元十八年，屬林胡不寧，酋首背伴。夫人霜操不易，忠志不移，乃潛謀運奇，與男沮禮等，出死入生，率衆投漢。」（頁 1516）可知此時契丹內部有了親唐與親突厥兩派的鬥爭。玄宗也從這一年起改變了以往與兩蕃和親的安撫政策，不再姑息，致力討伐，故樊衡〈爲幽州長史薛楚玉破契丹露布〉云：「自黃龍舉烽，無歲不戰。」（《全唐文》卷三五二，頁 3569，下欄）。

[4] 任期由開元十八年至十九年，見《唐方鎮年表》卷四，頁 546。

[5] 楊志玖：〈關於漁陽、范陽、薊縣的方位問題〉考證了唐代的薊縣即今北京市、范陽縣即今河北涿縣、漁陽縣即今天津薊縣（頁 176－180）。

[6] 《新唐書》卷六六〈方鎮表〉三，頁 1834。

開元十九年辛未（731）二十九歲。

三月，突厥左賢王闕特勤卒。[1]

開元二十年壬申（732）三十歲。

三月，信安王禕等大破契丹，奚王李詩瑣高率五千餘帳來降，[2]安置於歸義州。

六月，幽州節度使趙含章坐贓巨萬，杖於朝堂，流瀼州，道死；[3]以薛楚玉代之。[4]

是歲，幽州節度使增領衛、相、洺、貝、冀、魏、深、趙、恒、定、邢、德、博、棣、營、鄭十六州及安東都護府。[5]

開元二十一年癸酉（733）三十一歲，張守珪養為假子。

安祿山在幽州，張守珪養為假子。[6]《新唐書》卷二二五上〈逆臣傳〉上：「張守珪節度幽州，祿山盜羊而獲，守珪將殺之，呼曰：『公不欲滅兩蕃邪？何殺我？』守珪壯其語，又見偉而晢，

---

[1]《資治通鑑》卷二一三唐玄宗開元十九年（731）三月條，頁6795。

[2]《資治通鑑》卷二一三唐玄宗開元二十年（732）三月「信安王禕」條，頁6797。

[3]《資治通鑑》卷二一三唐玄宗開元二十年（732）六月丁丑條，頁6798。

[4]《唐方鎮年表》卷四，頁546。

[5]《資治通鑑》卷二一三唐玄宗開元二十年（732）「是歲」條，頁6799。再加上此前已領的幽、易、平、檀、媯、燕、薊、滄等八州，此時幽州節度使共領有河北二十四州及安東都護府，治幽州。

[6]參閱《安祿山事跡》卷上。

釋之，與史思明俱爲捉生。知山川水泉處，嘗以五騎禽契丹數十人，守珪異之，稍益其兵，有討輒克，拔爲偏將。守珪醜其肥，由是不敢飽，因養爲子。」

正月，討伐渤海王武藝，無功而還。[1]

三月，張守珪由鄯州都督遷幽州長史、營府都督、節度營田採訪海運等使。[2]

九月，幽州副節度使知平盧軍事高欽德卒於柳城公舍，[3]烏知義任平盧軍使。[4]

---

[1]《資治通鑑》卷二一三唐玄宗開元二十一年（733）正月「上遣大門藝」條，頁6800。

[2]〈張守珪墓誌〉云：「廿一年，復驛占至京，加御史中丞，改幽州長史、營府都督、節度營田採訪海運等使。」《資治通鑑》卷二一三載：「（開元二十一年）閏（三）月，癸酉，幽州道副總管郭英傑與契丹戰於都山，敗死。時節度使薛楚玉遣英傑將精騎一萬及降奚擊契丹，屯於榆（渝）關之外。可突干引突厥之衆來合戰，奚持兩端，散走保險；唐兵不利，英傑戰死。余衆六千餘人猶力戰不已，虜以英傑首示之，竟不降，盡爲虜所殺。楚玉，訥之弟也。」（頁6801-6802）《舊唐書》卷九三〈薛訥傳〉載：「訥弟楚玉，開元中，爲幽州大都督府長史，以不稱職見代而卒。」可知張守珪代薛楚玉爲幽州長史、節度使當在此年三月之後。另參閱李志凡著〈唐張守珪墓誌淺釋〉，《唐研究》第五卷，1999年，頁469-477。

[3]《彙編》開元三七六〈唐右武衛將軍高（欽德）府君墓誌銘〉，頁1416。據此，則營州都督府應於此年復置於柳城舊址。

[4]參閱《唐方鎮年表》卷八。

是歲，分天下爲十五道，各置採訪使。[1]

開元二十二年甲戌（734）三十二歲。安祿山、史思明具事平盧軍使烏知義麾下。[2]

《安祿山事跡》卷上：「〔張〕守珪令祿山奏事，中書令張九齡見之，謂侍中裴光庭曰：『亂幽州者，必此胡也。』」案：張守珪開元二十一年才任幽州節度使，養安祿山爲假子；張九齡任中書令在開元二十二年五月。以此推測，安祿山當是在此年入京奏事。

五月，玄宗以裴耀卿爲侍中，張九齡爲中書令，李林甫爲禮部尙書、同中書門下三品。[3]

六月，幽州節度使張守珪大破契丹，遣使獻捷[4]。

---

[1]《資治通鑑》卷二一三唐玄宗開元二十一年（733）「是歲」條，頁 680－6804；有關採訪使的研究，可參閱池田溫著：〈採訪使考〉，《第一屆國際唐代學術研討會論文集》（台北：台灣唐代研究學者聯誼會，1989），頁 875－902。

[2]《舊唐書》卷二○○上〈史思明傳〉，頁 5376。

[3]《資治通鑑》卷二一四唐玄宗開元二十二年（734）「吏部侍郎」條。

[4]《舊唐書》卷一○三〈張守珪傳〉載：「先是，契丹及奚連年爲邊患，契丹衙官可突干驍勇有謀略，頗爲夷人所伏。趙含章、薛楚玉前後爲幽州長史，竟不能拒。及守珪到官，頻出擊之，每戰皆捷。契丹首領屈剌與可突干恐懼，遣使詐降。守珪察知其僞，遣管記右衛騎曹王悔詣其部落就謀之。悔至屈剌帳，賊徒初無降意，乃移其營帳漸向西北，密遣使引突厥，將殺悔以叛。會契丹別帥李過折與可突干爭權不叶，悔潛誘之，斬屈剌、可突干，盡誅其党，率餘衆以降。守珪因出師次於紫蒙川，大閱軍實，宴賞將士，傳屈剌、可突干等首於東都，梟於天津橋之南。」（頁3194）

　　九月壬申，改饒樂都督府爲奉誠都督府。辛巳，移登州平海軍於海口安置。[1]

　　是年突厥毗伽可汗死，弟登利可汗立。[2]

　　是年幽州經略軍節度副使翟詵終於幽州。[3]

　　是年烏知義任平盧軍使。[4]

開元二十三年乙亥（735）三十三歲。

　　春，正月，契丹李過折來獻捷；制以過折爲北平王，檢校松漠州都督。[5]

　　幽州節度使張守珪以破契丹功，加御史大夫，封南陽郡開國公。[6]

　　是年契丹王李過折爲其臣涅禮所殺，以涅禮爲松漠都督；突

---

[1]《舊唐書》卷八〈玄宗本紀〉上，頁 201。

[2]《舊唐書》卷八〈玄宗本紀〉上，頁 202；並參《舊唐書》卷一九四上〈突厥傳〉上。

[3] 參《彙編》開元四〇四〈□唐故冠軍大將軍行左屯衛翊府中郎將幽州經略軍節度副使翟（詵）公墓誌銘〉，頁 1435。

[4] 開元二十二年至二十六年，平盧軍使一職由烏知義擔任。參閱《唐方鎭年表》卷八。

[5]《資治通鑑》卷二一四唐玄宗開元二十三年（735）春正月條，頁 6811。

[6]〈張守珪墓誌〉云：「聖主嘉其忠勇，展勞旋之禮待之，乃御層樓，張廣樂，侯王在列，夷狄以差，廷拜兼御史大夫，加輔國大將軍、南陽郡開國公。仍賜珍玩、繪彩等，疇茂勳也。」（李志凡：〈唐張守珪墓誌淺釋〉，頁 475；《舊唐書》卷一〇三〈張守珪傳〉略同）

厥引兵東侵奚、契丹，涅禮與奚王李歸國共擊破之。[1]

開元二十四年丙子（736）三十四歲，任平盧討擊使。

二月，奚再叛，[2]幽州節度使張守珪令安祿山討之，大敗。據《資治通鑑》卷二一四載：「張守珪使平盧討擊使、左驍衛將軍安祿山討奚、契丹叛者，祿山恃勇輕進，爲虜所敗。夏，四月，辛亥，守珪奏請斬之。祿山臨刑呼曰：『大夫不欲滅奚、契丹邪！奈何殺祿山！』守珪亦惜其驍勇，欲活之，乃更執送京師。張九齡批曰：『昔穰苴誅莊賈，孫武斬宮嬪。守珪軍令若行，祿山不宜免死。』上惜其才，敕令免官，以白衣將領。九齡固爭曰：『祿山失律喪師，於法不可不誅。且臣觀其貌有反相，不殺必爲後患。』上曰：『卿勿以王夷甫識石勒，枉害忠良。』竟赦之。」

十一月，侍中裴耀卿爲尙書左丞相，中書令張九齡爲尙書右丞相，並罷知政事。兵部尙書李林甫兼中書令，殿中監牛仙客爲兵部尙書、同中書門下三品。[3]

開元二十五年丁丑（737）三十五歲。

---

[1] 《資治通鑑》卷二一四唐玄宗開元二十三年（735）「是歲」條，頁 6813；並參《曲江張先生文集》卷九中〈敕平盧使烏知義書〉、〈敕契丹都督涅禮書〉、〈敕奚都督李歸國書〉等文。

[2] 〈大唐故定州無極縣丞白（慶先）府君墓誌〉載：「君諱慶先，……今年二月廿二日，使差給熟奚糧，奚叛遇害。」（《彙編》開元四一七，頁 1444）。

[3] 《舊唐書》卷八〈玄宗本紀〉上，頁 203－204。

二月，幽州節度使張守珪奏破契丹。[1]

五月，敕諸道節度使可招募丁壯，長充邊軍。[2]

開元二十六年戊寅（738）三十六歲。

六月，玄宗立忠王璵爲皇太子。[3]

開元二十七年乙卯（739）三十七歲。

六月，以李適之爲幽州節度使，原幽州節度使張守珪貶爲括州刺史。[4]

幽州節度使增領河北海運使。[5]

開元二十八年庚辰（740）三十八歲，任平盧軍兵馬使。[6]

---

[1] 《新唐書》卷二一九〈北狄·契丹傳〉：「二十五年，守珪討契丹，再破之，有詔自今戰有功必告廟。」（頁 6172）

[2] 《資治通鑑》卷二一四唐玄宗開元二十五年（737）五月癸未條，頁 6829。

[3] 《舊唐書》卷九〈玄宗本紀〉下，頁 210。

[4] 《資治通鑑》卷二一四載：「幽州將趙堪、白真陁羅矯節度使張守珪之命，使平盧軍使烏知義擊叛奚餘黨於橫水之北；知義不從，白真陁羅矯稱制指以迫之。知義不得已出師，與虜遇，先勝後敗；守珪隱其敗狀，以克獲聞。事頗泄，上令內謁者監牛仙童往察之。守珪重賂仙童，歸罪於白真陁羅，逼令自縊死。仙童有寵於上，衆宦官疾之，共發其事。上怒，〔六月〕甲戌，命楊思勗杖殺之。思勗縛格，杖之數百，剝取其心，割其肉啖之。守珪坐貶括州刺史。」（頁 6837－6838）

[5] 《新唐書》卷六六〈方鎮表〉三，頁 1836。

[6] 《安祿山事跡》卷上，頁 2。

五月，張守珪卒於括州，贈涼州都督。[1]

八月，幽州節度使李適之破奚、契丹。[2]

是年平盧軍（副）使兼押兩蕃、渤海、黑水四府經略處置使，[3]以王斛斯爲平盧軍使。[4]

開元二十九年辛巳（741）三十九歲，任營州刺史、平盧軍使，幽州節度副使、順化州刺史。

八月以原平盧軍使王斛斯爲幽州節度使；安祿山爲營州刺史、平盧軍使，兼押兩蕃、勃海、黑水四府經略使，[5]幽州副使、順化州刺史。[6]

突厥登利可汗死，突厥內亂。[7]

天寶元年壬午（742）四十歲，任平盧節度使。

---

[1] 〈張守珪墓誌〉載：「以廿八年五月六日遘疾，薨於廨舍，春秋五十有七嗚呼哀哉！上聞而傷之，有詔贈涼州都督。」（李志凡：〈唐張守珪墓誌淺釋〉，頁 475）

[2] 《資治通鑑》卷二一四唐玄宗開元二十八年（740）秋八月條，頁 6842。

[3] 《新唐書》卷六六〈方鎮表〉三，頁 1836。

[4] 《唐方鎮年表》卷八，頁 1282。

[5] 《舊唐書》卷九〈玄宗本紀〉下。

[6] 《安祿山事跡》卷上，頁 3。順化州爲安置奚部落之羈縻州（參閱本書附表二）。《新唐書》卷六六〈方鎮表〉三載：「開元二十九年，幽州節度副使領平盧軍節度〔副〕使，治順化州。」（頁 1836）

[7] 《資治通鑑》卷二一四唐玄宗開元二十九年（741）秋七月丙寅條，頁6844。

正月，分平盧別爲節度，以安祿山爲節度使。[1]

二月，改侍中爲左相，中書令爲右相，尙書左、右丞相復爲僕射；東都爲東京、北都爲北京，州爲郡，刺史爲太守。[2]更幽州節度使爲范陽節度使，增領歸順、歸德二郡。[3]

十月，除裴寬爲范陽節度使，經略河北支度、營田、河北海運使，已後遂爲定額。[4]

突厥衰亡，回紇始大。[5]

天寶二年癸未（743）四十一歲，任平盧節度使。

正月，安祿山入朝；上寵待甚厚，[6]祿山奏置懷遠軍、盧龍軍。[7]

天寶三載甲申（744）四十二歲，身兼平盧、范陽二道節度使。

三月，授安祿山爲范陽長史，充范陽節度使，河北採訪使[8]；

---

[1] 《資治通鑑》卷二一五唐玄宗天寶元年（742）正月壬子條，頁6847。

[2] 《新唐書》卷五〈玄宗本紀〉，頁142－143。

[3] 《新唐書》卷六六〈方鎮表〉三，頁213－214。

[4] 《唐會要》卷七八〈諸使〉中，頁1429；並參閱《舊唐書》卷一〇〇〈裴漼附從祖弟寬傳〉。

[5] 參閱《資治通鑑》卷二一五中的有關記載。

[6] 《資治通鑑》卷二一五唐玄宗天寶二年（743）春正月條，頁6856。

[7] 《唐會要》卷七八〈諸使〉中，頁1430－1431。

[8] 《安祿山事跡》，卷上，頁3。

以原范陽節度使裴寬爲戶部尙書。[1]

八月，突厥白眉可汗立；回紇骨力裴羅自立爲可汗。[2]

天寶四載乙酉（745）四十三歲，身兼平盧、范陽二道節度使。

回紇懷仁可汗擊突厥白眉可汗，盡有突厥故地。[3]

三月，與兩蕃和親。

九月，安祿山欲以邊功市寵，數侵掠奚、契丹；奚、契丹各殺公主以叛，祿山討破之。[4]

天寶五載丙戌（746）四十四歲，身兼平盧、范陽二道節度使。

夏，四月，癸未，立奚酋娑固爲昭信王，契丹酋楷洛爲恭仁王。[5]

吏部尙書席建侯爲河北黜陟使，表奏祿山公直、無私、嚴

---

[1] 《資治通鑑》卷二一五唐玄宗天寶三載（744）三月己巳條，頁 6859。

[2] 《資治通鑑》卷二一五唐玄宗天寶三載（744）秋八月條，頁 6860。

[3] 《資治通鑑》卷二一五唐玄宗天寶四載（745）正月「回紇懷仁可汗」條，頁 6863。

[4] 《資治通鑑》卷二一五唐玄宗天寶四載（745）九月「安祿山」條，頁 6868。

[5] 《資治通鑑》卷二一五唐玄宗天寶五載（746）夏四月條，頁 6871。又《舊唐書》卷一一○〈李光弼傳〉：「李光弼，營州柳城人。其先，契丹之酋長。父楷洛，開元初，左羽林將軍同正、朔方節度副使，封薊國公，以驍果聞。」（頁 3303）

正、奉法。[1]

天寶六載丁亥（747）四十五歲，身兼平盧、范陽二道節度使，加御史大夫。

正月，以范陽、平盧節度使安祿山兼御史大夫[2]，玄宗並爲其在親仁坊選造新宅。[3]

是年，唐諸道節度使盡用胡人。[4]

天寶七載戊子（748）四十六歲，任平盧范陽二道節度使，兼御史大夫。

六月，賜安祿山實封三百戶，並賜鐵券。[5]

天寶八載己丑（749）四十七歲，任平盧、范陽二道節度使，兼御史大夫。

天寶九載庚寅（750）四十八歲，任平盧、范陽二道節度使，兼御史大夫。進爵東平郡王，並加河北道採訪處置

---

[1] 《安祿山事跡》卷上，頁4。

[2] 《資治通鑑》卷二一五唐玄宗天寶六載（747）正月戊寅條，頁6876。

[3] 《安祿山事跡》卷上，頁6。

[4] 《資治通鑑》卷二一六唐玄宗天寶六載（747）十二月乙巳條，頁 6887－6889。

[5] 《安祿山事跡》卷上，頁7。

使。[1]

《資治通鑑》卷二一六：「安祿山屢誘奚、契丹，爲設會，飲以莨菪酒，醉而坑之，動數千人，函其酋長之首以獻，前後數四。至是請入朝……（十月）辛未，祿山獻奚俘八千人，上命考課之日書上上考。」

天寶十載辛卯（751）四十九歲，兼平盧、范陽、河東三道節度使。

二月，以安祿山爲雲中太守，河東節度使。[2]

《資治通鑑》卷二一六：「祿山養同羅、奚、契丹降者八千餘人，謂之『曳落河』。曳落河者，胡言壯士也。及家僮百餘人，皆驍勇善戰，一可當百。又畜戰馬數萬匹，多聚兵仗，分遣商胡詣諸道販鬻，歲輸珍貨數百萬。私作緋紫袍、魚袋、以百萬計。以高尚、嚴莊、張通儒及將軍孫孝哲爲腹心，史思明、安守忠、李歸仁、蔡希德、牛廷玠、向潤容、李庭望、崔乾祐、尹子奇、何千年、武令珣、能元皓、田承嗣、田乾眞、阿史那承慶爲爪牙。」

秋，安祿山將三道兵六萬以討契丹，以奚騎二千爲鄉導，大敗。[3]

---

[1] 參《資治通鑑》卷二一六唐玄宗天寶九載（750）五月乙卯條、八月丁巳條，頁6899。

[2] 《舊唐書》卷九〈玄宗本紀〉下，頁225。

[3] 《安祿山事跡》卷上，頁13。

天寶十一載壬辰（752）五十歲，兼平盧、范陽、河東三道節度使。

三月，安祿山發蕃、漢步騎二十萬擊契丹，欲以雪去秋戰敗之恥。[1]

十一月，李林甫死，以楊國忠爲相。[2]

十二月，以平盧兵馬使史思明兼北平太守，充盧龍軍使。[3]

天寶十二載癸巳（753）五十一歲，兼平盧、范陽、河東三道節度使。

五月，阿布思爲回紇所破，安祿山誘其部落而降之，由是祿山精兵，天下莫及。[4]

天寶十三載甲午（754）五十二歲，兼平盧、范陽、河東三道節度使；又加尚書左僕射，閑廄、隴右群牧等使。

春，正月，安祿山入朝。

二月，安祿山奏所部將士討奚、契丹、九姓、同羅等，勳效甚多，乞不拘常格，超資加賞，仍好寫告身付臣軍授之。於是除將軍者五百餘人，中郎將者二千餘人。

三月，安祿山辭歸范陽。

---

[1] 《資治通鑑》卷二一六唐玄宗天寶十一載（752）三月條，頁6910。

[2] 《資治通鑑》卷二一六唐玄宗天寶十一載（752）十一月庚申條，頁6914。

[3] 《資治通鑑》卷二一六唐玄宗天寶十一載（752）十二月甲申條，頁6916。

[4] 《資治通鑑》卷二一六唐玄宗天寶十二載（753）五月「阿布思」條，頁6918。

四月，安祿山奏擊破奚，虜其王李日越。[1]

天寶十四載乙未（755）五十三歲，起兵叛唐。

二月，安祿山使副將何千年入奏，請以蕃將三十二人代漢將。[2]

十一月，安祿山反於范陽，起兵南下。

十二月，安史叛軍陷洛陽。[3]

唐肅宗至德元載丙申（756）五十四歲，自稱大燕皇帝。

正月，安祿山於洛陽稱帝，自稱大燕皇帝，改元聖武，以達奚珣爲侍中，張通儒爲中書令，高尚、嚴莊爲中書侍郎。[4]

六月，安史叛軍攻陷長安，玄宗幸蜀。

七月，肅宗即位於靈武，尊玄宗爲太上皇。[5]

唐肅宗至德二載丁酉（757）五十五歲，安祿山卒。

正月，安慶緒殺安祿山。[6]

---

[1] 以上各條具參閱《資治通鑑》卷二一七唐玄宗天寶十三載有關記載。

[2] 《資治通鑑》卷二一七唐玄宗天寶十四載（755）二月辛亥條，頁6929。

[3] 《資治通鑑》卷二一七唐玄宗天寶十四載（755）十二月「初平原太守顏真卿」條，頁6938－6940。

[4] 《資治通鑑》卷二一七唐肅宗至德元載（756）春正月條，頁6951。

[5] 參閱《資治通鑑》卷二一八唐肅宗至德元載中的有關記載。

[6] 《資治通鑑》卷二一九唐肅宗至德二載（757）正月「安祿山自起兵以來」條，頁7011－7012；《安祿山事跡》卷下，頁38－39。

附表一：《隋書·儒林傳》與兩《唐書·儒學傳》人物表*

人物	郡望	主要生活年代	受業	傳業	所通經術及著作	親族及家學
元善	河南洛陽人	由梁入北周，隋文帝時卒。			通涉五經，尤明左氏傳。	
辛彥之	隴西狄道人	開皇十一年卒			墳典一部 六官一部 祝文一部 新要一部 新禮一部 五經異義	

---

*此表所收儒臣以《隋書》卷七五〈儒林傳〉；《舊唐書》卷一八九上〈儒學傳〉上、同書卷一八九下〈儒學傳〉下、《新唐書》卷一九八〈儒學傳〉上、同書卷一九九〈儒學傳〉中、同書卷二○○〈儒學傳〉下爲主。至於如隋代的王頍見《隋書》卷七六〈文學傳〉、唐初的趙弘智見〈舊唐書〉卷一八八〈孝友傳〉）等雖身懷儒術，然兩《唐書》均未收入，今亦從之。所錄儒臣生活時代以唐玄宗朝大體爲限。

					一部	
何妥		由梁入北周，隋初卒			周易講疏十三卷孝經義疏三卷莊子義疏四卷封禪書一卷樂要一卷文集十卷	
蕭該	蘭陵人	由梁入北周，開皇初拜國子博士		聚徒教授。	詩書春秋禮記並通大義，尤精漢書撰漢書及文選音義	
包愷	東海人	煬帝大業中爲國子助教	兄愉，明五經愷悉傳其業。又從王仲通受史記、漢書。		時漢書學者，以蕭該包愷二人爲宗匠。	
房暉	恆山	北齊仁壽	世傳儒學	以教授	治三禮春	

遠	真定人	中卒年七十二		為務,遠方負笈而從者,動以千計	秋三傳詩書周易兼善圖緯	
馬榮伯	武安人	開皇五年授太學博士	從師數十年	教授瀛州、博州間,門徒千數	明三禮山東三禮學者自熊安生後唯宗其一人	
劉焯	信都昌亭人	大業六年卒六十七	受詩於同郡劉軌思受左傳於廣平郭懋常問禮於阜城熊安生皆不卒業而去。	天下名儒後進質疑受業者不遠千里而至者不可勝數論者以為數百年已來博學通儒無能出其右	著稽極十卷曆書十卷五經述議並行於世。	

				者			
劉炫	河 間 景 城 人	大業末卒 年六十八	同上			著論語述 議十卷春 秋攻昧十 卷五經正 名十二卷 孝經述議 五卷春秋 述議四十 卷尙書述 議二十卷 毛詩述議 四十卷注 詩序一卷 算術一卷	
褚輝	吳 郡 人	隋煬帝時 爲太學博 士				以三禮學 稱於江南 撰禮疏一 百卷	
顧彪	余 杭 人	隋煬帝時 爲秘書學 士				明尙書春 秋撰古文 尙書疏二 十卷	

魯世達	余杭人	隋煬帝時為國子助教			撰毛詩章句義疏四十二卷行於世	
張沖	吳郡人	由陳入隋			撰春秋義略喪服義三卷孝經義三卷論語義十卷前漢書音義十二卷	
王孝籍	平原人	開皇中直秘書省		歸鄉里以教授為業	注尚書及詩遭亂零落	
以上多為隋代儒師						
徐文遠	其先東海人	梁北周隋，武德初卒年七十四	時耆儒沈重講太學，授業常千人，文遠從之	竇威楊玄感李密王世充皆從受學。	世稱左氏有文遠禮有褚輝詩有魯(世)達易有陸	孫徐有功

			質問。		德明撰左傳音三卷義疏六十卷文遠所講釋多立新義先儒異論皆定其是非然後詰駁諸家又出己意博而且辨	
陸元朗，字德明，以字行。	蘇州吳人	陳隋，貞觀初卒	受學於周弘正		撰經典釋文三十卷老子疏十五卷易疏二十卷並行於世	子敦信麟德中累封嘉興縣子以老疾致仕終大司成
顏籀	其先	貞觀十九	父思魯以	隋末，	考訂五經	叔遊秦

字師古[1]，以字顯	琅邪臨沂人，後爲雍州萬年人	卒年六十五	儒學顯	坐事免，歸長安十年不得調。家貧，以教授爲業	文字，修五禮，預修五經正義，注漢書	弟相時，子顏揚廷，永徽三年，子揚廷爲符璽郎，表上師古所撰匡謬正俗八篇
顏遊秦					撰漢書決疑，顏師古注漢書多資取其義	
孔穎達	冀州衡水人	貞觀二十二年卒	嘗問學於同郡劉焯		服氏春秋傳鄭氏尚書詩禮記王氏易善屬文，通步曆；領	穎達子志終司業志子惠元力學寡言又爲司

---

[1] 顏師古、孔穎達、王恭、司馬才章、馬嘉運等人傳記，並見《舊唐書》卷七三。

					修五經正義	業擢累太子論德三世司業時人美之
王恭	滑州白馬人			教授鄉閭弟子數百人	精三禮別爲義證	
司馬才章	魏州貴鄉人		父烜博涉五經善緯候才章少傳其業			
馬嘉運	魏州繁水人	貞觀十九年卒		貞觀初累除越王東閣祭酒退隱白鹿山諸方來授業至千人	少爲沙門,還治儒學長論議駁孔穎達五經正義	
曹憲	揚州江都人	仕隋爲秘書學士貞觀中卒		聚徒教授凡數百人公	隋煬帝令與諸儒撰桂苑珠叢	

				卿多從之遊以梁昭明太子文選授諸生而同郡魏模公孫羅江夏李善相繼傳授於是文選學大興	規正文字；又注廣雅藏於秘書及文選音義	
許淹	潤州句容人	隋末唐初			少出家為僧後又還俗博物洽聞尤精詁訓。撰文選音十卷	
李善	揚州江都人	太宗高宗時人載初元年卒		乾封中坐與賀蘭敏之周密配	注解文選；又撰漢書辯惑三十卷	子邕

				州赦，授諸自而，姚遇還，教業多方，流後得以爲生遠至	
公孫羅	揚州江都人			撰文選音義十卷	
歐陽詢	潭州臨湘人	仕隋爲太常博士，貞觀初卒年八十五		武德七年詔與裴矩陳叔達撰藝文類聚一百卷博覽經史尤精三史	子通
朱子奢	蘇州吳人	隋大業中直秘書學士貞觀十五年卒	從鄉人顧彪習左氏春秋	博觀子史善屬文風流蘊藉頗滑稽又輔之以文義	

姓名	籍貫	生卒仕歷	師承	傳承	著作成就	家世
					由是數蒙宴遇或使論難於前	
張士衡	瀛州樂壽人	貞觀十九年卒	父友劉軌思以詩禮授之又從熊安生劉焯等習禮記	唐興，衡復鄉里教授，教以諸生，當時顯者永年賈公彥、趙郡李玄植	遍講五經尤攻三禮	父文慶北齊國子助教
賈公彥	洺州永年人	永徽中官至太學博士尋卒	從張士衡習三禮	傳業李玄植	撰周禮義疏五十卷儀禮義疏四十卷	子大隱武后時官至禮部侍郎
李玄植	趙州人	高宗時與道士沙門在御前講說經義	從賈公彥習三禮又受左氏春秋於王德韶毛詩於齊威		撰三禮音義博涉漢史及老莊諸子之說辨論甚美	

張後胤	蘇州昆山人	高宗永徽中卒	父沖，陳國子博士入隋爲漢王諒並州博士後胤甫冠以學行禪其家	高祖鎮太原引居賓館太宗就受春秋左氏傳		
蓋文達	冀州信都人	貞觀十八年授崇賢館學士尋卒			尤明春秋三家	
蓋文懿	貝州宋城人	貞觀中卒於國子博士			高祖時於秘書省講毛詩	
谷那律	魏州昌樂人。	貞觀中累補國子博士永徽初卒官			黃門侍郎褚遂良稱之爲九經庫	孫倚相仕爲秘書省正字讎覆圖書多所刊定
蕭德言	蘭陵人	貞觀中除著作郎，兼弘文館			明左氏春秋，與魏徵等撰群	曾孫治忠

		學士，高宗永徽五年卒，年九十七			書治要	
許叔牙	潤州句容人	貞觀二十三年卒			精毛詩禮記撰毛詩纂義十卷	子子儒
以上多太朝臣	上為宗儒					
敬播	蒲州河東人	龍朔三年卒			與孔穎達等修隋史又與令狐德棻等撰晉書大抵凡例皆播所做永徽時與許敬宗撰高祖實錄興創業盡貞觀	

					十四年又撰太宗實錄訖貞觀二十三年永徽初拜著作郎與許敬宗等撰西域圖	
劉伯莊	徐州彭城人	龍朔中授崇賢館學士		子之宏世傳家學	與許敬宗等參修文思博要及文館詞林撰史記音義史記地名漢書音義各二十卷行於代	子之宏。
秦景通	常州晉陵人	貞觀中累遷太子洗馬兼崇賢館學士		當時習漢書者皆宗師之	與弟皆精漢書號「大秦君」「小秦君」	
劉訥		乾封中歷		以漢書		

言			都水監主簿		授沛王賢	
羅道琮	蒲虞人	州鄉	高宗末官至太學博士			每與太學助教康國安道士李榮等講論爲時所稱
邢文偉	滁全人	州椒	則天臨朝累遷鳳閣侍郎兼弘文館學士載初元年遷內史。			
高子貢	和曆人	州陽			鷈王鳳之子東融莞公爲和曾刺州史從子貢受業	尤精史記。
郎餘令	定新人	州樂				撰孝子後傳三十卷撰隋書未

					成	
徐齊聃	湖州長城人	高宗咸亨時卒年四十四				子堅
徐堅					與徐彥伯劉知幾張說修三教珠英	
沈伯儀	湖州吳興人	武后時爲太子右諭德歷國子祭酒、修文館學士				
路敬淳	貝州臨清人				撰著姓略記十卷行於時又撰衣冠本系（案新唐書記爲衣冠系錄未成而死	
王元感	濮州鄄城	中宗神龍初卒			撰尙書糾謬十卷春	

	人				秋振滯二十卷禮記繩愆三十卷	
王紹宗	本琅邪人					
彭景直	瀛州河間人	中宗景龍末，爲太常博士。				
韋叔夏		長安四年擢春官侍郎神龍初轉太常少卿充建立廟社使以功進銀青光祿大夫三年拜國子祭酒尋卒			精通三禮撰五禮要記三十卷行於代	子縚太常卿
以上多高	上爲宗					

武后時儒士						
祝欽明	雍州始平人	中宗即位以侍讀之故擢拜國子祭酒睿宗景雲初卒				
郭山惲	蒲州河東人	景龍中累遷國子司業開元初復入爲國子司業卒於官				少通三禮
盧粲	幽州范陽人	開元初卒。				
尹知章	絳州翼城人	開元六年卒年五十餘		門人孫季良	明六經及周易注孝經老莊韓子管子鬼谷子等行

					於世。	
孫季良	河南偃師人	開元中爲左拾遺集賢院直學士	尹知章			
張齊賢		聖曆初爲太常奉禮郎				
柳沖	蒲州虞鄉人。	景龍中累遷爲左散騎常侍，修國史開元五年卒	師事李善		先天初沖始與侍中魏知古中書侍郎陸象先及徐堅劉子玄吳兢等撰成姓族系錄二百卷	
殷踐猷					尤通氏族之學	
孔若思	越州山陰人	開元七年卒				子至明氏族學與韋述蕭穎士

						柳沖齊名撰百家類例
以上多爲中宗睿宗朝學士。						
馬懷素[1]	潤州丹徒人	開元初爲戶部侍郎加銀青光祿大夫累封常山縣公三遷秘書監兼昭文館學士			與國子博士尹知章等續七志並刊正經史	
褚無量	杭州鹽官人	玄宗即位遷郯王傅兼國子祭酒開元八年卒年七	幼授經於沈子正曹福		三禮史記開元六年於麗正殿內修四部書	

---

[1] 馬懷素、褚無量、元行沖等人生平，並見《舊唐書》卷一○二。

		十五				
元字沖以顯	澹行，字	開元十七年卒			尤善音律及詁訓之書撰魏典又通撰古今書目名爲群書四錄。開元十年玄宗自注孝經詔行沖爲疏，立於學官曾集學者撰類禮義疏不得立	
陳貞節	潁川人	開元初爲右拾遺，後遷太常博士				
施敬本	潤州丹陽人	開元中爲四門助教以太常博				

		士爲集賢院脩撰				
盧履冰	幽州范陽人	開元五年仕歷右補闕				
王仲丘	沂州琅邪人	開元中歷左補闕內供奉集賢脩撰、起居舍人後遷禮部員外郎				時典章差駁仲丘欲合貞觀顯慶二禮
康子元	越州會稽人					善周易老莊之書
侯行果	上谷人					善周易
趙冬曦	定州鼓城人	與秘書少監賀知章校書郎孫季良大理評事咸廙業入集賢				

		院脩撰				
尹愔	秦州天水人				博學尤通老子書初爲道士撰諸經義樞續史記皆未就	父思貞明春秋
陸堅	河南洛陽人				善書。	
郭欽說					通曆術博物	
盧僎						
盧俌						
以上玄宗朝臣士	上宗儒學					

附表二：「安史亂」前營州、幽州境內羈縻州表

【據《舊唐書》卷三九〈地理志〉二、《新唐書》卷四三下〈地理志〉七下作】

	族稱	設置及變遷	治所及領縣	戶口
威州	契丹內稽部落。	武德二年，置遼州總管，自燕支城徙寄治營州城內。七年，廢總管府。貞觀元年，改爲威州，隸幽州大都督。	威化，後契丹陷營州乃南遷，寄治於良鄉縣石窟堡，爲威化縣。	舊領縣一，戶七百二十九，口四千二百二十二。天寶，戶六百一十一，口一千八百六十九。
玄州	契丹李去閭部落。	隋開皇初置，處契丹李去閭部	靜藩，州治所，范陽縣之魯泊村。	天寶領縣一，戶六百一十八，口一千三百三十

		落。萬歲通天二年，移於徐、宋州安置。神龍元年，復舊。今隷幽州。	三。
青山州	契丹李去閭部落。	景雲元年，析玄州置，隷幽州都督。	青山，寄治於范陽縣界水門村。	領縣一，戶六百二十二，口三千二百一十五。
師州	契丹室韋部落。	貞觀三年置，隷營州都督。萬歲通天元年，遷於青州安置。神龍初，改隷幽州都督。	陽師初，貞觀置州於營州東北廢陽師鎮，故號師州。神龍中，自青州還寄治於良鄉縣之故東閭城，爲州治，縣在焉。	舊領縣一，戶一百三十八，口五百六十八。天寶，戶三百一十四，口三千二三百一十五。（案：此處戶口數恐有誤記）
帶州	契丹乙失革	貞觀十九	孤竹，舊治	天寶領縣一，戶

	部落。	年，於營州界內置，隸營州都督。萬歲通天元年，遷於青州安置。神龍初，放還，隸幽州都督。	營州界。州陷契丹後，寄治於昌平縣之清水店，爲州治。	五百六十九，口一千九百九十。
昌州	契丹松漠部落。	貞觀二年置，隸營州都督。萬歲通天二年，遷於青州安置，神龍初還隸幽州。	龍山　貞觀二年，置州於營州東北廢靜蕃戍。七年，移治於三合鎭。營州陷契丹，乃遷於安次縣古常道城，爲州治。	舊領縣一，戶一百三十二，口四百八十七。天寶，戶二百八十一，口一千八十八。
沃州	契丹松漠部落。	載初中，析昌州置隸營州。州陷契	濱海　沃州本寄治營州城內，州陷	天寶領縣一，戶一百五十九，口六百一十九。

		丹，乃遷於幽州，隸幽州都督。	契丹，乃遷於薊縣東南回城，爲治所。	
信州	契丹失活部落。	萬歲通天元年置，隸營州都督。二年，遷於青州安置。神龍初還，隸幽州都督。	黃龍，州所治，寄治范陽縣。	天寶領縣一，戶四百一十四，口一千六百。
歸順州[1]	契丹松漠府彈汗州部落。	開元四年置。天寶元年，改爲歸化郡。乾元元年，復爲	良鄉之廣陽城	天寶領縣一，戶一千三十七，口四千四百六十九。

---

[1]《新唐書》卷四三下〈地理志〉七下所記大致與《舊唐書》同，唯《新唐書》記歸順州歸化郡爲處契丹之羈縻州，而《舊唐書》卷三九〈地理志〉二將其劃爲幽州都督府轄下之一州。但據《舊唐書》同卷載：「歸順州 開元四年置，爲契丹松漠府彈汗州部落。天寶元年，改爲歸化郡。乾元元年，復爲歸順州。天寶領縣一，戶一千三十七，口四千四百六十九。在京師二千六百里，至東都一千七百一十里。」（頁 1520）；另《舊唐書》卷一九九下〈北狄·契丹傳〉載：「其（窟哥）曾孫祜莫離，則天時歷左衛將軍兼檢校彈汗州刺史，歸順郡王。」（頁 5350）可見與前面十七州一樣，歸順州也是爲安置降蕃所設，故應爲羈縻州。《新唐書·地理志》爲是。

			歸順州。		
歸誠州[1]					
以上處契丹各部落，共十州。天寶時可考人口 17，529。					

	族屬	設置及變遷	治所及領縣	戶口
崇州	奚可汗部落。	武德五年，分饒樂郡都督府置崇州、鮮州，隸營州都督。	昌黎，貞觀二年置北黎州寄治營州東北廢陽師鎮，八年改爲崇州，置昌黎縣。契丹陷營州，徙治於潞縣之古潞城，爲縣。	舊領縣一，戶一百四十，口五百五十四。天寶，戶二百，口七百十六。
鮮州	武德五年，	隸營州都	賓從，初置	天寶領縣

[1] 案《舊唐書》卷一九九下〈北狄‧契丹傳〉載：「又契丹有別部酋帥孫敖曹，初仕隋爲金紫光祿大夫。武德四年，與靺鞨酋長突地稽俱遣使內附，詔令於營州城傍安置，授雲麾將軍，行遼州總管。至曾孫萬榮，垂拱初累授右玉鈐衛將軍、歸誠州刺史，封永樂縣公。」（頁 5350）。則「歸誠州」也是安置內附契丹的羈縻州之一，與《新唐書》卷四三下〈地理志〉七下所載合（頁 1126－1127）。

分饒樂郡都督府奚部落置。	督。萬歲通天元年，遷於青州安置，神龍初，改隸幽州。	營州界，自青州還寄治潞縣之古潞城。	一，戶一百七，口三百六十七。	
順化州[1]			懷遠縣	（待考）
歸義州[2]	李詩瑣高部		歸義縣	五千餘帳

以上處奚部落，共四州。天寶時共有人口 1，083（未記歸義州）。

---

[1] 《新唐書》卷六六〈方鎮表〉三載：「開元二十九年，幽州節度副使領平盧軍節度副使，治順化州。」（頁 1836）；又《安祿山事跡》卷上載：「……（開元二十九年）時（張）利貞歸朝，盛稱祿山之美，遂授營州都督，充平盧軍節度使，知左廂兵馬使，度支、營田、水利、陸運使副，押兩蕃、渤海、黑水四府經略〔使〕，順化州刺史。」（頁 2-3）

[2] 《新唐書》卷四三下〈地理志〉七下載：「歸義州歸德郡總章中以新羅戶置，僑治良鄉之廣陽城。縣一：歸義。後廢。開元中，信安王禕降契丹李詩部落五千帳，以其眾復置。」（頁 1126）；然據《資治通鑑》卷二一三載：「（開元二十年三月）信安王禕帥裴耀卿及幽州節度使趙含章分道擊契丹，……己巳，禕等大破奚、契丹，俘斬甚眾，可突幹帥麾下遠遁，餘黨潛竄山谷。奚酋李詩瑣高帥五千餘帳來降。禕引兵還。賜李詩爵歸義王，充歸義州都督，徙其部落置幽州境內。」（頁 6797），可知歸義州此時爲安置奚李詩瑣高部之羈縻州，其中亦有契丹族人居住（參閱《新唐書》卷二一一〈藩鎮鎮冀·王武俊傳〉）。

	族屬	設置及變遷	治所及領縣	戶口
燕州[1]	粟皆靺鞨別種（粟末靺鞨）	隋遼西郡，寄治於營州。武德元年，改爲燕州總管府，領遼西、瀘河、懷遠三縣。其年，廢瀘河縣。六年，自營州南遷，寄治於幽州城內。貞觀元年，廢都督府，仍省懷遠縣。天寶	遼西，州所治縣也。開元二十五年，移治所於幽州北桃穀山。	舊領縣一，無實土戶。所領戶出粟皆靺鞨別種，戶五百。天寶，戶二千四十五，口一萬一千六百三。

[1] 《新唐書》卷四三下〈地理志〉七下記爲非羈縻州。然據同書卷三九《地理志》三記載：「幽都，望。本薊縣地。隋於營州之境汝羅故城置遼西郡，以處粟末靺鞨降人。武德元年曰燕州，領縣三：遼西、瀘河、懷遠。土貢：豹尾。是年，省瀘河。六年自營州遷於幽州城中，以首領世襲刺史。貞觀元年省懷遠。開元二十五年徙治幽州北桃谷山。天寶元年曰歸德郡。戶二千四十五，口萬一千六百三。」（頁 1019－1020），可知燕州爲羈縻州，《舊唐書・地理志》爲是。

		元年，改爲歸德郡。乾元元年，復爲燕州。		
愼州	涑沫靺鞨烏素固部落[1]	武德初置，隸營州。萬歲通天二年，移於淄、青州安置。神龍初，復舊，隸幽州。	逢龍，契丹陷營州後乃南遷，寄治於良鄉縣之都鄉城，爲逢龍縣，州所治也。	天寶領縣一，戶二百五十，口九百八十四。
黎州	浮渝靺鞨烏素固部落。	載初二年，析愼州置，隸營州都督。萬歲通天元年，遷於宋州管治。神龍初還，改隸幽州都督。	新黎，自宋州還寄治於良鄉縣之故都鄉城。	天寶領縣一，戶五百六十九，口一千九百九十。

---

[1] 《新唐書》卷四三下〈地理志〉七下：「武德初以涑沫、烏素固部落置。」（頁 1127）

	族屬	設置及變遷	治所及領縣	戶口
夷賓州	靺鞨愁思嶺部落。	乾封中，於營州界內置，，隸營州都督。萬歲通天二年，遷於徐州。神龍初，還隸幽州都督。	來蘇，自徐州還寄治於良鄉縣之古廣陽城。	領縣一，戶一百三十，口六百四十八。

以上處靺鞨族，共四州。天寶時共有人口 15，225。

	族屬	設置及變遷	治所及領縣	戶口
瑞州	突厥烏突汗達幹部落。	貞觀十年，置於營州界，隸營州都督，咸亨中，改為瑞州。萬歲通天二年，遷於宋州安置。神龍初還，隸幽州都督。	來遠，舊縣在營州界。州陷契丹後，移治於良鄉縣之故廣陽城。	舊領縣一，戶六十，口三百六十五。天寶，戶一百九十五，口六百二十四。

順州[1]	東突厥突利可汗部。	貞觀六年置，寄治營州南五柳城。天寶元年，改爲順義郡。乾元元年，復爲順州。	賓義	舊領縣一，戶八十一，口二百一十九。天寶，戶一千六十四，口五千一百五十七。
以上處突厥，共二州。天寶時共有人口5781。				

	族屬	設置及變遷	治所及領縣	戶口
歸義州	海外新羅。	總章中置，隸幽州都督。	歸義，在良鄉縣之古廣陽城。	舊領縣一，戶一百九十五，口六百二十四。
處海外新羅。州一。有人口624。				

---

[1] 《新唐書》卷四三下〈地理志〉七下：「順州順義郡貞觀四年平突厥，以其部落置順、祐、化、長四州都督府於幽、靈（營）之境；又置北開、北寧、北撫、北安等四州都督府。六年順州僑治營州南之五柳戍；又分思農部置燕然縣，僑治陽曲；分思結部置懷化縣，僑治秀容，隸順州；後皆省。祐、化、長及北開等四州亦廢，而順州僑治幽州城中。歲貢麝香。縣一：賓義。」（頁1125）；《舊唐書》卷三九〈地理志〉二記爲：「貞觀六年置，寄治營州南五柳城。」（頁1520）

	族屬	設置及變遷	治所及領縣	戶口
澟州	胡。	天寶初置於范陽縣界。		領縣一，戶六百四十八，口二千一百八十七。
處降胡。州一。有人口 2，187。				

附表三：「安史亂」前幽州境內
所居蕃將表*

羈縻州	所居異族部落	有關蕃將	與安史之關係
1 燕州 2 慎州 3 黎州 4 夷賓州	靺鞨粟末	突地稽、李瑾行、李多祚[1]李瑾[2] 李希烈。	《新唐書》卷二二五〈逆臣傳中・李希烈傳〉載：「（李希烈）燕州遼西人。少籍平盧軍，從李忠臣浮海戰河北有勞。」

---

*本表所收僅限史籍可見幽州境內之蕃將，安史帳下還有粟特胡人，參閱榮新江：〈安祿山的種族與宗教信仰〉，頁 232－233。

[1]關於李瑾行、李多祚之生平事跡，參閱馬馳：〈李瑾行家世和生平事跡考〉。

[2]《資治通鑑》卷二一〇載：「（太極元年〔712〕）幽州大都督薛訥鎮幽州二十餘年，吏民安之。未嘗舉兵出塞，虜亦不敢犯。與燕州刺史李瑾有隙，瑾毀之於劉幽求，幽求薦左羽林將軍孫佺代之。三月，丁丑，以佺爲幽州大都督，徙訥爲并州長史。」（頁6672）是知李瑾亦爲內附之靺鞨族人。

| 5 歸誠州[1] | 契丹 | 孫孝哲。据《舊唐書》卷一九九下〈北狄・契丹傳〉，未知孫孝哲是否即孫萬榮之族人。 | 《新唐書》卷二二五上〈逆臣傳上・孫孝哲傳〉:「孫孝哲者，契丹部人。母冶色，祿山通之，故孝哲得狎近」。 |
| 6 威州 | 契丹內稽（怒皆）部落[2] | 王武俊 | 《新唐書》卷二一一〈藩鎭鎭冀・王武俊傳〉「王武俊字元英，本出契丹怒皆部。父路俱，開元中，與饒樂府都督李詩等五千帳求襲冠帶，入居薊。武俊甫十五， |

---

[1]《舊唐書》卷一九九下〈北狄・契丹傳〉載:「又契丹有別部酋帥孫敖曹，初仕隋爲金紫光祿大夫。武德四年，與靺鞨酋長突地稽俱遣使內附，詔令於營州城傍安置，授雲麾將軍，行遼州總管。至曾孫萬榮，垂拱初累授右玉鈐衛將軍、歸誠州刺史，封永樂縣公。」（頁 5350）。則「歸誠州」也是安置內附契丹的羈縻州之一（《新唐書》卷四三下〈地理志〉七下所載同〔頁 1126－1127〕）。

[2]內稽、怒皆當爲同一部落，見陳述:《契丹政治史稿》，頁 37－38；王鍾翰:《中國民族史》，頁 437。

			善騎射,與張孝忠齊名,隸李寶臣帳下爲裨將。」(《舊唐書》卷一四二略同)
7 帶州 8 信州	契丹乙失革(乙室活)部落[1]	張孝忠。	《新唐書》卷一四八〈張孝忠傳〉:「張孝忠,字孝忠,本奚種,世爲乙失活酋長。父謐,開元中提衆納款授鴻臚卿。⋯⋯天寶末,以善射供奉仗內。安祿山奏爲偏將,破九姓突厥,以功擢漳源府折衝。」(《舊唐書》卷一四一〈張孝忠傳〉同)
9 玄州	契丹李去閭部	李大哥、李仙	李永定,天寶五載

[1] 「乙室」與「乙室活」可能爲遙輦氏部落聯盟時期的同一部落,見王鍾翰:《中國民族史》,頁 437。而「乙失革」「乙失活」恐均是「乙室活」之訛,見陳述:《契丹政治史稿》,頁 38。

10	青山州	落	禮、李永定一族。	為媯川郡太守、兼雄武城使。俄轉漁陽郡太守、兼靜塞軍使。（《彙編續集》）天寶○七三〈唐故雲麾將軍左威衛將軍兼青山州刺史上柱國隴西李（永定）公墓誌銘〉，頁635）
11	崇州	奚可汗部落	李寶臣子：李惟岳、李惟誠、李惟簡。	《新唐書》卷二一一〈藩鎮鎮冀・李寶臣傳〉：「李寶臣字為輔，本范陽內屬奚也。善騎射。范陽將張鎖高畜為假子，故冒其姓，名忠志。為盧龍府果毅，常覘虜陰山，追騎及，射六人盡殪，乃還。為安祿山射生，從入朝，留為射生子
12	鮮州			

			弟，出入禁中。祿山反，遁歸，更爲祿山假子。」（《舊唐書》一四二〈李寶臣傳〉略同）
13 歸義州	奚李詩瑣高部	歸義王李獻誠	安祿山女婿[1]
14 澟州	胡	康阿義屈達干	

[1] 《安祿山事跡》卷上，頁 10。

附表四：「安史亂」前幽州（營州附）大事年表[*]

年代	事件	備註
隋文帝開皇三年（583）	四月，隋幽州總管陰壽平定高寶寧，復營州。 李崇爲幽州總管，屢破突厥，奚、契丹等內附。	
開皇十八年（598）	高麗王元帥靺鞨之衆萬餘寇遼西，營州總管韋沖敗之。	
隋煬帝大業元年（605）	契丹寇營州，韋雲起領突厥兵討平之。 靺鞨酋長突地稽率部	

---

[*] 本表編制主要參考《隋書》、兩《唐書》、《資治通鑑》、《冊府元龜》、《唐方鎮年表》以及《盛唐時代與東北亞政局》附錄三〈隋唐五代東北亞關係史大事年表〉。起隋開皇三年（583），迄唐玄宗天寶十四載（755）

	落來降。	
大業八年（612）	以營州之境汝羅故城爲遼西郡，安置突地稽部。	
大業十二年（616）	羅藝據幽州，自稱幽州總管	
唐高祖武德元年（618）	二月，羅藝與漁陽、上谷、北平、柳城等郡送款於高祖。 改遼西郡爲燕州，領遼西、懷遠、瀘河。後又省瀘河。 天下置總管府，以統數州之地。幽州總管府管幽、易、平、檀、燕、北燕、營、遼等八州。	時突厥強盛，東自契丹、室韋，西盡吐谷渾、高昌。
武德二年（619）	高祖以羅藝爲幽州總管，封燕郡王，並賜姓李氏。	
武德三年（620）	三月，以靺鞨渠帥突地稽爲燕州總管。	
武德四年（621）	契丹別部酋帥孫敖曹	

	附唐，安置於營州城旁。授雲麾將軍，行遼州總管。至曾孫萬榮，垂拱初累授右玉鈐衛將軍、歸誠州刺史，封永樂縣公。	
武德七年（624）	二月，改大總管府爲大都督府。	
武德九年（626）	六月，罷改大都督府爲都督府，幽州都督府領幽、易、景、瀛、東鹽、滄、蒲、蠡、北義、燕、營、遼、平、檀、玄、北燕等十六州。	此處所記幽州所領州數和名稱恐有誤。
唐太宗貞觀二年（628）	唐破突厥頡利可汗。契丹首領大賀，摩會率部來降。	
貞觀四年（630）	唐平東突厥，安置其降戶，東自幽州，西至靈州（今寧夏靈武）。東北諸夷內附。	

貞觀六年（632）	烏羅渾君長遣使獻貂皮。	
貞觀八年（634）	幽州都督府管幽、易、燕、媯、平、檀六州。	其中燕州爲安置靺鞨族之羈縻州。
貞觀十八年（644）	七月，營州都督兼護東夷校尉張儉率幽、營及契丹、奚伐高句麗。	
貞觀二十一年（647）	六月詔以隋末喪亂，邊民多爲戎、狄所掠，今鐵勒歸化，宜遣使詣燕然等州，與都督相知，訪求沒落之人，贖以貨財，給糧遞還本貫；其室韋、烏羅護、靺鞨三部人爲薛延陀所掠者，亦令贖還。	
貞觀二十二年（648）	十一月，奚契丹內附於唐。置饒樂、松漠都督府安置之。	
貞觀二十三年	於營州置東夷都護以	

（649）	統松漠、饒樂之地，罷東夷校尉官。	
唐高宗永徽六年（655）	三月，營州都督兼東夷都護程名振伐高句麗。	
總章元年（668）	唐平高句麗，置安東都護府統其舊地。	
總章二年（669）	唐徙高句麗遺民於江淮以南及山南、京西等諸州。	
上元三年（676）	唐移安東都護府於遼東故城（今遼陽市老城）	
調露元年（679）	東突厥叛，奚契丹寇營州，唐休璟破之。裴行儉率幽州都督李文暕等伐東突厥。	
永淳元年（682）	東突厥骨篤祿崛起，寇邊。	
武則天垂拱三年（687）	二月，突厥骨篤祿寇幽州昌平。	
長壽三年（694）	突厥骨篤祿卒，弟默啜自立爲可汗。	

萬歲通天元年（696）	五月，契丹、奚反，陷營州。並進而侵擾東北邊境諸州。	此次叛亂改變了唐代東北邊疆的軍事防禦體系
聖曆元年（698）	突厥默啜乘機寇幽、趙、定等州，爲患東北邊境。	
長安二年（702）	以薛季昶爲山東防禦軍大使，專知幽、平、檀等州防御，以備突厥。	
長安四年（704）	八月，契丹入寇，以唐休璟兼幽營都督，安東都護。	
唐睿宗景雲元年（710）	十月，以薛訥爲幽州鎮守經略使兼幽州都督。十二月，奚霫侵邊。	同年又設河西節度使。
景雲二年（711）	薛訥任幽州節度使。[1]	
景雲三年（712）	三月，以孫佺爲幽州都督。六月，孫佺與奚戰於冷陘（今黑	是年於鄚州北置渤海軍，恒、定州境置恒陽軍，嬀、蔚州境置懷柔

[1] 參閱本書附錄：〈安祿山（史思明）年譜〉。

	山），全軍覆沒。孫 佺死之。 十一月，奚契丹寇漁 陽。幽州都督宋璟閉 城不出，虜大掠而 去。	軍以備邊。
唐玄宗開元二年 （714）	突厥可汗默啜衰老， 昏虐愈甚；部落漸離 散，九月，葛邏祿等 部落詣涼州降。 是歲，置幽州節度、 經略、鎮守大使，領 幽、易、平、檀、 媯、燕六州，治幽 州。甄道一為幽州節 度使。	
開元四年（716）	六月，突厥默啜死， 九部降。毗伽可汗 立。 七月，奚契丹降，復 置松漠、饒樂二都督 府。	是年，安祿山十四歲， 因突厥喪亂隨家人入降 唐朝，乃冒姓安氏。
開元五年（717）	三月，復置營州都督	自萬歲通天元年契丹亂

	府於柳城舊址,並置平盧軍於城中。 與兩番和親。	後,營州都督府內遷,至是得復。
開元八年（720）	突厥毗伽復強,盡有默啜之眾。 契丹可突干（于）叛唐,營州又失,西入渝關,隸幽州都督府管轄。 以御史大夫王晙爲兵部尚書兼幽州都督。	是年幽州節度使兼本軍州經略大使,並節度河北諸軍大使。[1]
開元十年（722）	與兩番和親。	
開元十一年（723）	營州都督府還治於柳城舊址。	
開元十三年（725）	升幽州爲大都督府。	
開元十四年（726）	正月,更立契丹松漠王李邵固爲廣化王,奚饒樂王李魯蘇爲奉誠王;並與兩蕃和親。 四月,河北道北部	

[1] 《新唐書》卷六六〈方鎮表〉三,頁1833。

	定、恒、莫、易、滄五洲置軍以備邊。	
開元十五年（727）	幽州節度使兼河北支度營田使。	
開元十八年（730）	五月，奚、契丹叛降於突厥。 唐割漁陽、玉田二縣置薊州。 幽州節度使增領薊、滄二州。	營州再失，玄宗此後致力於討伐兩蕃。
開元十九年（731）	三月，突厥左賢王闕特勤卒。	
開元二十年（732）	信安王褘破兩蕃，奚五千餘帳來降，徙其部落於幽州境內安置。 是歲，以幽州節度使兼河北採訪處置使增領衛、相、洛、貝、冀、魏、深、趙、恒、定、邢、德、博、棣、營、鄭十六州及安東都護府。	此時幽州節度使共領有河北二十四州及安東都護府，治幽州。

開元二十一年（733）	張守珪代薛楚玉爲幽州長史、節度使。玄宗分天下爲十五道，各置採訪使。	安祿山時年三十一歲，在幽州，張守珪養爲假子。[1]
開元二十二年（734）	六月，幽州節度使張守珪破契丹。十二月，張守珪斬再敗契丹，斬契丹王屈烈及可突干首。是歲，突厥毗伽可汗死，弟登利可汗立。	是年烏知義任平盧軍使。[2]安祿山三十二歲，效力於張守珪麾下，入京奏事。[3]
開元二十三年（736）	是年契丹王李過折爲其臣涅禮所殺，以涅禮爲松漠都督。	
開元二十五年（737）	燕州自幽州城內徙治於幽州北桃谷山。五月，敕諸道節度使可招募丁壯，長充邊	

---

[1] 參閱本書附錄：〈安祿山（史思明）年譜〉。

[2] 開元二十二年至二十六年，平盧軍使一職由烏知義擔任，見《唐方鎮年表》卷八。

[3] 參閱本書附錄：〈安祿山（史思明）年譜〉。

	軍。	
開元二十七年（739）	六月，以李適之代張守珪爲幽州節度使。幽州節度使增領河北海運使。	
開元二十八年（740）	幽州節度使李適之破奚、契丹。平盧軍使兼押兩蕃、渤海、黑水四府經略處置使。	是年安祿山三十八歲，任幽州節度副使，平盧軍兵馬使。
開元二十九年（741）	七月，突厥登利可汗死，突厥內亂。八月，以平盧軍使王斛斯爲幽州節度使；幽州節度副使、平盧兵馬使安祿山爲營州都督、平盧軍使，兼押兩蕃、勃海、黑水四府經略使，順化州刺史。	
天寶元年（742）	分平盧別爲節度，以安祿山爲節度使。此時天下設十節度、經	是年改州爲郡，刺史爲太守。

	略使以備邊。 八月，突厥西葉護阿布思及西殺葛臘哆、默啜之孫勃德支、伊然小妻、毗伽登利之女帥部衆千餘帳，相次來降，突厥遂微。	
天寶三載（744）	三月，以平盧節度使安祿山兼范陽節度使。	
天寶四載（745）	正月，回紇懷仁可汗擊殺突厥白眉可汗，傳首京師。突厥毗伽可敦帥衆來降。回紇斥地愈廣，東際室韋，西抵金山，南跨大漠，盡有突厥故地。 九月，兩蕃各殺公主，叛於唐。	東突厥亡，回紇始強。
天寶六載（747）	以范陽、平盧節度使安祿山兼御史大夫。	
天寶九載（750）	以范陽大都督府長	

	史、柳城郡太守安祿山爲押兩蕃渤海黑水等四府節度處置使。又以安祿山兼河北道採訪處置使。	
天寶十載（751）	二月，范陽、平盧節度使安祿山兼河東節度使。 秋，安祿山將三道兵六萬人討契丹，大敗。	
天寶十一載（752）	以平盧兵馬使史思明兼北平太守，充盧龍軍使。	
天寶十三載（754）	以安祿山爲閑廄、隴右群牧等使，旋又兼知總監事。	
天寶十四載（755）	十一月甲子，安祿山以范陽爲基地，起兵叛唐。	

國家圖書館出版品預行編目資料

唐代前期政治文化研究

李松濤著. – 初版. – 臺北市：臺灣學生，2009.05
面；公分

ISBN 978-957-15-1462-8(精裝)
ISBN 978-957-15-1461-1(平裝)

1. 唐史 2. 安史之亂 3. 政治文化

624.1   98007735

唐代前期政治文化研究 (全一冊)

著　作　者：李　　　　松　　　　濤
出　版　者：臺 灣 學 生 書 局 有 限 公 司
發　行　人：盧　　　　保　　　　宏
發　行　所：臺 灣 學 生 書 局 有 限 公 司
　　　　　　臺 北 市 和 平 東 路 一 段 一 九 八 號
　　　　　　郵 政 劃 撥 帳 號 ： 0 0 0 2 4 6 6 8
　　　　　　電　話 ： (0 2) 2 3 6 3 4 1 5 6
　　　　　　傳　眞 ： (0 2) 2 3 6 3 6 3 3 4
　　　　　　E-mail：student.book@msa.hinet.net
　　　　　　http：//www.studentbooks.com.tw
本書局登
記證字號 ：行政院新聞局局版北市業字第玖捌壹號
印　刷　所：長 欣 印 刷 企 業 社
　　　　　　中 和 市 永 和 路 三 六 三 巷 四 二 號
　　　　　　電　話 ： (0 2) 2 2 2 6 8 8 5 3

定價： 精裝新臺幣五○○元
　　　 平裝新臺幣四○○元

西 元 二 ○ ○ 九 年 五 月 初 版

62402　　　　有著作權·侵害必究
　　　　　　ISBN 978-957-15-1462-8(精裝)
　　　　　　ISBN 978-957-15-1461-1(平裝)

臺灣學生書局 出版
史學叢刊（叢書）